憲法堂々

憲法どおりの日本をつくる

安倍晋三内閣「七・一閣議決定」〔二〇一四年七月一日〕違憲訴訟の記録と報告

時代精神としての戦争放棄・否戦・絶対平和

長坂伝八

せせらぎ出版

安倍内閣「二〇一四年」「七・一閣議決定」違憲訴訟　記録と報告

憲法堂々

凛として。力による平和にあらず、平和（九条）による力なり。

コロナと人類は、科学・政治・権利の問題。命の切りすて。恐怖や死の強制でなく、全国民にPCR・治療薬。「野戦病院」を。もう、だれ一人殺すな（憲法前文）。地球の怒り、日本列島への龍巻・豪雨・豪雪・人々の悲鳴－温暖化・気候危機を着るのとともに阻止せよ。治山・治水・治病で、国土の安全、民の幸福を（同前・13・25・31条）。奸侫を潔しとせず、徳をもって政を為す（同前）。森友・加計・桜－一連の不正を正せ。我が美しき祖国に政をもって・単（戦）を制せん。主権と独立をねがい、隣国を無視・敵対せず、対等・平和共存たれ（同前・9条）。歴史を総括し、侵略戦争と植民地支配の真実を直視せよ。日本の課題、過去は今なり。

日本・東アジア・世界。－コロナ・人類・地球の時代。

政をもって、資本の暴走（新自由主義）を諫めよ。住賃労働と資本。労働を尊び、医療現場で、工場で、会社で。観光地で、交通機関で。店で配達で。田畑で、漁場で、山林で。そして、教育・学校で。文化・スポーツ・芸能で。および公共機関や報道機関で。家庭で。働く人々を敬え。作業現場、道路現場もあります（同前25・27・28条）。

いかなる国家・政治も、体制のいかんを問わず、その使命は、命・くらし・労働と正義・公正・平等と否戦・平和と安心・自由、そして現在および将来の主権者・国民への奉仕です。（同前支北・97/99条）

歴史的真理。薬然。人民の意志の決定で不断の努力（同前・条）。政府は、9条宣言と憲法忠誠を誓え（同前99条）。九条・憲法どおりの日本をつくります。

この九条・憲法で
この日本を

命・くらし・労働と正義・公正、
平等と否戦・平和と安心・自由

長坂伝八

2021年10月19日（火）、第49回衆議院議員総選挙（10月31日投票）公示日に記す。
なお「憲法堂々」の4文字は、2023年5月に書きなおした。

目　　次

「憲法堂々」（他略）2021年10月19日、
　第49回衆議院議員総選挙公示日（10月31日投票）に記す …………………… ⅱ
　凡例……………………………………………………………………………………… 1
　序にかえて ……………………………………………………………………………… 2

第Ⅰ部　はしがき …………………………………………………………………… 3

第1章　コロナ・人類・地球 ……………………………………………………… 5
　第1節　オリンピックで、考えたこと ……………………………………………… 5
　第2節　コロナと人類・命 …………………………………………………………… 6
　　1．コロナで何がおきているのか―「暗殺的死の強制」（与謝野晶子）… 6
　　2．コロナで何がおきているのか（続）
　　　　　　―もうだれ一人殺すな。命の尊厳 ………………………………… 8
　第3節　地球危機と日本列島 ……………………………………………………… 11
　　1．友人Ｍへの手紙 ………………………………………………………… 11
　　2．テレビＯ番組への電話（1）………………………………………………… 12
　　3．テレビＯ番組への電話（2）………………………………………………… 12
　　4．ある政治指導者への手紙（ファックス）………………………………… 13
　　5．テレビＳ番組への電話…………………………………………………… 14

第2章　安倍内閣「7.1閣議決定」違憲訴訟にとりくんで ………………… 16
　第1節　憲法どおりの日本をつくる………………………………………………… 16
　　1．安倍内閣「7.1閣議決定」違憲訴訟にとりくんで ……………………… 16
　　2．「7.1閣議決定」違憲訴訟で分かったこと
　　　　　　－黒いカベ、2つと白い落とし穴、1つ……………………………… 17
　　3．憲法どおりの日本をつくる
　　　　　　考えたこと－「7.1」訴訟のあと ……………………………………… 20
　　4．憲法9条こそ、日本が進む道
　　　　　　－私たちの美しき祖国と東アジアの平和…………………………… 21
　　5．コロナ・人類・地球危機の時代
　　　　　　－「憲法堂々」を補って …………………………………………… 23
　　6．補論　2つの問題
　　　　　　－憲法堂々　凛として ……………………………………………… 25
　　7．補論（続）
　　　　　　8.28と憲法堂々 ……………………………………………………… 27
　第2節　時代精神としての絶対平和……………………………………………… 28
　　1．友へ　討論したいこと、ご相談です
　　　　　　―「時代精神としての『絶対平和』」……………………………… 28
　　2．友へ　まとめ―憲法と新しい道徳的資本主義…………………………… 30

第Ⅱ部　資料篇　長坂伝八「7.1違憲訴訟」の記録 ………… 33

第1章　長坂伝八「7.1違憲訴訟」資料

その1　資料・横浜地方裁判所関係

（1）横浜地裁への訴状（2017.6.1）………………………… 35

証拠方法　1.甲1号証 ………………………………… 93

　　　　　2.甲2号証 ………………………………… 93

証拠説明書 …………………………………………… 94

　1.甲1号証について「集団的自衛権と憲法との関係について」

　　　　　　内閣法制局（昭和47.10.7）…… 95

　2.甲2号証について「安保法制特別委員会の強行採決が

　　不存在であること等について」平和安全法制特別委員会

　　委員・参議院議員・小西洋之（2015.10.6）…………… 100

（2）横浜地方裁判所　判決文（2017.8.23）………………… 101

その2　資料・東京高等裁判所関係

（1）東京高裁への控訴状（2017.9.4）……………………… 105

（2）東京高裁への控訴理由書（2017.10.17）……………… 106

証拠方法　1.甲3号証

　　　　　2.甲4号証 ………………………………… 138

証拠説明書　1.甲3号証について

　　　　　　2.甲4号証について …………………… 139

　1.甲3号証　長坂伝八「日中戦争はなぜ起きたのか」… 140

　2.甲4号証　稲田恭明「沖縄と憲法（以下略）」のうち

　　年表部分 …………………………………………… 144

（3）東京高等裁判所　判決文 ……………………………… 150

その3　資料・最高裁判所関係

（1）最高裁への上告状（2017.11.22）……………………… 186

（2）最高裁への上告理由書（2018.1.12）………………… 187

（3）最高裁への上告理由書理由要旨（2018.1.18）……… 237

（4）送付状（2018.1.19（金））…………………………… 239

上告理由書正誤表（2018.1.19）………………………… 240

（5）最高裁判所　判決文（調書）（2018.3.22）………… 241

（6）意見書（2018.4.5）……………………………………… 242

第2章　長坂伝八「7.1違憲訴訟」のとりくみの報告と資料
　　　　－新聞記事・レジュメ・案内ちらし等－…………………… 243

　　1．「東京新聞」2015年9月30日「川崎の長坂さん　訴訟準備」… 244
　　2．ちらし（2015年）「『7.1閣議決定』違憲訴訟のための相談会
　　　　　　　へのご案内」…………………………………………… 245
　　3．ちらし（2015年）「いよいよ『7.1閣議決定』違憲訴訟」……… 246
　　4．記者会見レジュメ（2017年6月1日）……………………… 247
　　5．「神奈川新聞　コラム・かながわ人」（2019年6月17日（土））… 249
　　6．違憲訴訟勉強・相談会レジュメ（2017年9月22日）………… 250
　　7．案内ちらし「栗田禎子講演」（2018年4月20日）…………… 252
　　8．勉強・相談会　レジュメ（長坂伝八）（2018年4月20日（金））… 253
　　9．同上　レジュメ「転換期の世界をどう捉えるか」（栗田禎子）… 259
　　10．「東京新聞　川崎版」（2021年6月11日）「高津の長坂伝八さん
　　　　　　コロナ対策「戦前型の反憲法思考だ」…………………… 260

第3章　憲法堂々テーゼ10―憲法論の再構築（第1次案）
　　2021年1月21日記　憲法武蔵懇話会・憲法堂々（提案文責・長坂伝八＝主宰）261
　　Ⅰ　はじめに……………………………………………………… 261
　　Ⅱ　現状分析・批判とその解決（限定的に）を付す（第1次案）…… 266

第Ⅲ部　あとがき ………………………………………………… 271

　第1章　元旦と「朝生」・コロナ …………………………………… 273
　第2章　故郷・三河 ………………………………………………… 274
　第3章　果敢 ………………………………………………………… 279
　第4章　「国権論か、民権論か」 ………………………………… 281
　第5章　「自分を貫く」（高倉健）………………………………… 283
　第6章　本書にとりくんで、考えたこと ………………………… 284
　最終章　時代精神としての絶対平和（再）……………………… 286

第IV部　**むすび** －展望にかえて－ ……………………………………………… 289

付記 …………………………………………………………………………………… 293

　　長坂伝八　著作物一覧 ……………………………………………… 294
　　著者略歴 ……………………………………………………………… 296

凡 例

1. 本書は、「『憲法堂々』第49回衆議院議員総選挙公示日に記す」（本トビラ裏）、目次、「凡例」、「序にかえて」、「第Ⅰ部　はしがき」、「第Ⅱ部　資料篇　長坂伝八『7.1違憲訴訟』の記録」、「第Ⅲ部　あとがき」、「第Ⅳ部　むすび－展望にかえて」、「付記」、「長坂伝八著作物一覧」によって構成されています。詳細は全体の「目次」をご参照下さい。

2. 「第Ⅱ部　長坂伝八『7.1違憲訴訟』の記録」は、「2014年7月1日閣議決定」違憲訴訟の訴状と判決に関する資料と記録です。原文のまま報告します。ただし、必要最小限の字句修正と見出しや体裁の調整をしています。とりくみの資料（原）を加えました。資料によっては濃淡がありますが、ご海容ください。また、作業工程の煩雑さのため、「参照ページ」数にずれが出た場合はご勘弁ください。

3. 第Ⅱ部以外のほとんどが書きおろしです。各所に執筆の年月日時を記し、自己の認識史を明確にしました。そのときどきの記述の対象で同一のものが何度か（たとえばコロナ問題）あらわれています。論旨の上で必然性のあるものとして、積極的に表現しました。

4. 全体に、文字や数字で誤りなきかを恐れます。努力しました。

5. 本書には、憲法武蔵懇話会・憲法堂々ならびに友人たちの協力をいただきました。
　　本書発行の目的と方針は、憲法どおりの日本をつくること、その国民討論・研究と国民運動の一部とすること、安全確保を不動の方針とすること、の2点です。

6. 本書中個人の氏名は、仮名の場合もあります。また、住所、電話番号は削除しました。裁判関係も含め、ご了承ください。

（2022年1月6日（木）午後7時10分、記）

（補、2023年1月31日（火））

序にかえて

戦後日本の新しい時代は

9条とともに、はじまった

第90回帝国議会における幣原喜重郎

国務大臣の演説（昭和21＝1946年8月27日（火））

「文明が速かに戦争を全滅しなければ、戦争が先ず文明を全滅する」

国務大臣（男爵幣原喜重郎君）

「（前略）実際この改正案※の第9条は戦争の拋棄を宣言し、我が国が全世界中最も徹底的な平和運動の先頭に立って指導的地位を占むることを示すものであります。今日の時勢になお国際関係を律する一つの原則として、ある範囲内の武力制裁を合理化合法化せむとするが如きは、過去における幾多の失敗を繰り返す所以でありまして、もはや我が国の学ぶべきことではありませぬ。文明と戦争とは結局両立し得ないものであります。文明が速かに戦争を全滅しなければ、戦争が先ず文明を全滅することになるでありましょう。私は斯様な信念を持ってこの憲法改正案の起草の議に与ったのであります。（後略）」

※「改正案」は、現行憲法のこと

（本史（資）料は、「昭和21年8月27日（火）、第九〇回帝国議会貴族院本会議」帝国議会会議録検索システムにより検索をした結果です。憲法武蔵懇話会・憲法堂々研究員・山本太三雄さん協力・提供。ほぼ原文のママ。旧字は現代漢字に改めました。）

（2021年12月25日（土）夜、記）

第Ⅰ部
はしがき

目　次

第1章　コロナ・人類・地球 ································· 5
　第1節　オリンピックで、考えたこと ················· 5
　第2節　コロナと人類・命 ···························· 6
　　1．コロナで何がおきているのか─「暗殺的死の強制」（与謝野晶子）········ 6
　　2．コロナで何がおきているのか（続）
　　　　─もうだれ一人殺すな。命の尊厳 ················· 8
　第3節　地球危機と日本列島 ······················· 11
　　1．友人Mへの手紙 ···························· 11
　　2．テレビO番組への電話（1） ··················· 12
　　3．テレビO番組への電話（2） ··················· 12
　　4．ある政治指導者への手紙（ファックス） ··········· 13
　　5．テレビS番組への電話 ······················· 14

第2章　安倍内閣「7.1閣議決定」違憲訴訟にとりくんで ········· 16
　第1節　憲法どおりの日本をつくる ·················· 16
　　1．安倍内閣「7.1閣議決定」違憲訴訟にとりくんで ········ 16
　　2．「7.1閣議決定」違憲訴訟で分かったこと
　　　　─黒いカベ、2つと白い落とし穴、1つ ··········· 17
　　3．憲法どおりの日本をつくる
　　　　考えたこと─「7.1」訴訟のあと ··············· 20
　　4．憲法9条こそ、日本が進む道
　　　　─私たちの美しき祖国と東アジアの平和 ··········· 21
　　5．コロナ・人類・地球危機の時代
　　　　─「憲法堂々」を補って ····················· 23
　　6．補論　2つの問題
　　　　─憲法堂々　凛として ····················· 25
　　7．補論（続）
　　　　8.28と憲法堂々 ························· 27
　第2節　時代精神としての絶対平和 ·················· 28
　　1．友へ　討論したいこと、ご相談です
　　　　─「時代精神としての『絶対平和』」 ············· 28
　　2．友へ　まとめ─憲法と新しい道徳的資本主義 ········· 30

第1章　コロナ・人類・地球

みなさまへ
生存のための私たちの要求と意志
命とくらし，正義と自由・平等，否戦と平和
そして　変革の祖国を
（もしくは　命・正義・平和と変革の祖国を）
それは
憲法堂々―憲法どおりの日本へ進むこと

2021年8月21日（土）

午後6時25分〜9時00分記，補筆 8.23（月）

長坂伝八

第1節　オリンピック（2021.7.23（金）〜8.8（日））で、考えたこと

　オリンピックが行われました。私たちは、「オリンピックを中止せよ。すべてを、コロナ解決、命と安心に奉仕せよ」、「開催条件の整っていないオリンピックは中止せよ」と主張しました。多くの人々が「オリンピックより命を」と言いました。このことについて、オリンピック選手たちがどう考えているのか、オリンピックを楽しみにしている人がどう感じるのか。私たちが「政治の使命は、命を守ることだ」というとき、それをもってオリンピック（もしくはスポーツ）を対立物にしてよいのか、これを包含することはできないのか、が一貫した迷いでした。人に話しもしました。

　選手がどう思ったのかに注目しました。紹介します。

①為末大　元400m陸上競技選手……「選手は（国民に）負担をかけていると思っている。試合ができること（オリンピックが開催で）に感謝している」（7.25（日）NHKテレビ、朝）

②阿部一二三　柔道66kg級（金メダル）……「いろいろむずかしいオリンピックだった。オリンピックを開催していただいたことに感謝します。そのおかげで兄妹（詩、女子53kg級）で金メダルがとれました」（7.28（水）テレビ朝日）

③大野将平　柔道73kg級……「オリンピックは賛否あったことは理解している。開催したおかげで優勝できた。昨年から苦しい日々だった。不安がつづいた。今日は、それを凝縮した一日だった。思いもよらない恐怖におそわれた。精進をつづけ自分を倒したい。オリンピックは楽しむ場ではない。戦場だ」（7.26（月）同）

④素根輝　柔道女子78kg超級（金メダル）……「このコロナ禍の下でオリンピック

を開催していただいたことに感謝します。」(7.30（金）同)。

⑤大野将平、柔道、6人男女混合団体（銀メダル）……「敗けたこと（フランスに）に、キャプテンとして責任を感ずる。自分の柔道を世界に見せたかった。アスリートの姿をみて、一瞬でも何か心を動かしてくれるものがあったら光栄です」(7.31（土）同)。

以上です。みなさんは、いかがですか。

私の率直な感想を述べます。不思議なことに阿部一二三①に泣け、①〜⑤全体で、「スポーツがスポーツでなくなった」というものでした。

閉会式で選手団が「オリンピックを開いて下さりありがとう」の横断幕をもっていた（アーティスティック・スイミング）ことを娘（長女・埼玉、と三女保育士・埼玉）に聞き、そのことを娘・二女（酪農家・北海道）に話そうとしたとき、感極まって言葉が詰まりました。「そうだったのか」と。私たちの運動と政治は、何をどう考えたらよいのか。――

（以上、2021年8月21日（土）記＝前出）

第2節　コロナと人類・命

1. コロナで何がおきているのか―「暗殺的死の強制」（与謝野晶子）

友人からの手紙

10月のある日、友人Kから元気な手紙がきました。A4、3枚カラーです。その中で、「労働者の所得はあがらず、大企業の内部留保はタンマリだ。それは資本主義の問題ではなく国家の経済指揮活動の問題、分配でなく、国家経済の経営の問題だ」とありました。

労働者の低賃金は、「資本主義だから」ではなく、資本家と国家の責任だ、というわけです。この印象的な指摘に触発されて発言します、として以下の返事（ファクス）を認めました。

発言（返事）

(1) コロナと人類―コロナ問題の解決

コロナ感染者は現在、都を例にすると、今年（2021年）8月の一日5800人余から、17人（10月25日（月））に奇跡的に減りました。しかしこれまでの感染者は171万人余、死者は1万8000人余（お悔やみ申し上げます）にのぼります。

昨年初動では、感染者17人、死者ゼロ（2020年2月1日時点、WHO発表、2月3日「赤旗」による）でした。

問題は、はじめから日本政府が、危機管理として機動的集中的に科学をもってすれ

ば、国民の命を守ることができたのです。このことを正視すれば、次の点がはっきりします。

　日本におけるコロナ死は、志村けんの死（2020年3月）で象徴的にはじまりました。日本列島パニックです。私たちは、早くから国民の権利としての全国PCR検査を、科学的構造的戦略的中心環として、いつでも、どこでも、だれでも、無料で実施せよ、と主張しました（「伝八報告」、「憲法堂々」などで）。

　政府は、PCRを実施せず、日本のコロナ対策の「闇」と批判されました（カナダ大学教授 中村祐輔）。

　本年（2021年）8月3日 菅内閣は、コロナ感染者に対して、入院させない、「自宅療養を原則」とするとの「方針転換」をし、「命のクーデター」（長坂。「命の切りすて」の意見もあります）を強行し、病院に入れず、恐怖のまま死をむかえた若者や人々を出しました。多くの取材、報道があります（後述）。

　私たちは、初期から「恐怖の強制」（上述。憲法前文＝「恐怖と欠乏から免れる」に違反）でなく、PCR全国民実施で国民の安心に奉仕せよ、と発言しました（前掲「伝八報告」、「憲法堂々」）。このたび、「**もうだれ一人殺すな**」としました（本書トビラ裏）。

　100年前、スペイン風邪で、日本が38万5000人の死者を出したとき、与謝野晶子はこれを評して「暗殺的の死の強制」といったそうです。

　「東京」2021年9月1日（水）25面コラムで斎藤美奈子が今日の私たちに啓蒙しました。

　コロナは、私たちの分析によれば、自己保存（生存）の運動法則をもって、地球史上の40億年のウィルスの発生史を背景に、「うすく、広く、無限に、安全に（人にも）、永遠に広がる（移動する）」との理論（仮説）を獲得し、私たちは主張してきました。2020年7月4日（土）「NHKスペシャル タモリ×山中伸弥『人体 vs ウイルス』」、永田和宏理論（京都大学教授）、武漢の奇跡などを根拠にして組み立てました。

(2)　「暗殺的死の強制」（与謝野晶子）

　高倉健の映画「ホタル」をみました（10月25日（月）NHK BSプレミアム）。海軍中尉の将校が、部下の高倉健たちに「オレは明日特攻隊の出撃で死ぬ。オレは日本名だが朝鮮人だ。朝鮮民族万歳といって死ぬ」と言い切ります。特攻隊は死の強制そのものです。

　上記斎藤美奈子は、8.3 菅内閣による「自宅療養」の原則への「方針転換」（2021年8月3日）を、政府の「自宅放置」だと批判して、その命への冷酷さを与謝野晶子の「**暗殺的死の強制**」の概念を用いて、指弾しました（後述）。

　日本は、戦前・戦後において本当に命の尊厳を考えたことがあるのか。

　日本資本主義（および帝国主義）の戦前・戦後にわたる（現在も）命の軽視（あるいは道具視）あるいは、「恐怖と死の強制」は、日本国家の前近代性や戦犯性の論理の必然的帰結です。この解明をしたく思います。

我々は、これを解決せねばなりません。

それは、「人民の意志」の決定（ルソー、植木枝盛）と**憲法どおりの日本の実現**（の論理）です。

(3)「新しい資本主義」

「賃労働と資本」論、「渋沢栄一」論、「国家経済経営」論からの解明を。では、また。

敬具

以上、2021.12.18（土），12.20（月）記（2021.10.28（木）ファクス＝友へ。以下同じ）

2. コロナで何がおきているのか（続）

―もう、だれ一人殺すな。命の尊厳
国家・政治の使命。人類を守るということ
(1) 何がおきているか

この夏（2021年）、コロナに感染した若い母親が、「自宅療養」中（上述）発熱と咳におそわれ、8ヶ所の病院に電話しても入院先が見つからず、出産を待ち望んだ胎児を守れなかった（自宅で死産）という衝撃的な事件がおきました（8月17日、千葉県柏市）。

55歳の男性がコロナ感染でも入院がおくれたために急死しました（8月22日、東京）。かけつけた父親が「こんなことがあっていいのか」「入院が4日早ければ助かった」と訴えました。

コロナ感染で「ホテル療養」中の夫に、「ビール冷やして待ってるね」と励ましました。しかし心肺停止で急に命を絶ちました。夫は「水がない」といった、「医者がいるのになぜ？」「24時間サポートするといったのに」と妻は怒りをぶつけました（9月14日、品川区）。

菅内閣は8月3日突如、コロナ感染者（中等症と軽症）の「原則自宅療養」（入院拒否）を発表し（前述）、それによる不本意な死を強いられた人が250人にものぼりました。お悔やみ申し上げます（2021年11月10日（水）現在。国会でも問題にされた。）

病院と保健所に見放され、絶望した「自宅療養」中の青年（30歳）の異常を知り埼玉からかけつけた母親（60歳代）が見たのは、青年が自ら命を絶っていた姿でした（8月6日、東京）。途方もない恐怖と不安のどん底に、政府の措置（上記）は落としました（後述）。

なぜ、そんなことがまかりとおるのか。

今なお、8割の人が「コロナに感染する不安」を抱いています（世論調査、NHK 11月）。

国会でも、この実情が追求され（上述）、総選挙期間中、この実態を調査すると述べ

た候補者もいました。

　上記のできごとは、テレビ朝日、NHKテレビ、「東京新聞」、「しんぶん赤旗」などの報道や記事によるものです。長い間系統的に、大量のテレビ報道や新聞記事を記録（録画）し、切りぬきをしていますが、上記と同じテーマの記事は、一冊のファイルをこえています。

　先の埼玉の母親は、「息子は、電話でパニック状態で助けて、と言っていた。眠れないというので子守歌をうたった。息子は、もっていかれそうだから、話してといった」、「医師に直接診てもらえれば…。非常に悔しかった。政府が何もやらなかった結果だ。助けられる命が助けられなかった。人権が無視されている。"原則自宅療養"がまちがっている」と訴えました（鈴木恵さん＝仮名、「しんぶん赤旗」2021年9月1日（水）小林圭子記者）。

　日本の為政者は、この国民の命の真実、日本のコロナ感染の現実、そして政府の無策と失敗を認識しているのか。人々の死に直面し恐れる心情を理解できるのか、理解しようとしているのか。

(2) コロナと科学―その自己生存（保存）の運動法則

　コロナについての科学的な分析が不十分です。

　コロナ感染者が、なぜ爆発的に増え（今夏まで4度）、なぜ今、劇的に減っているのか。東京の場合、1日の感染者は今年8月で5800余人、11月10日現在で30人（「東京新聞」同日）です。

　私たちは一定の認識をもちました（前述）。それは、コロナには自己保存（生存）の運動法則があるということです。コロナ（新型コロナ）の渕源は、地球史上の40億年前といいます。地球上に生命体が発生した時期と同じです。人間（人類）の発生と歴史は多くみても数百万年です。このコロナが人類に入りこみ、コウモリやシンザンコウにつづいて宿主とした、とされます。コロナは、一つの宿主に滞っていると、消滅します。絶えず、宿主から宿主（人から人）へ移動することが、その生存の条件です。コロナが人類にはじめて移動（感染）したのが、2020年12月武漢とされます。武漢では初動で感染者が5千人をこえましたが、その後、990万人への一斉PCR検査で、感染者はわずかに300人（そのうち無症状者が300人全員）という事実が伝えられました（2020年6月）。

　私たちはこれをおどろき**武漢の奇跡**と名づけました（以後、使用します）。なぜ、そんな奇跡がおきたのか、考えました。その結果「コロナは、うすく、広く、安全に（人にも、コロナにも）、無限大に、永遠に広がる（移動する）」という**自己保存（生存）の運動法則**がある、との結論にいたりました。私たちはこれを、「長坂理論」（仮説）とし発言してきました。コロナは人間に侵入すると人間の抗体細胞（食細胞）にパクリと大口で食べられます。今、コロナの「弱毒化」説や「自壊」説が出ています。「感染」（コロナの移動＝上述）というとき、コロナのウィルス箇数が、何箇までが「無（非）

感染」で、何箇から「感染」となり、それが「無症状」、「有症状」とに分かれ、さらに「軽症」、「中等症」あるいは「重症」「重篤症」に展開して（増殖して）ゆくのか、症状のレベルの構造と運動、法則がどうなっているのか、2年も経つというのに、そういう子どもにも伝えたい、大人も学ぶべき科学的分析や知見は全く発表されていません。

　日本政府・都は、ただ毎日「数々」「何名何名」と犠牲になった人へのお悔やみの言葉も、現場へ行くことも、見舞いをすることもせず、不安と恐怖をあおりつづけています。「オミクロン」※が出れば、また同じことをやっています。特に、にらみつけるようにして「何人ふえました。もっと気をつけて」をくり返し、命令している都知事もいます。それが、政治か、それが行政なのか。

　命を守ることが、そういうことなのか。上記の人々の声を、百万回頭を下げて聞け。

　※オミクロンも「移動」の一形態です。

　私たちは上記の仮説から、「**全国民PCR検査の実施**（いつでも、どこでも、何度でも、無料で）を、国民の権利として主張しました（2020年6月から）。そのことにより、日本に「**武漢の奇跡**」を実現します。

　私たちは権利としての全国民PCR検査を主張しました（上述）。それが、コロナから人類と国民の命を守るための、科学的構造的戦略的な中心環である、と考えました。

　検査（PCR）・発見（保護）・治療の理論的枠組みをたて、これをワクチンと並行して実施すべきです。

　コロナを「あぶり出す」とか、「監視する」とかいうのは前述の「何名何名」と同類の誤った表現です。「発見」し、「保護」する、そして「何人の方」と今からでも訂正すべきです。納税者・主権者（国民・市民）の命への尊敬と思想の問題です（前述）。汝ら公僕なり。

（3）もう、だれ一人殺すな―国家と政治の使命

　コロナは人々の不安と恐怖の前に、爆発的に広がりました。政府は毎日、感染した人を「数」よばわりし（前述）、PCR検査を拒否しつづけ、「GoTo」とオリンピック・パラリンピックで、感染者172万4114人、死亡1万8313人まで広げました。昨年の初動（2020年2月1日）、感染者17人、死者ゼロ人で、被害の拡大を防ぐ覚悟と努力はあったのか。

　私たちが、**国家（政府）と政治の使命は、コロナから命を守ることである**、との見解に進んだのは、以上の経過によるものです。

　―もう、だれ一人殺すな。

　なお、以上みた私たちの考察と立場は、「NHKスペシャル」「人体VSウイルス」（2020年7月4日（土）、前出）、テレビ朝日「羽鳥慎一モーニングショー」玉川徹、永田和宏京都大学名誉教授をはじめ多くの人々の優れた研究、知見、努力、勇気に依るものです。記して敬意と感謝の念を表します。

一定の方法で、各方面に主としてファクス、手紙を用いて主張してきました。大きな発見とよろこびです（本書、他の箇所でも言及しています。ご活用下さい。）

（以上、2021年10月28日（木），11月9日（火）執筆および友へのファクスを基礎として12月18日（土），12月20日（月）および12月21日（火）記す）

第3節　地球危機と日本列島

1. 友人Mへの手紙

（1）昔は台風は、二百十日（9月10日）、二百二十日（9月20日）と決まっていました。コースもタテに九州から、右に曲がって四国〜本州と予定どおりです（気候危機以前）。

今、房総半島は、一昨年（2019年9〜10月）台風15号（9月9日（月））、19号（10月12日（土））、長期豪雨（10月25日（金））の被害から未だ立ち直らず、屋根がブルーシートのままです。

このとき、アベは「現場主義」を突然叫び、現地に一歩もいかず（あれは、「現場はお前たちだ、オレは知らんゾ」の通告）、その前の2018年7月の西日本豪雨では、赤坂議員宿舎の「**酒盛り**」でした（吉川当時法相、翌日死刑囚死刑執行命令者同席）。

この輩らは、国土の崩壊も人々の死もまち、むらの損害も、興味、関心がないことを示しました。

2019年10月台風19号は、太平洋水温30℃（！）まで真っ赤っか（テレビ）。一挙に熱帯性低気圧が強烈台風に変貌しました。地球温暖化が直接の原因であったことをはじめて解明しました。ところが「この真っ赤っか」が突如、画面から消失したのです※。アベが圧力をかけて、隠蔽しました。あらゆる意味で、アベは犯罪者です。2020年8.28革命で、我々はアベを打倒しました。つづく、本年9月3日菅内閣を崩しました（9.3 第二次革命）。

※cf；2019.10.26（土）「ある政治指導者への手紙（ファクス）」（別紙）

（2）アベ・菅・小池は、コロナに苦しむ国民の状態は、おのれの認識の対象ではありません。「数々…」。

なぜ全国民PCR検査をしないのか、なぜGoToをやったのか（2020年7〜12月）、なぜ本年8月2日（報道）「自宅療養」という名の自宅軟禁（8.2 命のクーデター＝長坂、2021.8.11（水）「伝八報告」（59）2021.8.11（水）付；cf）をし、なぜ国民に「暗殺的の死の強制」（前述＝与謝野晶子。スペイン風邪38万人死で、ときの寺内正毅内閣批判。「東京」で斎藤美奈子、2021年9月1日（水）25面「本音のコラム」）をしているのか、なぜ開催の条件（平和と安全）をコロナで自らこわし、オリンピック・パラリンピックを強行したのか。本質的に**危機管理、命の政策**への無能であり、それが実は資本の論理・

11

新自由主義であることに分析が至りました（cf；「伝八報告」(63) ～ (64)，2021年9月29日（水）と9月30日（木））。**「もうだれも殺させない」**。科学・政治・権利としてのコロナ問題を、国民運動として解決します。

（3）この歴史的な時代に、1960年代を闘いぬいた吾々は、何をすべきか。

（2021.10.1（金）午前11時40分～4時20分、記，ファクス）

2. テレビＯ番組への電話（1）

2019.9.17（火）PM 1:57～2:21、電話

貴番組について、一言申し上げたいのですが、2つあります。よろしいでしょうか。いつもお世話になっています。川崎の長坂伝八です。

1つは、番組前半で、韓国と文大統領を非難する番組を今日もやっていました。実は、もう見ていません。この種のものをいつまでやるのですか。日本として、かつて植民地支配をしたとなりの国に対して、そのことにふれずに非難を繰り返すのは、根本的に問題があります。随分長い間、くる日もくる日も悪口を繰り返しています。日本人として恥ずかしい思いです。安易である。やめていただきたい。内容の検討をしてほしい。

2つめは、後半で、台風15号の被害に苦しむ千葉県を現地取材で伝え、よい内容でした。今、ビデオで見直しました。

こちらこそ最優先すべきです。順序が違います。

9月9日（月）未明におきた今回の出来事は、あの東日本大震災に匹敵します。当初の90万世帯の停電から、断水、食糧難、住居の破壊、豪雨、農業、水産業、学校、施設への深刻な影響です。報道も、当初はにぶくなかったではないですか。間違っていたら失礼ですが。

アベ首相は、直ちに現地へ行ってないですよね。（「ハイ」）。その日のうちに緊急対策本部を設け、すべての国の力を傾けるべきなのに、まだやっていません。

この批判もすべきです。内閣改造などで、自分のことばかりやり、昨年の西日本豪雨のときに**酒盛り**をやった体質そのものです。口先だけではない、政治が全責任を負うべき危機管理の問題です。そういう角度からも、報道してほしい。（「ハイ、伝えます」テレビ局、女の人）

3. テレビＯ番組への電話（2）

2019.10.17（木）AM 11:56～ PM 0:28、電話

「いつも、お世話になっています。川崎の長坂伝八です。よろしいでしょうか。先日（9月17日（火））も意見（報道ニュースの順序を変えてほしい）を採用していただき、お礼を申します。」

「①本日（2019年10月17日（火））、午前10時50分ごろ、台風19号の報道のまとめのところで、3人の解説者のうち、右側の解説者が台風19号のことを『自然環境が変化している。農作物の開発で、これからはこれに対応していくことが必要だ』と言い、左側の解説者が『そうですね』と同調した。

あたかも、台風15号、19号という超大型の異常台風が自然に起きたかの言動は、現場も見ずに無責任で不見識きわまりないものです。

②今回の19号は10月11日（金）から緊迫感を伴い、10月12日（土）朝から荒れ出し、伊豆半島、箱根、町田を経てこの川崎から東京、長野、埼玉、群馬そして福島、宮城、岩手まで襲いました。

本日の「東京」新聞では、現時点で、貴番組の現地（熱海、箱根）取材等を含めて

　堤防の決壊　7県59河川95ヶ所

　土石流、崖崩れなど土砂災害　19都県211件

今も、その実態が次々に報道されています（10月17日（木）PM 8:15）。

　住宅は77棟全半壊、一部損壊 1042棟

　床上浸水 7497棟、床下浸水 6634棟

　避難者 4,252人（PM 2:30）

　停電、断水も深刻

など災害は、12都県で58市区町村に及びました。さらに、犠牲者77人、行方不明 15人です。台風では日本列島空前の災害です。その他、田畑や海、山、まちがやられ、日本列島水没です。アベがやっと今日になって動きました。すべて行くべきです。

③これは「自然の変化」などではなく、太平洋の海水温が30℃まで上昇したことを直接の原因とした気圧の急激な下降が、巨大台風を発生させたのであり、地球の温暖化が根本原因です。国連のグレタの訴えや、国会でも問題になっています。テレビの解説者は、ここにこそ言及すべきです。『なぜ、起きたか』と。

以上、本日の当番組の内容について、批判をし、抗議しました。よろしくお伝えください」。（「ハイ、しっかり伝えます。」テレビ局、男の人。しばし討論になる。）

4. ある政治指導者への手紙（ファクス）

2019.10.26（土）PM 5:30〜7:30、記, 長坂伝八（川崎市）

現在の異常巨大台風15（9月9日（月））－19（10月12日（土））号〜**記録的大雨**（関東〜東北）10月25日（金）の**日本列島襲撃**とその原因論（地球温暖化＝太平洋の海水温上昇30℃へ）の隠蔽について

—貴発言（10月20日（日）赤旗2面）に関連して—

お世話になっています。お見舞い申し上げます。

表記の異常気象が私たちを襲いました。表記について述べます。

◇「東京」は、10月17日（木）付1面で、災害は12都県58市区町村、堤防の決壊7件59河川95ヶ所（今、140ヶ所！「NHKニュース7」）そして、

　土石流、崖崩れなど土砂災害19都県211件、住宅損壊、浸水、停電、断水、避難者4252人、犠牲者 77人、行方不明 15人、などを報じました。その後何倍にも増えています。

　本日（10月26日）「東京」は千葉県鴨川市の断水4700戸、7河川氾濫、通行止め154ヶ所、2万6500戸の停電を報じました。（1面）…1市だけで！

　日本列島空前の災害であり、各地の現場では、まちが水没し、家が土砂に埋まり、飲む水も食べる物もなく、田畑や漁場が破壊され、商店、工場、学校、病院までやられ、子どもの姿はありません。

　列島に悲鳴があふれ、これは本当に現実なのか、と目を疑うばかりです。

　非常事態、最大の国家危機です（前回10月24日（木）ファクスで申しました）。アベ（国家）は何をすべきか、何をしているか。

◇実に奇妙、不可解なことがあります。次のことです。

　アベも、テレビも、新聞も、その根本原因である地球温暖化＝太平洋海水温上昇（30℃へ）（上述）について、一切ふれていません。一時はあれほど話題にした「温暖化」です。。

　たとえば、テレビ朝日「O番組」（10月17日（木）AM 10:50ごろ）はこのことを隠し（W教授ら＝直ちに電話で抗議※）、気象学者はNHK日曜討論（10月20日（日））で、太平洋水温30℃による台風19号への急激な変貌（気圧970hPa→915hPa）の因果関係論を避けました。ずっと考えて、気づきました。なぜ、か。

※本文前記「3. テレビO番組への電話（2）」のこと。

◇アベが、トランプの「温暖化否定」論に合わせて、グレタの訴え（気候変動阻止論）を阻止するために、この真の原因を隠蔽する策略をしている、からだと。これを粉砕しましょう。

敬具

5. テレビS番組への電話

2019.10.27（日）PM 2:24〜3:34、電話

　「本日（2019年10月27日（日））の貴番組では、今回の豪雨の千葉のすさまじい現実を伝えました。現地取材の記者のご苦労を感じます。

　台風**15号**（9月9日（月））－**19号**（10月12日（土））－大雨、台風**21号**（10月25日（金））の異常気象が私たちの日本列島を襲いました。まちも、川も、海も、山も、人も、家も、田畑も、工場も、商店もやられています。

　かつてない、目を疑う現実が起きています。一体何が起きているのか。これは非常事態であり、**最大の国家危機**です。**危機管理**です。アベ内閣は何もしていません。

　そして、**はじまり**です。

　①今何が起きているか

　②なぜ起きたか

　③どうするか

　の3つが大事です。

　そのうち、なぜ起きたか、の問題の解明です。それは地球温暖化による太平洋海水温上昇（30℃）が、一気に台風19号を生んだことが分かりました。スウェーデンのグレタが訴えた（国連）温暖化がいよいよ、日本列島を襲撃しました。この真の原因論を正面から取り上げてほしい。以上です。よろしくおねがいします。」（「ハイ、伝えます。」（テレビ局））

第2章　安倍内閣「7.1閣議決定」(2014年)
違憲訴訟 (2017.6.1〜2018.4.5, 横浜地裁・東京高裁・最高裁)
にとりくんで

第1節　憲法どおりの日本をつくる

日本政府は、9条宣言および憲法尊重・擁護の宣誓を
このコロナ・人類・地球危機の時代に

1．安倍内閣「7.1閣議決定」違憲訴訟にとりくんで

　2014年7月1日、安倍内閣は自衛隊の海外出動（「集団的自衛権」の行使）を認める「閣議決定」を行いました。国民の多くは反対し、連日のデモがくり広げられ、日本列島に響きました。三重県津市の珍道世直さん（当時75歳）が全国に先がけて、その1週間後に、「7.1閣議決定」違憲訴訟をおこしました。珍道さんは三重県庁の幹部を経験した人で、以後折にふれ、その後塵を拝した筆者を励ましてくれました。

　2014年秋、友人と勉強会・準備会を有楽町ではじめ、2015年11月、「7.1違憲訴訟相談会」をおこし、毎月浜松町で勉強・相談会を開きました。そのときどきのレジュメをのちの「訴状」としました。福田玲三さん、川村茂樹さんの参加をいただき、栗田禎子千葉大学教授や小西洋之参院議員、野村光司さんの講演も企画できました。小林節慶応大学名誉教授には「どうぞおすすめ下さい」とのありがたい言葉で、百万の力を得ました。小林節教授は、川崎の講演会（2015年4月）で質問したところ、「違憲訴訟はやめた方がいい」との助言をうけていました。その後ずっと何かとお世話になってます。

　7.1違憲訴訟をやろうと友人木村匡志と相談し、大学時代の友人によびかけ、著名な弁護士や学者に指導を仰ぎました。各所で行われる講演会に出かけ、発言をしました。「統治行為論」「閣議決定効力論」「精神的苦痛への損害賠償論」などで、「違憲訴訟はむずかしい」という意見、助言にぶつかりました。野村光司さん、「完全護憲の会」には、2年余にわたって討論に参加して、いくつかの教示を受け、憲法の何たるかを学びました。浜松町で、訴訟に関する知識や文献、資料（各種の判決文全文）をたくさん教えてもらいました。勢いだけではじめたはいいが、右も左も分からないまま、多くの人に支えられました。これらの人々の力がなければ、本訴訟は到底実現しませんでした。

　「7.1違憲訴訟勉強・相談会」では、横浜地裁への提訴（2017年6月1日）、東京高裁への控訴（同9月4日）そして最高裁への上告（2018年1月12日）のたびに、「どうしましょうか」と相談しました。福田玲三さん、川村茂樹さん（前述）をはじめ、心ある

人たちが、一貫して参加し、討論し、援助、協力し、ともにたたかい指導してくれたことは、このとりくみの基本陣地となりました（2015年11月〜2018年 4 月）。「7.1違憲訴訟勉強・相談会」は、事情で2018年 4 月20日（金）第28回（栗田禎子千葉大学教授講演＝ 3 回目）で中断したまま今日にいたり、お 2 人をはじめみなさんに申しわけなく思っています。『週刊金曜日』の土井健一郎さんにも長く「お知らせ」でご協力いただきました。

その後、「7.1違憲訴訟」の経験から、川崎において憲法武蔵懇話会・憲法堂々を発足させ、「憲法堂々」ニュースを発行し、「伝八報告」で種々の問題をとり上げ、一定数の人々とともに考え合ってきました。

「違憲」への思いは、やがて「憲法どおりの日本をつくる運動」へと発展し（2020年 6 月13日（土）上記発足）、新聞でも報道されました（2021年 6 月11日（金）東京新聞、山本哲正記者）（本書260ページ参照）。

裁判は、ある運動で経験がありましたが※、今回の裁判で、最高裁まですすみ、東京高裁では予想外の成果をあげることができました。すべてに感謝します。

　　※『法政時計塔校舎存続（保存）運動報告集』2019.6.15（土）発行

（2021年11月 5 日（金）午後 6 時50分、記）

2．「7.1 閣議決定」違憲訴訟で分かったこと
―黒いカベ、2 つと白い落とし穴、1 つ―

「7.1」訴訟（さらに略します。以下同じ）にとりくんで分かったことは、黒いカベと白い落とし穴（表題）でした。

多くの人から、やめた方がよい（デモをやった方がよい、もありました）と忠告された理由は 2 つです。調べてみて分かったことは、黒いカベとして文句なしに立ちはだかり、行く手をさえぎり、絶望的でした。ダンテ『神曲』のごとき「地獄論」をのたうちまわり、そのまま水没して溺死する寸前に、岩壁の扉が開き、針の穴から光がさしました。ここだ！

黒い巨大なカベは 2 つありました。1 つは、「閣議決定」（「7.1」）は政府内部の意志決定で、国民に法的効力をもたないから、違憲訴訟の対象にならない、というもの。いわゆる「閣議決定法的効力論」。今 1 つは、かの「統治行為論」。この 2 つです。後者にいたっては、「長坂さん、統治行為論でムリですよ」と自信にみちている。手さぐりすらない、勉強の仕方も分からん。やっても「徒労」か。

ただ三人、励ましてくれた人がいた。「敗けたっていいじゃないですかネェ」。栗田禎子千葉大学教授。二人目は、小林節慶応大学名誉教授（前出）。三人目は大学の先輩。「がんばって下さい」と大阪から。この人に今出版のお世話になっている（出版社社長）。

著名な弁護士・元国会議員からは「危険だから止めて集団提訴に参加した方がよい。一人で単独はさけるべきだ。」と率直な指摘を受けた。夜の京浜東北線から帰宅したのは夜中だった。浜松町では、「統治行為論」などについて、何日も、何時間も質疑・討論できた。高度な法学の専門書も知り、「砂川判決」全文や「福島・自衛隊違憲判決」全文などの資料提供を受け、それらの勉強にエネルギーを費やした。やればやるほど、分からん。

　内田博文『刑法と戦争』（みすず書房　2015年12月）。

　上記は、図書館が貸し出しで行列、清水の舞台から飛びおりて購入した（4600円）。**「憲法81条は、憲法裁判所の権能がある」**。これだ！　やっと！

（1）黒いカベ、2つ—破れたか。破った。

　1つ目・黒いカベは、「閣議決定法的効力論」だ。ある著名な東京大学名誉教授から、丁重な手紙で指摘があった。然らば。法政二高（41年間、教壇に立ち、ヘトヘトになって、あの生意気で、頭がよくて、図体のデカイ高校生と格闘した）の図書館に、約1年通いつづけ、1939年1月1日からの「東京朝日新聞」縮刷版を1ページずつ全部調べた。日中戦争さ中、日本帝国主義が中国各地を侵略・攻撃・占領する姿を新聞は喝采した。そこまでやるか、これは帝国主義そのものだ、他の概念では表現できない。オレのオヤジ、長坂八郎は徴兵制で、このどこかにいた。地図でさがす。分からん。生徒が「伝八先生」と声をかけてきた。父は戦後、息子・娘に話した。

　法政二高図書館での調査・研究の目的は、上記の実態の把握と、「閣議決定は政府内部の意志決定で、国民への法的効力はない。ゆえに、違憲訴訟の対象にならない」という奇怪な詭弁をくつがえす歴史的事実の存在を解明することであった。意外にも明白な答が次々にみつかった。

　1931年9月22日、若槻礼次郎内閣、「閣議決定」で、満州事変を容認、これが、満州事変－日中戦争－第二次世界大戦の発火点となった。

　1946年4月5日、幣原喜重郎内閣は、第90回帝国議会に提案する「日本国憲法案」を「閣議決定」した（4月5日案）。

　1995年8月15日、日本の侵略と植民地支配を「反省とお詫び」をした村山談話は「閣議決定」だった。

　「訴状」は、上記主張（政府）を、「閣議決定空中浮遊論」と規定し、それが成り立たないことを証明した（横浜地裁）。東京高裁は、これを認め、判決文から削除した。東京高裁に感謝して、最高裁に意気高く向かった。書記官は親切で、有楽町駅から東京高裁まで、日比谷公園をぬけて、何回も歩いた（片道40分）。電車にのれず、遠くに行けなかったのに、いつの間にか治っていた。

黒いカベ。2つ目。

「統治行為論」。だれも手が出せない。アリのはい出る隙もない鉄壁の陣。ドウダ、参ったか。

ところが穴だらけのボロボロ、さびた鉄。ポンと一突きでくずれた。憲法81条違反だった。真理はここだ。

（2021年11月6日（土）午後4時40分、記）

(2) 白い落とし穴（下記（イ）と（ウ））

落とし穴がありました。それは、

（ア）「7.1」は9条違反。違憲判決をせよ。しかし

（イ）日本の裁判は、抽象的違憲訴訟（ア）では成立せず、具体的な争訟事件、つまり被害がないと訴えられない。

（ウ）したがって、9条違反判決を請求する（ア）だけでなく、平和的生存権を侵され精神的苦痛を受けたので損害賠償せよ、のもう一つの請求項目が必要である。

つまり裁判の訴えは、「9条違反判決および無効確認」（ア）1本では訴訟できない。…!? というもの。

9条でアベを倒す（ア）。気炎万丈、天をも焦がすこの怒り、義憤をどうしてくれる。え？　2年、3年この落とし穴（イ）と（ウ）の「判例」に入りこみ、ぬけ出ることかなわず、暗い底で、空をみた。巌窟王だ。少年時代読みふけった。彼は岩壁を削り、血で染まり、ついに外界に出た。多くの人は、ここに落ちたまま、苦悩している。

待てよ。

アメリカ合衆国憲法は、上の（イ）で「アメリカ型」。日本がこれという。ドイツ憲法（基本法）は（ア）のみで訴訟できる（ドイツ型）という。疑問の余地なし。ところがトランプの登場で大統領令（実害ではない。「国境の壁」令、「イスラム教徒入国禁止令など）が相いで、「合衆国憲法違反」で訴えられた。事実上、「アメリカ型」は消滅した。日本の上記（イ）（ウ）の裁判慣行（判例）の根拠はなくなった。

ドイツ憲法（基本法）は有名な憲法裁判所で、（ア）（のケース）で、訴訟ができることになっている。その憲法をみると、具体的で実務的である。日本国憲法81条をみると、その格調の高さにおどろく。世界に誇る「法令審査権」である。「アメリカ型」が時代に否定された（上記）ことで、日本の裁判所の唯一の根拠は、この81条となった。

この81条が、「憲法裁判所の権能」をもっているとの指摘（前述）は、注目に値する。日本の司法は（イ），（ウ）をすて、（ア）1本で進むべきだ。白い落とし穴はなくなり、青い空が広がる。

（2021年11月7日（日）午前10時35分、記）

(3) 請求項目は一つ（前記（ア））

　多くの時間と、多くの協力を得て、長坂が選んだのは、上記（ア）1本でいく、という ものでした。つまり、

　「7.1閣議決定の憲法違反判決および無効確認を求める」（2017年6月1日訴状「請求 の趣旨」）

です。前記（イ）と（ウ）は採用しません。「オレは何のために裁判をやるんだ」、 「精神的苦痛じゃない。アベが、9条に違反したことが許せんのだ」、こちらは主権者、 首相は憲法に従う公僕。これを憲法32条にもとづいて裁く（訴える）、それでよい、そ れしかない。

　7.1閣議決定は憲法9条違反である。

3．憲法どおりの日本をつくる
　　考えたこと──「7.1」訴訟のあと

「7.1」訴訟のあと、考えてきたものが2つあります。

(1) 1つは、日本は憲法どおりの道をすすむ、もしくは憲法どおりの日本をつくる、 ということです。

　今回第49回衆議院選挙（総選挙）＝2021年10月31日（日）がありました（結果は割 愛）。そこで、あまり注目されていない重要なできごとがありました。それは、直前に 発表された「野党共通政策」（9月8日）です。内容は、「安保法制の廃止と立憲主義の 回復を求める市民連合」（略称「市民連合」）と4野党党首（枝野幸男立憲民主党代表・ 志位和夫日本共産党委員長・福島みずほ社会民主党党首・山本太郎れいわ新選組代表） が合意したもので、6項目（細目20項目）からなり、**「命を守るための政治の転換を」** が主題となり、第1項目に**「憲法にもとづく政治の回復」**を掲げています。

　戦後の日本の運動は、概ね「反対闘争」型で、どういう日本をつくるかの戦略（目 標）が不明確でした。「9.8共通政策」（と略称する）は、私たちが**「命を守る政治」**へ の転換と**「憲法にもとづく政治」**をめざすことを明確に示した点で画期的な、日本にお ける統一戦線運動の陣地を築きました。

　関係者の努力に敬意を払います。

　私たちは、憲法どおりの日本をつくる運動の必要に認識がいたり、「憲法武蔵懇話会・ 憲法堂々」を発足させ（2020年6月13日（土））、ニュース「憲法堂々」も発行してきま した（前述）。「9.8共通政策」は、この運動の戦略的土台であると考え、よろこびます。

(2) コロナ・人類・地球危機と国家・政治の使命
戦後の運動は、自民党（プラスα）政治とその政治に対する、「反対」をいう際（上

述）の過大評価（やられている）を一方にもち、他方に私たち主権者・国民の役割の過小評価（受身）がありました。**「不断の努力」**（憲法12条）に反します。

　コロナが世界をおおい、地球危機が日々身近に迫り、命と生存の問題が私たち人類の緊急な課題としてつきつけられた今、いかなる条件や体制であろうとも、その解決に尽くすことが、問答無用の政治（および国家）の使命になりました。これが、２つめです。

　それは「見せかけ」（グレタ）でなく、全体主義でなく、選挙目当てでなく、利権目的でなく、根源的に問われています。

　コロナ対策の名の経済対策でなく、真に命を守るもの（前述）でなければなりません。森友・加計・桜などの不正でなく**「政治道徳の法則」**（「憲法前文」）に従うべきです。政治は「徳」です。正義です。

（2021年11月９日（火）午後５時半、記）

４　憲法９条こそ、日本が進む道
―私たちの美しき祖国と東アジアの平和―

日本は、９条宣言および憲法尊重・擁護宣誓を
　凜然たれ
憲法９条（以下、９条とします）と否戦・平和
―憲法どおりの日本をつくる―

（１）９条は、
「日本国民は、正義と秩序を基調とする国際平和を誠実に希求し、国権の発動たる戦争と武力による威嚇又は武力の行使は、国際紛争を解決する手段としては、永久にこれを放棄する。

　2．前項の目的を達するため、陸海空軍その他の戦力は、これを保持しない。国の交戦権は、これを認めない。」

としています。

　１項は、戦争の放棄（永久に）。同時に武力による威嚇およびその行使も永久放棄した。

　２項は、陸海空軍（戦力）を保持しない。交戦権は認めない。

　９条の討論で、意外に見落とされているのは、この１項と２項の関連です。両者は、同格もしくは同列ではありません。

　１項が「主文」であり、２項が「副文」です。それは久野収によって明確にされました（久野収「憲法第九条の思想」『憲法と私たち』憲法問題研究会、1963年４月、岩波

新書、p.99）。

　芦田均衆院憲法改正案特別委員長は、衆院本会議への委員会審議報告（昭和21（1946）年8月24日）で

　「憲法草案は戦争否認の**具体的裏付け**として、陸海空其の他の戦力の保持を許さず、国の交戦権は認めないと規定して居ります」

　芦田均は、9条は「戦争否認」であると宣言し、その「**裏付け**」として戦力を保持せず、交戦権は認めないと「規定」したと述べました。それは、「我等が進んで戦争の否認を提唱する」のは、「世界を文明の壊滅から救わんとする理想に発足することは云うまでもありません」と、その決意を披瀝しました。

　幣原喜重郎国務相は、貴族院本会議（同8月27日）において、「文明と戦争とは結局両立し得ないものであります。文明が速やかに**戦争を全滅**しなければ、戦争が先ず文明を全滅することになるでありましょう」と訴えた。幣原発言は、数年前新聞で報じられ有名になりました（「帝国議会会議録」検索システムの検索結果による＝山本太三雄さん提供。本書「序にかえて」および「第Ⅲ部　あとがき　最終章」参照）。

　最近、**幣原直筆**の原稿が発見された。そこで幣原は「新日本は厳粛なる憲法の明文をもって、戦争を放棄し軍備を全廃した」「他国の侵略より救う最も効果的なる城壁は正義の力である」として9条の意義を高らかに唱えた（「東京」2018年5月6日（日）、26面、1951年1月筆か。）

　以上をまとめます。

　（2）　9条の構造は、1項が「主文」であり、戦争放棄・戦争否認である。そして2項が「副文」およびその「裏付け」であり、それは「軍備全廃」である、となります。

　芦田均・幣原の戦争放棄・戦争否認、そして**戦争全滅**への並々ならぬ燃えるような意志と決意が、今私たちに伝わります。

　私たちはこれを「否戦・平和」の概念として全身でうけとめよう。

　幣原は、1931年9月18日関東軍によって強行された「満州事変」は、陰謀だ、と見ぬいたが、結局ときの若槻礼次郎内閣（幣原は外務大臣）がこれを「閣議決定」で容認した。そのことが、のちの日中戦争とアジア・太平洋戦争、さらに第二次世界大戦・核戦争への導火線となった。

　あの戦争（日本の帝国主義侵略戦争と植民地支配）は、過去ではない。今、である。

　（3）　私たちは、この9条・憲法をもった。天に感謝します。

　9条の理解に疑問の余地はなく、日本は世界に向かって、9条宣言および憲法尊重・擁護宣誓を行うべきだ。

　今からでも、おそくはない。研究者に感謝したい。凜然たれ。

※引用文のうち、ゴチックは長坂

（2021年11月11日（木）午後 6 時43分、記）

5．コロナ・人類・地球危機の時代
　　－「憲法堂々」（本トビラ裏［第49回衆議院議員総選挙公示日に記す］）を補って－

平和・否戦をもって人類史に応え、
気候正義もて地球史に決意表明し、
徳をもって政を為せ

（1）平和への思い、正義へのねがい
　フランシスコ・ローマ教皇が近年日本を訪れ、「世界にもう戦争はいらない」と訴え（2019年）、グレタが気候変動に世界はとりくめと立ち上がりました。
　日本の原水爆禁止運動（1956年から）は、「核兵器も戦争もない世界」をよびかけ、このたび（2021年 1 月）核兵器禁止条約が成立しました。学生時代に、京都・大阪・広島・長崎の原水爆禁止世界大会にすべて参加し、その足で、九州を縦断し、鹿児島から 3 日 3 晩船にゆられて、 8 月15日、27°線洋上の沖縄返還海上大会まで行きました。「くり舟」に乗って、東シナ海の山のような大波の合い間で、沖縄の瀬長亀次郎代表団と交歓しました。米軍の戦闘機が低空飛行で威嚇しました。沖縄はまだ米軍占領のまっただ中でした（1964年、大学 1 年）。歴史学と革命と学生運動を志し、加山雄三的学生生活にあこがれて入学しましたが、夏休みは原水禁運動一色で故郷に帰らぬ息子に父母兄弟姉妹、友人はおどろいていました。「世の中から貧乏をなくす革命をおこすために日本を動かす大ものの新聞記者になりたい」と決意し大学新聞会に入り、その記者として派遣され大学新聞に記事を載せました。400年続き没落した長坂家の中学時代は貧困で今日食べる米がなく、兄長坂秀佳（脚本家）がめでたく就職が決まったとき（豊橋工業高校）、母まきが夕食に用意した水団をみて、帰宅した父八郎は、「秀佳が就職しためでたい日に、水団とは何だ」とテーブルをひっくり返しました。父は、戦争で徴兵され、「南支」で戦争の一部となって銃剣で中国兵と戦った様子を毎日晩酌をしながら、幼い私たち（ 5 人の子ども）に話しました。その話は、はじめは軽く、しだいに深くなり、高校時代（愛知県立国府高校）の修学旅行の広島の平和資料館の展示内容に強い反発をもったのがなぜか、今も分かりません。
　法政二高の教師となり、沖縄修学旅行の「ひめゆり資料館」の高女たちの写真、長崎原爆資料館の永井潔博士のコーナーはあふれる涙を止められませんでした。今、日本帝国主義侵略・植民地戦争は、過去でなく、現代史の問題だと思っています。いろいろな人と討論します。

　瀬戸内寂聴（99歳）が2021年11月9日死去しました。寂聴は生涯をかけて、「殺すなかれ、殺させるなかれ」を説き、「新しい憲法（現行）は、アメリカの押しつけというけれど、負けて勝ちとったものだ。すごい犠牲の上に成り立った憲法だから、日本は九条を守り、世界を欺き、うそをついてはいけない。戦争をしませんと言ってきた」と9条の意味を強調しました。「政府は民を幸せにしなきゃいけない。そのためには、民の心を聞くべきなのに、安倍さんたちは全く聞かない」と政治のあり方を唱導しました（「東京」2021.11.12（金））。

　日本には、内村鑑三の「戦争絶対反対」、幸徳秋水の「軍備全廃」および「戦争否認」、与謝野晶子の「君、死にたもうことなかれ」（日露戦争時）が、トルストイの「皇帝（ニコライ二世）よ、汝砲弾の前に立て」という烈々たる反戦論文（同）と同時代に存在し、それが、石橋湛山、小林多喜二らにつながり、9条と戦後にうけつがれました。ガウディの「サグラダ・ファミリア教会」は「戦争のない世」がねがいでした（2021年11月3日（水）未明、NHK BSプレミアム。薬師丸ひろ子の案内で「ガウディの遺言」）。

　第二次世界大戦を終結させ、日本がポツダム宣言を受諾して無条件降伏した8月15日（8.15革命）は、9条をもつ平和憲法を生み出しました。「8.15」は、実は地球の地上から、永遠に戦争を「全滅」せよの号砲であったかも知れません。とすると、戦後の冷戦、ベトナム戦争、イラク戦争をはじめ、今に至るすべての戦争（と準備）は、世界史のつくった「8.15」が戦争否認（否戦）の人類史への宣言であることへの、不遜なる反乱（反逆）です。無知なる誤りです。

　日本は、この歴史の真実＝「8.15」否戦・平和宣言を世界の先頭に立って、9条で実践します。

　「COP26」が開かれ、北極圏の雪どけ津波、アマゾン熱帯雨林の砂漠化（予想）があらたに注目され、日本列島をふくむ世界の地球危機に対して急速に気候正義の運動が広がっています。グレタにつづき、日本の若ものも、「市民生活が気候変動で脅かされている。一部の人の利益を守る政治をやめ、みんなが安心して暮らせる社会をつくってほしい」と行動をはじめています。（「しんぶん赤旗」2021.11.13（土））。

　愛知県は奥三河・湯谷の清流・渓谷で泳ぎ、育ったものには、この美しい祖国はかけがえのない地球（史）の一部です。

(2) 徳をもって、政を為せ

　古代ローマでは、国家は「みんなのもの」、政治は「みんなのため」でした。日本には、徳政や仁政の歴史がありました。コロナ・人類・地球危機の時代、私たちの前には、国家と政治の使命が最も鋭く提起されました。それは、**命**（とくらしと労働）・**正義**（と公正と平等）・**平和**（と否戦）・**安心**（と自由）の4つの概念（に集約）と**主権者・国民・人民への奉仕**です。それは、**徳**です。

永きにわたる階級社会にとらわれず、人類史の再劈頭にあたり、宣明します。

（2021年11月13日（土）午後5時50分、記）

6．補論　2つの問題
―憲法堂々　凛として

第Ⅰ部を閉じるにあたり、2つの問題について、補論します。

(1)「新しい資本主義」ということ

岸田文雄新内閣（11月10日（水）発足）は、「新しい資本主義」（表題）をスローガンとしました。リーマンショック以来、強欲資本主義が批判され、グローバル資本主義が極端な富裕層（資本家と投資家）と雇用・失業や生活苦を強いられる貧困層（労働者と国民）の深刻な格差が「1％と99％」と表現されてデモがおき、世界的な話題になりました。アメリカ型金融資本主義、消費型資本主義がその背景であるとの指摘が連日テレビにあらわれました。

　アメリカのサラリーマンの目的は何かと問われると「金をもうけること」との答が返り、日本の会社員に同じ質問をすると「働きがい」という回答でした。アメリカの資本主義と日本のそれはちがうのです。しかし、日本の政府や企業家・財界・資本家は、ムリやりこれに合わせてきました。終身雇用制や年功序列型賃金が目の仇にされ、「非正規社員」が強引にもちこまれました。今、日本の労働者の4割を占めています。サービス残業や過労死はあとをたたず、若ものは極度の低賃金にあえぎ、それが若い家庭におしよせて飢えて死をむかえる母子まで生み出しています。大企業は484兆円になんなんとする内部留保を不当に確保、維持し、労働者は30年間実質賃金が上昇していないという「後進国」に落ちています。

　なぜか、政府と財界が、労働者・働くものの賃金・権利・くらしを大切に思わず、資本の論理＝最大限利潤追求の法則に従属し、資本の走狗になっているからです。こうした労働者の状態は、農業・漁業・林業や中小企業の実態にも及び、まちの小売店なども同様です。労働基準法や憲法の勤労の権利（憲法27条）、営業の自由（同22条・29条）がすべてにわたってゆきとどかなければなりません（生存権同25条）。

　戦前の資本主義は、低賃金・長時間労働と小作人制度および対外搾取（植民地支配）が一体の関係をなし、人民・民衆を分断して、その後進性、半封建制、軍国主義、絶対主義的天皇制、帝国主義の構造におしこめていました。これが、日清・日露戦争（1894～1905年）以来、1945年「8.15」まで50年に及ぶ「朝鮮植民地戦争※」の根本的本質的背景です。

　※慎蒼宇法政大学教授報告・9.18「日本学術会議シンポジウム」。司会は栗田禎子千

葉大学教授・学術会議会員、「赤旗」2021.10.5（火）10面

　8.15革命（前述）と日本国憲法は、戦後の民主的改革によって財閥解体・農地改革を
すすめ、労働者・農民を解放しました。世界史は、上記の戦争構造を否定・克服しました。

　今、「新しい資本主義」というとき、如上の日本資本主義の総括をし、この諸問題を
自覚し、解決するものでなければなりません。新自由主義とアベノミクスは、戦前戦後
に及ぶ**不正不法**な**資本の論理**と競争の無軌道への迎合であり、労働者・国民への奉仕と
反対物の不道徳な支配でした。アベ内閣は、それらの根本的悪政（仁政でなく）とそれ
への不満から目をそらすために、**執拗**な「改憲」連呼（憲法99条違反）と戦争法強行を
しました（同）。

　このたびのコロナから国民の命を守る重大な政治の使命への背信と放棄（172万余の
感染者と1万8千余の命をおとした犠牲者＝お悔み申し上げます。＝2021年11月14日
（日）午後5時56分現在）をしたのみならず、**死と恐怖の強制**をしつづけて、てんとし
て恥じることを知らないのも、あの戦争で、国民を動員して**死の強制**（最近、高倉健の
「ホタル」をみました）をし、命の軽視をした**国家の論理**と、その本質において**通底**し
ています。これらは、いずれも憲法前文、12・13・25・97条違反です。私たちが、国家
と政治の使命の第1に「命」をあげた理由は以上によるものです。

　「新しい資本主義」というとき、これらに応えるものでなければなりません。その前
提は憲法どおりの日本をつくることです。

　「新しい資本主義」は、日本型のものづくり資本主義であり、近代化された「道徳的」
資本主義（渋沢栄一）です。全身全霊が憲法によって武装され、必要な研究、研鑽が、
地球危機への真剣な対処とともに必要です。「ルールある経済社会（もしくは資本主義
社会）」です。

　憲法どおりの徳のある新しい資本主義で労働者と国民に幸福と自由を（憲法13条）。

　それは、可能です。

(2) 憲法の生命線

　憲法は、「われを守れ」と後世に宣言しています。

　憲法は、「**8.15革命**」で生まれた、国民主権・基本的人権・平和主義（戦争否認）の
革命憲法です。これを壊そうとするものは「**反革命**」です。憲法前文は上記三原則に集
約された憲法の「原理」に「反す」る「一切の憲法、法令及び詔勅」を「**排除**」します
（前文）。幣原喜重郎、芦田均（前述）らの迸り出る咆哮が聞こえます。

　政府は、その尊重、擁護に邁進せよ（99条）。主権者・国民は「不断の努力」を（12
条）。憲法堂々。憲法どおりの日本を。

（2021年11月14日（日）午後5時56分、記）

7．補論（続）
8.28 と憲法堂々

（1）2020年 8 月28日（以下、**8.28**とします）と2021年 9 月 3 日、現役の日本国首相が、相ついで崩れ去る（内閣総辞職）という、戦後政治史上最大のできごとがおきました。自滅した首相は、安倍晋三と菅義偉。その原因は一つ、自衛隊の無制限海外出動＝戦争につながる「7.1閣議決定」（2014年 7 月 1 日）と「安全保障法制」（戦争法※）を、これに反対する日本列島に燃え広がった国民の声を無視して強行したことです。いずれも憲法 9 条違反です。
　※2015年 9 月19日　参議院本会議で「採決」。

（2）連日、デモが国会を包囲し、12万人が参加しました（2015年 8 月30日）。次は、その日日本の若もの・学生代表の訴えです（国会前、**寺田ともか**さん）。

　「大阪からきました。私たちはいま、こみ挙げてくる怒りや衝動を肉体的な暴力や一時的な快楽でごまかすのでなく、言葉と**不断の努力**に変えて、ここに集まっています。

　安倍首相、私たちの声が聞こえていますか。この国の主権者の声が聞こえていますか。自由と民主主義を求めるひとたちの声が聞こえていますか。人の命を奪う権利を持つことを拒否する人間の声が聞こえていますか。

　イラクでの米軍の無差別殺人は戦争犯罪です。この法案が通ることによって、こういった殺人に日本が積極的に関与していく事になるのではないかと、本当にいてもたってもいられません」

　「すべての命には絶対的な価値があり、私はそれを奪う権利も、奪うことを許す権利ももっていません」

　「この法案を許すことは、私にとって自分が責任のとれないことを許すということです。これだけは絶対に許せません。私は**この国の主権者**であり、この国の進む道に責任を負っている人間の一人だからです。

　70年前、原爆で、空襲で、ガマの中で、あるいは遠い国で、失われていったかけがえのない命を取りもどすことができないように、私はこの法案を認めることによって、これから失われるであろう命に対して責任を負えません。

　私の払った税金が弾薬の提供のために使われ、遠い国の子どもたちが傷つくのだけは絶対止めたい。

　人の命を救いたいと自衛隊にはいった友人が、国防にすらならないことのために犬死にするような法案を絶対に止めたい。

　国家の名のもとに人の命が消費されるような未来を絶対に止めたい。やられたらやるぞと威嚇するのでなく、そもそも敵をつくらない努力をあきらめない国でいたい。**平和憲法に根ざした新しい安全保障のあり方を示しつづける国でありたい**」

　「いつの日か、ここから、今日、一見、絶望的な状況から始まったこの国の民主主義が、**人間の尊厳**のために立ち上がるすべての人々を勇気づけ、**世界的な戦争放棄**に向けてのうねりになることを信じ、2015年８月30日、私は戦争法案に反対します。」

　　　　　　　「しんぶん赤旗」2015年９月３日（木）３面および、「訴状」49〜50ページ）

　（３）この若き主権者の叫びは、21世紀初頭の日本国民を代表するものであり、世界が共感する圧倒的な説得力をもった、もはや人類史の再劈頭の宣言である。

　8.30デモを、「これは**市民革命**だ」との評価も生まれた（樋口陽一東京大学名誉教授）。

　安倍首相は、「私たちの声が聞こえていますか」という**寺田ともか**さんのこのよびかけに、対話をもって応えたのか、あるいは強い問題意識と広い視野の洞察力にもとづく体系的論理で貫く**絶対平和**の願いに、首相の座を賭けて答えたのか。政府の総力をあげて、**市民革命**に応じたのか。それが徳の政治だ。力づくで数を頼んだ暴力的強行「採決」（2015年９月17日（木）午後４時30分、参院特別委員会）が、その答えなのか。豊かな**人間愛**にみちた**祖国と世界への思い**に、安倍内閣の返答はあまりに貧困、貧弱、不徳であった。8.28の予兆。

　（４）歴史運動は、8.15革命が示した平和による平和の達成という人類史への誓いを、平和憲法を守りぬく**8.28革命**（2020年８月28日（金）＝前出）で安倍内閣を倒したことによって、実現するプロセスに入った。

　　　　　　　　　　　　　　　（2021年11月16日（火）午後６時25分、記）

第２節　時代精神としての絶対平和

１　友へ　討論したいこと、ご相談です―「時代精神としての『絶対平和』」

　立冬（11月８日）をとっくに過ぎましたが、おだやかです。ごぶさたしていました。お待たせしました。ファクスで失礼します。

　この１週間ほど、連日数時間かけて９月20日以来２ヶ月分の切りぬきをやりました（「東京」「赤旗」）。止めようと思いながら、止まりません。少なくしようと思いながら、増えてます。切りぬきをやっとやっても、まだ分類（ファイル）があります。未整理の

山のまた山です。何十年もやってます。みなさんは、どうしてますか。不思議です。ボタン1つでやっておるんですか。

本日は表題です。おつき合い下さい。

討論したいこと、2つ―絶対平和と道徳的な日本型・ものづくり資本主義

(1)1つ目。「8.15」の意味、再び―絶対平和の宣言

その後（「はしがき」執筆中―まだ残り2つあります。先述）、考えました。

8.15は、戦争による平和だった。8.15は私たちに、戦争による平和でなく、「平和」の名による戦争では無論なく、平和による平和を呼びかけた。その先駆けが9条だ、とこの間述べてきました。そのことをさらにつきつめました。考えてみると、8.15は、日独伊三国軍事同盟（ファシズム国）に対する米英ソ中を中心とした反ファシズム連合勢力の戦争で、後者が前者（最終的に日本のみ）を敗北させ、第二次世界大戦は終結しました。日本列島は、東京、沖縄、各地主要都市、そして広島、長崎で初の核世界戦争を伴う、国土と住民の焦土化と殲滅および絶滅が現実となりました。私たちのどの一人として、その犠牲と被害を受けてない人はいません。世界各国各地の破壊、占領、略奪、陵辱、虐殺、餓死は、人類史・地球史における二度と起こしてはならないできごとでした。

それは、日本がおこした満州事変（1931年9月）がすべての起点でした。2度にわたる世界大戦は終わりましたが、国連憲章（1945.6）も、ポツダム宣言（同、7）も、「地球上の戦争の根絶」を唱えていません。戦後世界の支配をあるいは東アジアで、あるいは世界各地で企図した戦争（もしくは冷戦）が、あらたにつづけられました。8.15は上記世界の、戦争による**日本への敗北・降伏の強制**であって、「戦争による平和」との評価は成り立たないかもしれません。

しかし、上記戦争の元凶日本から「**戦争全滅**」の主張が生まれ、**9条「戦争放棄」**が戦後世界史に登場しました。それは、やはり、日本帝国主義の敗北・降伏＝8.15が直接的な起源でした。**8.15―9条は、世界平和宣言**でした。

（2）そのように考えると、8.15は戦後の私たちに、「**平和による平和**」を呼びかけた宣言であるとの考え方が成立します。いかがでしょうか。

このことを補強しました。つまり、「8.15革命は、**絶対平和の時代精神を宣言した**」とします。これまで私たちは、9条は「否戦・平和」である、としてきました。この8.15―9条の歴史局面をどう総括するか、を考えなおす。

そのことは、戦争をおこした日本の世界への責任です。そして、遠くは幸徳秋水・内村鑑三・与謝野晶子に発し、近くは、瀬戸内寂聴、中邑泰子、下山礼子、細川護煕らによって唱えられた、「戦争は絶対あってはならない」「戦争のない世界の創造」「二度と戦争はしたくない（しない）」「不戦にしかず」など珠玉のことばを、※新たな概念（「**絶対平和**」）で表現することでした。このコロナ・人類・地球危機の時代への私たちの人

類史的地球史的使命・課題を、より鮮明にすることが必要であると考えました。

　※最近の「東京」、「赤旗」、NHK テレビから。詳細は別の機会に。

　以上で、長坂伝八本『憲法どおりの日本をつくる　憲法堂々　安倍内閣「7.1」閣議決定違憲訴訟の記録と報告』の**中心思想**を「**時代精神としての絶対平和**」とします。

（以上、2021.11.23（火）午後 4 時～ 7 時記・補 2022.9.2（金））

2　友へ　まとめ─憲法と新しい道徳的資本主義

討論したいこと、2 つ目。

　やっと、まとめに入ります。おつき合い下さい。

　表題はあとで。出版「4 校」昨日終え、今朝一番で投函しました。小稿まとまりますか、一筆先は闇です。これが無事終わったら、次は「Ⅱ資料編（2）」を仕上げて送ります。そのあと「はしがき」残り 2 つ（「コロナ・人類」と「地球危機」）を執筆します。膨大な切りぬきして、アタマ満杯。いずれも、自信ありません。お力を下さい（次回へ）。討論したいことの 2 つめは、「**道徳的な日本型・ものづくり資本主義**」です。

（1）「**人間的自然と自然的人間**」（マルクス）

　マルクスは、上の言葉を後世に残しました。前にふれましたが、愛知県は奥三河・鳳来寺山のふもと、天竜川の支流三輪川の清流と渓谷の名勝地・湯谷は、急流、渕、浅い板敷川、限りなく澄んだ流れに身を沈めると、どこまでも見とおせる透明の世界。鮎の無数の乱舞でした。小・中・高・大とあそび、長じては、妻・娘 3 人と遊びました。世の中で一番美しいところ、と思ってきました。水に溶けこみ、一体になりたい、と少年の日々を終日費やしました。

　今、川は増水し、透明度が下がり、河原がなくなり、鮎の姿が消えました。上流のダム建設です。湯谷を訪れた法政二高の同僚が、「長坂さんのその人格は、あの湯谷で育ったんですね」と言いました。母まきの在所です。父八郎、長坂家 400 年（江戸、寛文）の祖先は、かつて多くの山林をもつ村の有力者で、武田信玄の重臣長坂長閑斉と縁があるかも知れません（豊川市千両町）。父と母の実家は、飯田線沿いの長篠城（あの長篠の合戦場）を北と南で挟んでいます。同二高（上記）の矢代和也さんが「長坂さんは、江戸の旗本長坂茶利（血槍）九郎の子孫じゃないか」と言いました。

　母校静岡大学大岩地区（文理・教育学部校舎）は片山移転で消滅し、元職場法政二高と法政時計塔校舎は一かけらも残さず壊滅を見ることになりました。次女は、北海道別海町の大規模な牧場で酪農。亭主は開拓農家三代目、あの大自然はすべて人間の手によるもの。その向こうは人の入れぬ荒ぶる神の地です。今、住む川崎市中原区武蔵新城の商店街は、武蔵小杉の超高層ビルの出現以来、次々となじみの老舗がなくなっていま

す。まちの崩壊。

　昨夜（今未明）NHKテレビが「ヨーロッパの旅」でプラハの街並みと自然を伝えました。中世由来の石造りの歴史的建物に先祖代々暮らし続け、ゆったりと生活を営んでいます。「古いからよい」といっているようです。日本は、これでいいのか。

　日本は、資本の支配です。いいのか。

　人の世は、「人間的自然と自然的人間」（マルクス）をいかに保つか、です。そこに法則と幸せがあります。根源的問いを。

（2）賃労働と資本─「ほどよい賃金とほどほどの搾取」

　「朝まで生テレビ」（田原総一朗）、（11月27日（土）未明）が、「これからの日本経済」で、日本の労働者は、コロナによる失業、失職で100万人以上が職を失い、その貧困化と格差は深刻だ、どうする、と取り上げました。

　かつて「節度ある（健全な）資本主義」─「ほどよい賃金とほどほどの搾取」を主張しました（2008年3月「国民主権の成り立ち─日本国憲法と現代を考える─」法政二高『教育研究』43号抜刷）。資本主義に「節度」はない、リーマンショックの「強欲」資本主義は当然だ、との指摘がありました。

　然らば。資本とは何か。「資本」とは「みずからを増殖するところの価値」,「剰余価値を創造し取得する運動体」である、とされます（都留重人編『岩波小辞典 経済学』（1955年9月、p.87）。つまり、資本とは、自分の価値をふやす運動体、ということです。そうすると、どこまでもどこまでも、資本は自分をふやす（自己増殖）＝「剰余価値」（つまり利潤）をつくり出す「運動」をする「価値」です。最大限利潤の追求の法則です。となると、「強欲」はあたり前、「節度」は幻想です。賃金奴隷と絶対的貧困。

　ところが、マルクスは、「労働力の価値（の価格的表現）である賃金は、労働力の価値どおりに支払われる。ただし、社会的平均として」といっています。つまり、限りなく強欲、際限のない搾取ではなく、企業間の平均値におさまる、ということです。ヨーロッパと日本の賃金の差は、労資間の力関係（もしくは法的民主的規制）の差、ということです。つまり、日本の力関係で労働者が強くなれば、**節度ある（健全な）、ほどよい賃金とほどほどの搾取**」という資本主義は可能、となります。

（3）道徳的な日本型・ものづくり資本主義─ここにある、「清水食品」

　私たちは以上により、渋沢栄一も視野におき、労働者・国民の賃金・労働条件・権利とくらしが豊かで幸せにつながる、日本型・ものづくり中心の道徳的資本主義をめざします。それは**憲法どおりの日本づくり**と一体です。

　さば缶づくりの清水食品（静岡市清水区、鈴与200年の系列会社）は、「共生き」、「健康で幸せに」を合言葉に、「強欲経営」でなく「道徳経営を理念にして、「さば缶つくる

たのしさ」を追及しています（2021.6.14（月）夜、ラジオ文化放送）。

　資本主義を根源的に問います。

（4）「**労働は神聖なり**」幸徳秋水，映画、山本薩夫「ドレイ工場」

　永らく日本は、製造、農林水産、作業現場、などの生産労働を軽んじました。この誤りを正し、その神聖と尊厳を歴史的に認識し、憲法27条・28条にもとづいて、ものづくりと働く人中心の社会（市民社会）をつくります。

　子どもまで含めた、この労働観・社会観・世界観の獲得に成功することが、現在と未来の時代を築きます。

敬具

（以上、2021年11月28日（日）午後2時40分〜6時50分、記）

第Ⅱ部　資料篇
長坂伝八「7.1違憲訴訟」の記録

目　次

第1章　長坂伝八「7.1違憲訴訟」資料

その1　資料・横浜地方裁判所関係
（1）横浜地裁への訴状（2017.6.1）と資料（本書「目次」参照）…… 35
（2）横浜地方裁判所　判決文（2017.8.23）………………………… 101

その2　資料・東京高等裁判所関係
（1）東京高裁への控訴状（2017.9.4）……………………………… 105
（2）東京高裁への控訴理由書（2017.10.17）と資料（同上）…… 106
（3）東京高等裁判所　判決文 ……………………………………… 150

その3　資料・最高裁判所関係
（1）最高裁への上告状（2017.11.22）……………………………… 186
（2）最高裁への上告理由書（2018.1.12）………………………… 187
（3）最高裁への上告理由書要旨（2018.1.18）…………………… 237
（4）送付状（2018.1.19）…………………………………………… 239
　　 上告理由書正誤表（2018.1.19）……………………………… 240
（5）最高裁判所　判決文（調書）（2018.3.22）………………… 241
（6）意見書（2018.4.5）…………………………………………… 242

第2章　長坂伝八「7.1違憲訴訟」のとりくみの報告と資料
　　　　－新聞記事・レジュメ・案内ちらし等－

「東京新聞」（2015年9月30日）「川崎の長坂伝八さん
　　訴訟準備」など10点 ………………………………………… 244

第3章　憲法堂々テーゼ10―憲法論の再構築（第1次案）
　　2021年1月21日記　憲法武蔵懇話会・憲法堂々（提案文責・長坂伝八＝主宰） 261
　　Ⅰ　はじめに………………………………………………………… 261
　　Ⅱ　現状分析・批判とその解決（限定的に）を付す（第1次案）…… 266

第1章　長坂伝八「7.1違憲訴訟」資料

その1　資料・横浜地方裁判所関係

訴　状

2017年6月1日
（平成29年）

横浜地方裁判所川崎支部御中

　　　　　　　　原告　　　　長坂傳八

（住所）

　　　　　　　　原告　　　　長坂傳八
　　　　　　　　（電話・ファックス）

〒100－8914　　東京都千代田区永田町1丁目6番地1
　　　　　　　　総理府内閣府付

　　　　　　　　被告　　　内閣総理大臣　　　安倍晋三

憲法違反及び無効確認等請求事件
訴訟物の価額　　　　160万円
ちょう用印紙代　　　13000円

第1．請求の趣旨

　安倍晋三内閣が行った2014年7月1日の集団的自衛権に関する閣議決定（「国の存立を全うし、国民を守るための切れ目のない安全保障法制の整備について」、以下「7.1閣議決定」とする）は、日本国憲法前文・同9条・同99条に違反する。

　よって当該閣議決定（「7.1閣議決定」）の憲法違反判決および無効確認を求める。

第2．請求の原因

目　次

序　章　「7.1閣議決定」違憲判決を求める

ページ

第1節　2015年9月17日（木）午後4時28分 ……………………………… 2
第2節　あの戦争は何であったか …………………………………………… 3
第3節　今、世界は …………………………………………………………… 4
第4節　日本がなすべきこと ………………………………………………… 5
第5節　今、国会で …………………………………………………………… 6
第6節　首相安倍晋三に告ぐ ………………………………………………… 9
第7節　主権者国民 …………………………………………………………… 10
第8節　日本の裁判所は、主権者国民とともに ………………………… 11

序章追加－その1－　トランプ革命とアベ ……………………………… 12
序章追加－その2－　トランプとマドンナ、およびアベそして憲法 ………… 17
序章追加－その3－　提訴前夜－「砂川判決」と憲法 ………………… 22
　　Ⅰ、「トランプとマドンナ、およびアベ」論のあと ………………… 22
　　Ⅱ、提訴前夜－「砂川判決」と憲法 ………………………………… 24

第1章　「7.1閣議決定」は、「一見　きわめて明白な違憲無効」…………… 28

第2章　　総論　「7.1閣議決定」と「安全保障関連法案」
　　　　　（11本、以下「戦争法」とする）　………………………………… 30

第3章　　各論 ……………………………………………………… 31
　目次 ………………………………………………………………… 31
　第1節　論点1　「7．1閣議決定」は、
　　　　　　　　　憲法への反革命クーデター ……………………… 32
　第2節　論点2　戦争国家法 ……………………………………… 39
　第3節　論点3　被告人　安倍晋三の動機と目的─その思想と背景 …… 42
　第4節　論点4　戦争挑発罪、戦争誘導罪、私戦予備罪 ………… 44
　第5節　まとめ　安倍首相と「平和」……………………………… 47

終章　　憲法を、憲法へ──展望にかえて ……………………… 48
　1、違憲判決を ……………………………………………………… 48
　2、「7．1閣議決定」は戦争宣言 ………………………………… 49
　3、地球を包む平和への声──日本国民の波 …………………… 49

あとがき ……………………………………………………………… 55
〈付〉………………………………………………………………… 55

（注）、序章追加、第3章、および終章については、さらに詳細目次を各章の冒頭に記
す。

序章　「7.1閣議決定」違憲判決を求める

　　　目　次　　　　　　　　　　　　　　　　　　　　　　　　ページ

第1節　2015年9月17日（木）午後4時28分 ……………………………… 2

第2節　あの戦争は何であったか ……………………………………… 3

第3節　今、世界は …………………………………………………… 4

第4節　日本がなすべきこと ………………………………………… 5

第5節　今、国会で …………………………………………………… 6

第6節　首相安倍晋三に告ぐ ………………………………………… 9

第7節　主権者国民 …………………………………………………… 10

第8節　日本の裁判所は、主権者国民とともに ……………………… 11

序章追加－その1－　トランプ革命とアベ ………………………………… 12

　1、トランプ ……………………………………………………………… 12

　2、アベ …………………………………………………………………… 13

　3、トランプ革命とアメリカ …………………………………………… 14

　4、トランプとアベと世界史 …………………………………………… 15

序章追加－その2－　トランプとマドンナ、およびアベそして憲法 ……… 17

　1、トランプ－「憲法守る。権力を人民に返す。国民が主権者。

　　　国家は国民に仕える」 …………………………………………… 17

　2、マドンナ－「愛の革命にようこそ」（1/21） …………………… 19

　3、アベ－憲法の尊重・擁護義務（99条）に違反し、憲法改廃あおる … 19

　4、トランプとマドンナ、およびアベそして憲法 ………………… 20

序章追加－その3－　提訴前夜－「砂川判決」と憲法 ………………… 22

　Ⅰ、「トランプとマドンナ、およびアベ」論のあと ……………… 22

　　　1、栗田禎子（以下、略） ……………………………………… 22

　　　2、孫崎　享（同上） …………………………………………… 22

　　　3、トランプ ………………………………………………………… 23

　　　4、およびアベ ……………………………………………………… 23

　Ⅱ、提訴前夜－「砂川判決」と憲法 ……………………………… 24

　1、二つの訴訟 ………………………………………………………… 24

　　（1）珍道世直訴訟（第2次） …………………………………… 24

　　（2）さいたま地裁への集団提訴 ……………………………… 24

　２、二つの判決と憲法 ……………………………………………… 25
　　（１）「砂川判決」……………………………………………… 25
　　（２）警察予備隊違憲訴訟判決について ……………………… 26

　本章執筆は、2016年９月21日（水）〜2017年４月５日（水）。各所に日付を記した。

第１節　2015年９月17日（木）午後４時28分

　2015年９月17日（木）午後４時28分。参議院安保法特別委員会。戦争法（安保法）に反対する国会包囲デモと国民世論に挑戦して、自民・公明与党議員と非特別委員および非議員（秘書）ら数十人の一団による議長席占拠（鴻池祥肇委員長）のもと、議場騒然、「議事録不能」をつくり出して11本の戦争法を一瞬のうちに「採決」した。日本の議会史上過去にない国会の暴力クーデターがはかられた。憲法41条、国会法45条、同50条などに違反する「採決」は無効・不存在である。

　この憲法と国会と国民を蹂躙し、これらに敵対する天をも恐れぬ暴挙を命じた根源は2014年７月１日、安倍晋三内閣による「集団的自衛権」行使を宣言した憲法違反の「閣議決定」であり、平和憲法への反革命クーデターであった。９・17国会クーデターの８分間の一部始終はテレビで全国民に映し出され、全世界に報じられた。

　「閣議決定」が「内閣の内部の意志決定に過ぎず、国民に法的効力を与えない」から裁判の対象にならないとする日本の司法・裁判所は「警察予備隊法裁判」（1952年）以来の責任放棄、憲法81条違反を続けていることを天下に証明した。政府「内部の決定」に「過ぎない」ものが、国会を乗っ取っている。私たちはこのことを正面から問うものである。安倍晋三首相の憲法前文・９条・99条違反を裁くべし。

　歴史上「閣議決定」が戦争の発動、憲法制定およびあらゆる国民生活と「法的効力」に重大な影響を与えている（きた）ことこそ現実である（後述）。

　「閣議決定」という国務行為、処分、命令を含む国家（権力）の意志決定を、政治的・法的諸関係と遮断し、世界に接続しないとする見解は、ためにする議論であり、荒唐無稽という他はない。

　私たち主権者は、安倍首相が憲法の王道を歩み、裁判所が憲法に従い、司法の独立を守ることを願うものである。

（2016・9・22（木））

2

第2節　あの戦争は何であったか

　1931年9月18日午後10時20分、関東軍の衝動と謀略によって引き起こされた柳条湖事件は、直後の若槻礼次郎内閣閣議決定で宣戦布告なき「満州事変」となった。これが日中15年戦争、アジア・太平洋戦争そして第二次世界大戦から広島・長崎の核戦争に至る人類史空前絶後の侵略と殺戮・破壊と破滅を地球上にもたらす発火点であったという歴史の真実を私たちは直視しなければならない。

　事のはじまりは軍部の妄動を抑止できずに、「閣議決定」と言う名によって戦争発動した国家意志決定である。ときの若槻内閣は、全力で軍事に優位に立つ政治を確保すべきであった。戦争は人為的に起こされた。自明でも必然でもない。戦争は防止できた。国家（政府）が戦争（帝国主義侵略戦争）を決定した。途方もない長期に及ぶ継続と拡大をはかり、国民と国力を根こそぎ動員し、駆り立て命令・強制し、中国・朝鮮・アジアの人々と国土を占拠・支配・略奪してなおはばかることなく、抵抗する民族・民衆を鎮圧し「膺懲」をくり返し、あげくの果ては無責任な「日米戦争」に突入した。日本列島も、沖縄をはじめ私たちの故郷を含むいたる所が焦土と化せられた。「閣議決定が国民に法的効力を与えない」は度し難い奇弁である。

　以上のことは他ならぬ私たち日本の「政府の行為」によってなされた。もう一つの事実である。そのとき、帝国憲法と国民はどうであったか。我が日本国憲法が「政府の行為によって再び戦争の惨禍が起こることのないように決定」したことは、私たち主権者・国民から天皇までも包み込む強固で永遠不滅の意志である。不戦と非戦の誓いは真理なのだ。世界史と人類史の苦難とたたかいを経た到達である。このことを先頭に立って実行する責務は安倍晋三首相およびその政府にある。そこから逃れることはできない。戦争実行の「自由」はない。

　上に見た日本の帝国主義戦争が一部の軍人・政治家・官僚・財界の専横・独善・無理・無責任・利権・我欲によって、資本主義の行き詰まりを背景に利用し引き起こされたものであることが、今日知られている。それは過去の問題ではない。

　あれから85年が過ぎた。日本も世界も、人々の努力で復興し、繁栄してきた。しかし、地球と人類がこの間経験してきた惨状と犠牲は、もたらすべきではなかった。今も多くの人々は苦しみから解放されていない。「あの戦争は何であったか」。戦争の構造と意志が否定・克服されたといえるか。安倍談話（2015・8）はどうか。主権者の「不断の努力」はどうか。

　始めたときが間違い。そのことを真剣に考え合うべきだろう。

　なぜ、防ぐことが出来なかったのか。今の世界をどう見るのか。

　私の父長坂八郎は、江戸時代以来400年の先祖代々の「長坂家の墓」（愛知県豊川市千

両町酒屋貝津60）に眠る。若くして中国の戦地へ日本軍の兵士として徴兵された。二度までも。二度目は生まれてくる姉・美智子に遺書を書いた。「南支」に派兵され「斥候」をやり、80メートルの崖から落ち、九死に一生を得た。砲弾で足がちぎれたいとこを背負って行軍をした。八路軍と戦った。「八路軍は強かった。伝八の『八』は八路軍からとった」。幼い私たちに銃剣で相手を殺めた時の様子を何度も話した。兄・秀佳は長い間殺人犯の息子と思っていた、と最近になって聞いた。多くの山林を所有し、地主であった長坂家の屋敷は父の出征中、人に貸して荒れ果てた。秀佳・美智子・伝八・啓子・佳美・長二の三男三女を母まきとの間にもうけた。電気職人をしていた父は私が法政二高の教員に晴れてなれたことを喜んだ直後、53歳で急逝した（1970・5・18）。父は身の回りの書類を焼き、夜中にうなされて起き、木刀を持ってギラギラして家の周囲を窺った。戦争による心身の負担が命を縮めた。

　幼いころの父の話は、時と共に大きくなっている。日本人が中国に侵略して、中国の人々の命を奪ったことは過去ではない。現代史の問題である。100年、1000年規模で忘却されぬ史実である。父も犠牲者だ。

　反ファシズム戦争が国際連合憲章を生み、永久不戦、平和の思想が日本国憲法を生み出した。日本が平和憲法国家と「憲法政治」の道を進む事は、歴史的必然であり、世界史的使命である。地球平和への貢献である。

　自衛隊を海外に出し、再び武力の行使を認めて、戦争（交戦）に走らせることを宣言した「7・1閣議決定」は憲法前文および9条に反している。戦争法と自民党憲法改正草案＝新憲法は憲法前文が排除する。憲法に忠実に従い、実行すべき安倍首相は自らの義務を放棄した（99条違反）。日本の裁判所は一切の奇弁と判例主義を排し、81条で安倍首相を裁くべきである。私たち主権者は「憲法行動」を行う。

（2016・9・21（水））

第3節　今、世界は

　米ロの介入によるシリアの内戦が続き、多くの市民・子どもが被害を受けている。1000万人を超える難民が出ている。今また、アメリカで連続テロが起きた。「十字軍連合の国の市民を殺せ」の報復戦争が広がり、世界戦争の様相を呈している。2003年3月、地球をおおう全世界の反対を無視して行ったブッシュのイラク戦争が中東世界の「民主化」などではなく、破壊・虐殺と無政府状態を作り出した帝国主義侵略戦争であったことが、今日明らかになった。以来、「テロとの戦争」を叫べば叫ぶほど際限のない世界戦争へと進んでいる。

　北朝鮮の核実験、中国の海洋進出をことあるごとに利用し、後藤健二さん殺害を救出できなかった安倍首相は、今日の世界と東アジア情勢においてアメリカ（米軍）と一体の自衛隊を「集団的自衛権」の名のもとに、世界いたる所に派「兵」し、これを突破口

4

に現憲法の破壊・抹殺——新憲法の新「日本」を作ることを妄想し、軍事大国、帝国日本、世界の盟主の「美しい国」への妄動を重ねている。

　この安倍晋三首相には、決定的な過ちがある。それは、如上の今日の世界・東アジアの戦争化と緊張悪化を平和の方向に導き解決できる唯一の道が、我々の9条・平和憲法であることを知らないということである。安倍流「抑止力論」、北朝鮮・中国脅威論、「テロとの戦い」論がいかに陳腐で、非科学的で、反平和・反国民・反歴史の、そして遵守すべき日本国憲法から逃げ出した非政治論、非憲法政治論であることを知らねばならない。安倍首相が唯一の権力維持（支持率）の支えであるアベノミクスや金融緩和が失敗・破綻し、労働者・国民生活が「トリクルダウン」を起こさず、悪化している現実から国民の目をそらすための「外」への矛盾転化の意図も成功しないだろう。

（2016・9・23（金））

第4節　日本がなすべきこと

　2014年7月1日「閣議決定」につづき、2015年9月19日未明、参議院本会議は、轟々たる雨を打ち、天をつく国会デモと国民世論の反対の声を無視して、安倍内閣提案による安保関連法（11本。以下「戦争法」）を強行した。憲法学者、弁護士、元裁判官、元内閣法制局長官が憲法（9条）違反を指摘する動きは過去になく、国会論戦での追求に安倍内閣は完全に反論、論破され、答弁不能に陥った。

　上記「閣議決定」は、自衛隊を地球上のいたるところに派「兵」し、9条の禁ずる「戦争」と「武力による威嚇および武力の行使」を発動し、「交戦権」の実行者、自衛隊を「戦力」に全面転化することをねらい、対米従属のもと「戦争国家」に移行することを宣言した。それは、世界戦争の再爆発、深刻化をつくり出す。今、内戦中の南スーダンへのPKO参加の自衛隊に、「かけつけ警護」「共同防御」の戦争法の「新任務」を付与し、文字どおり「交戦主体」の「当事者」になる計画をすすめているが、「自衛隊員を殺すな」「君たちを死なせない」の叫びが、「だれの子も殺させない」につづいて国民に沸きおこっている。安倍内閣は事態を理解していない。

　施行69年、日本の平和を支え、世界平和に寄与し、国民の間に完全に定着して戦後市民社会の強固な岩盤を形成し、砦となってきた9条・日本国憲法は、主権者国民の「不断の努力」によって守られ、維持され、平和の継続と創出をしてきた。日本帝国主義・軍国主義・植民地主義の否定と国民主権主義・平和主義・基本的人権の獲得としての「憲法革命」を主権者・日本国民は守りつづけ、それ自体「一箇の市民革命」を果たしてきた。そのことの歴史の意味は重大である。
　国民主権国家の誕生。

5

　日本国憲法の擁護・実行は、21世紀の継承されてゆくべき世界史課題である。それは日本の平和とくらしと変革をつくり出し、人々に幸福と安全・安心をもたらす。そのことを先頭に立って実行すべき責務は、時の政府にある。

　安倍内閣はその使命から逃れ、日本をまちがった危険な方向にしかけている。空理空論で無用な憲法違反をくり返して、国民に無力感を植えこみ、「おしつけ憲法」論をふりまいて憲法蔑視の風潮をおしつけ、憲法99条に背いて憲法擁護・尊重義務を投げ出して、「憲法に手をつけてはいけないんですか」などと無知をさらけ出していることの真意は、この日本国憲法の全面破壊・抹殺の上に「自民党憲法改正草案」＝「自主憲法」、帝国憲法の復活をはかり、時代錯誤の「美しい国」をつくり出すという夢想・幻想・妄想である。それは憲法前文が「排除」する。

　かつての悪法「破防法」が施行できず事実上、死法化していることに似て、「7.1閣議決定」は戦争法ともども国民・主権者と憲法自身によって葬り去られるであろう。

　今、日本がなすべきことは何か。

　イラク戦争以来の世界の戦争化、東アジアの緊張悪化に示される非平和的情勢は、その根本的転換が、もはや軍事的思想と方法では不可能であることを示した。

　「集団的帝国主義」による中東の「再植民地化」をねらった湾岸戦争からイラク戦争、今日のアメリカを主導とした「有志連合」の「空爆」の名の民衆殺傷と「テロ」の悪循環の根を絶つときである。我々のスローガンは、「空爆反対、テロ反対、平和憲法を守れ」である。米軍基地撤去で、沖縄と日本を平和の島にせよ、である。

　今、国民と国民運動の中に「戦争法反対・廃止」の次元からすすみ、９条・平和憲法で日本と東アジア、世界の戦争防止・平和を構築する道が模索されはじめたことは、まことによろこばしい。これこそが、天下の王道である。抑止力と軍事の論理ではなく、政治と平和と憲法の論理への根本的革命的転換は、時代の必然的要請である。安倍首相は、自らを反省、謝罪し、「7.1閣議決定」および戦争法を撤回して、国民とともに歩むべきである。自己否定・自己革命をせよ。

　我々は日本が、「平和憲法革命」を成就し、世界への日本の責任をはたし「国家の名誉」にかけて、日本国民の「誓い」を達成する権利の妨害・侵害を犯さず、この権利を行使することを求める。これが「訴えの利益」である。

（2016・9・24（土））

第５節　今、国会で

　本日の衆議院開会日「所信表明」演説で、安倍首相は日本を「世界一、世界一、世界

6

のまん中」と呼号し、反中国、反北朝鮮の下りでは自民党議員総立ちとなって歓呼の声をあげて異様な雰囲気がつくり出され、大島理森議長が制止をした。議会「3分の2勢力」“制圧”の興奮なのか、はたまた一つの方向に向かおう（向けよう）とする集団圧力あるいは集団ヒステリーなのか。

　一部で言われるように、「改憲」の危機が一挙に国民を襲うわけではない。「改憲」を願う人々の思惑に反して、戦後70年余を経て完全に形成された日本の「憲法社会」を破壊することは容易ではない。自民党の岸信介内閣以来の「自主憲法」制定の意図は、田中角栄、中曽根康弘、小泉純一郎各内閣を経過して事実上挫折してきた。第一次安倍晋三内閣が教育基本法の全面破壊を行い、第二次同内閣が秘密保護法を強行し、念願の「自民党憲法改正草案」を鳴り物入りで世に示したのは2012年である。国民投票法を強引に「成立」させ、「96条改正」を突破口に上記悲願に一気に進もうとしたがそれも及ばず、突如打ち出した「集団的自衛権」で、アメリカをバックにマスコミを総動員して世論を攪乱し、2014年7月1日「閣議決定」の国家クーデターで政治的恫喝の一撃を加え、11本の「安全保障関連法」という名の戦争諸法を憲法72条・73条に反して政府提案した（2015年5月14日）。

　憲法9条が命じた「戦争と武力による威嚇又は武力の行使」の「永久の放棄」をここまでまっ向から放棄して、これに違反した例は過去に存在しない。100％完全な憲法違反を安倍内閣は強引におし通し、暴力的な国会クーデター（2015年9月17日、先述）まではかったのは、安倍内閣の力を見せつけることに目的があった。7.1国家クーデター（憲法違反の反革命クーデター＝先述）による国家意思の決定から、9.17国会クーデター（上述）の一連のできごとは、戦後最大の歴史的事件である。

　人命第一、テロとの戦いを叫んで、「イスラム国」を挑発し、平和のジャーナリスト（法政二高・法政大学卒業生）後藤健二さんを見殺しにして「テロ」を助長した事実は、上記国内の動きと無関係ではない。国会で追求する野党に安倍首相は「テロに味方するんですか」と脅迫し、鋭く追求したマスコミを抑えつけ、テロを利用して、「集団的自衛権」情勢を煽り、人々を萎縮させた（2015年1月）。

　この近年（2014年7月1日〜2015年9月19日）の全過程は、全国のべ数十万のデモと「戦争法反対・憲法（9条）守れ」の全国民多数の声に敵対し、「国権の最高機関」たる国会を占拠して「戦争法」を強行（無効）した事実上の国内戦争である。憲法53条にもとづく臨時国会さえ、忌避した。

　2012年12月につづく2014年12月の二度の総選挙で明確な公約として戦争法を打ち出さず、「アベノミクス」でごまかし、憲法69条違反の国会解散により嘘をついてかすめとった290の議席は真実の根拠をもっていない（2014年12月）。国民をあざむいた。「圧勝」は砂上の楼閣である。倫理的敗北はここに極まった。

7

　アベ政治（以後、安倍＝「アベ」も用いる）は、憲法違反と国民への背信と暴力性・欺瞞性・奇弁性にみち、反憲法・反国民・反平和的体質をもっていることによって、戦後政治史と自民党史における特異、奇異なる存在である。それは、少なからざる自民党有力政治家に批判されてきたことが雄弁にものがたっている。

　なぜか。アベ政治そのものの破綻・失敗と日本資本主義のゆきづまりが、安倍晋三首相に危機感と焦燥、不安と衝動を与えている。国民の税金をつかい、労働者の低賃金、年金・子育て・教育費・社会保障各分野を削って、アメリカの戦争と日本の軍事費にまわし、アフリカからキューバにいたる世界各地をとび歩いて世界の「盟主」を気取り、世界進出をはかろうとしているのもそのためである。そのかげで、沖縄の人々を痛めつけ、母子の餓死が出るほどの日本の貧困化、アベノミクスの犠牲がもたらす国民生活の破壊の現実を一顧だにする能力をもち合わせていない。

　アベ政治はすでに、その存立の根拠を失っている。謀略性と計算によって操作された「支持率」を支えにしても実体はない。

　資本の論理と新自由主義が、労働力と命を搾取し、収奪している。階級社会が拡大再生産され、再版身分制社会がつくられている。

　安倍内閣の以上述べた歴史的特異性は、根本的に放棄されなければならない。安倍首相は、憲法と国民の前にひざを屈し、ひれ伏すべきである。

　私たちは、まずそのことを安倍晋三に求める。

　それができないなら、私たちは平和憲法国民戦線と平和憲法国民円卓会議の結成によって、安倍首相を包囲し、孤立させ、退陣に追いこむ。

　「7.1閣議決定」撤回、戦争法を廃止して、戦争でなく平和、軍事でなく政治、日米軍事同盟でなく東アジア平和共同体の実現をはかるための野党共闘東アジア歴訪の国民運動をまきおこす。

　「7.1閣議決定」は、上にみたアベ政治の象徴である。これを歴史上から消すために、日本の司法が憲法違反の判決をすることを求める。

　戦後の憲法体制のもとで発足した日本の司法・裁判は、憲法前文の「排除」規定、同81条、同98条によって同76条の司法権の独立を守りぬかなければならない。

　「7.1閣議決定」および戦争法は、違憲審査権の行使の対象となる「国務に関する行為」「命令」「規則」「処分」および「法律」である。これが憲法に適合するか否か、問題は明白である。

　しかしながら、この問題解決を妨害するために、裁判所は長く「内閣の内部の意思決定にすぎない」、「統治行為」論を用いてきた。

　日本はアメリカ型憲法であり、ドイツ型憲法ではなく、憲法裁判所がないとしてい

る。

　それらは悪しき判例主義、因習であり、憲法に根拠をもっていない。

（2016．9．26（月）、10．3（月）補）

第6節　　首相安倍晋三に告ぐ

　本日、にわかに自民党、公明党から、「衆院解散、総選挙」が飛び出した。2年間で4度、国会議員選挙をやってナチス（ヒトラー）独裁をつくったドイツを倣ってのことか、安倍首相の意図を先取りしての茶番か。しかし、日本には憲法69条がある。「内閣不信任決議」以外に、衆院解散はできない鉄則を知っているのか。「7.1閣議決定」と戦争法で、憲法違反の常態化をねらっている勢力には、熱にうかされた情動であろうとも、もはや皮肉にも、国民は「憲法を守れ」という知識と思想に気づいた。「憲法の擁護・実行」が国民（運動）の新たなスローガンとなり、憲法を守る新しい時代をむかえている。戦後70年の蓄積で、「憲法政治」が本当の意味をもとうとしていることを知らねばならない。野党もこれまでのように「解散」を「うけて立つ」などの態度をとることはできない。

　憲法69条以外の衆院解散は憲法違反である。

　ここまでくると政治の溶解現象である。

　「アベ政治」は、国民生活と憲法を無視したアナーキズム（無政府主義）に陥ったと言わねばならぬ。

　野党と国民運動は、歴史的な憲法擁護闘争を背景にした立憲主義をテーゼの中心にすえた以上、厳正・厳格な憲法政治を追究、実践すべきであって、安易な妥協は排さなければならない。

　「7.1閣議決定」と戦争法を廃止せよ、国会はその任を果たせ。憲法69条違反の衆院解散を煽動するな。

　格差、貧困化、国民生活の悪化が今国会で注目され、その解決が急務になっているとき、解散・総選挙による600億円（後述）の税金のムダ使いも気にせぬ政治のもてあそびは腐敗、堕落である。

　国民の現実生活から遊離し、憲法と国会と主権者を愚弄し、ただガツガツしたアベ政治に、国民はうんざりしている。「いい加減にしろ」。

（2016．9．29（木））

　この政治（家）の無規律、無軌道の根源は、憲法の規則から作為的に逸脱した「7.1閣議決定」である。

　政治の展開は、歴史的である。たえず、できごとからできごと、現象から現象へ継起している。あの事象がこの事象を生んでいる。あの発言がこの行為につながっている。

　政治の根幹は憲法である。

　「7.1閣議決定」の一撃が、憲法のタガをはずした。

　「守るべきもの」が、どうでもいいものにされた。

　「やっちゃえ、やっちゃえ」の光景が、2014年7月1日と2015年9月17日（木）午後4時28分につくられた。

　「戦争ははじめるのはかんたんだが、止めるのはむずかしい」「空気が戦争を起こした」といわれる。

　戦後史において無憲法状態がつくられた。

　だが、その先がどうなるのか、どう進んでゆくのか、分かっていない。

　ただ、光り輝き称賛され愛され信頼され親しまれ守られ、灯台となり誇りとなって過去、現在、未来の指針でありつづける、世界史が苦難の果てに地上に産み落とした、この平和・基本的人権・国民主権の憲法に対する恐ろしい、疎ましい、妬ましい、それだけの感情が、内部に鬱積し抑制と反対物の激発を、非友好的非政治的方法で生んだ。なぜ、止められなかったのか。

　それは抑えがたい、一方的な衝動である。

　第二次世界大戦の発火点となった満州事変（1931年9月18日）は、軍部の侵略への衝動であった（先述）。

　安倍晋三にあっては、現行憲法滅却とそれによってもたらされるであろう帝国憲法復活への「政治」の衝動である。

　かつての軍部は「自衛」の名のもとに侵略を正当化し、今安倍晋三は集団的「自衛」権によって自衛隊（軍化した）海外派遣（兵）と戦争（国家）を合理化しようとしている。帝国主義の論理であることを、いずれもかくしている。

　かつては戦争に「勝てる」と見誤り、今は「進め（む）進め（む）」と錯覚している。かつては自国の破滅をひきおこし、今は将来への限りない不安と恐怖をおしつけている。

第7節　　主権者国民

　安倍晋三において、「7.1」と「9.17」の一撃、二撃で安堵感と達成感があるのか。その逆である。あの国民の大運動と、憲法が絶対的圧倒的に支持されているのがなぜなのかが理解できず、権力者の不安と恐怖は増大している。己の平静と安寧を欲しての世論操作と国家運動は成功しない。安倍晋三は、帝国憲法と帝国主義・国家主義への夢想・

妄想・妄動をただちにやめ、憲法に服し憲法政治への誠実な誓いをたてること以外に平和の道はない。過去の亡霊から自己を解放せよ。近代に目覚めよ。一旦ひきこまれた地獄の池はどこまでもひきこまれる。決断と、そこから抜け出しダンテ『神曲』のごとき勇気をもって国民とともに天を仰いで憲法の王道を歩むべし。そのことは夢想ではない。もっとも可能な現実である。安倍晋三が、日本国憲法の何たるかを知り、国民が何を望んでいるかを悟れば、たちどころに可能となる。

　私たち主権者および運動に参加する人々は、「憲法はもう壊された」と悲観してはいけない。皮相たるな。憲法はなお我々とともにあり、「もっと守り、もっと活用せよ」と言っている。主権者と憲法の論理を打ちたてよう。

　私たち主権者は、憲法実行・実現と憲法防御の二つの責務を負うている。今日そのことが鮮明になった。

　安倍内閣はその先頭に立つことが仕事である。

　裁判所は司法権の独立をもって、この道を守護すべきだ。

　ヘーゲルは「時代にたち向かい、時代を洞察し、時代に告げよ」と言った。

　私たち日本人には「長いものにまかれろ」という言葉があるという。だが「強きをくじき、弱きを助ける」もある。「お上にさからえない」は過去のこと。

　私たち国民は国民主権の憲法の時代にいる。我々は本気で主権者の「不断の努力」に精進しなければならない。自然に「権力をしばる」ことなど、ない。主権者とは何か。「お上に逆らえ」である。

第8節　　日本の裁判所は、主権者国民とともに

　日本国憲法によって定立された立法、行政、司法三権の一角を担う司法権の行使による戦後史は変革が必要である。

　現在、珍道世直氏の「7.1」閣議決定違憲訴訟への最高裁判決（2015年7月）や南スーダンへの自衛隊さし止め集団提訴（2016年4月、東京）など全国各地で私たちの先達が違憲訴訟をたたかっている。

　裁判所は真摯にこれに応えるべきである。

　しかし、行政権力の意を受けた態度がつづいている。

　具体的な争訟性がない（国民の被害がない）、

　内閣の内部意思の決定にすぎない（閣議決定は）、

　統治行為に司法は関与できない（政府の）、

などがそれである。

　だが、それらは、現憲法下の現裁判制度発足間もないころの「警察予備隊違憲訴訟」（1952年）＝田中耕太郎裁判長（最高裁大法廷）の判決から一歩も出ず、進歩していないマンネリズムの所産である。

　そもそも田中耕太郎はその後、裁判史上画期的な「在日米軍は憲法9条違反」の「伊達判決」（東京地裁八王子支部、伊達秋雄裁判長）をマッカーサー駐日大使と密議（謀議）を交わしてこれを「破棄」する最高裁判決を下した（1959年12月16日。伊達判決は1959年3月30日）いわくつきの悪名高い人物である。

　戦後70年余の大半を、この田中耕太郎の司法支配を打破できていない司法界の現状が問題である。

　裁判所（判事）はその論理に隷属し、日本の弁護士の多くはこれへの反論と批判と戦いをしていない。

　自衛隊違憲判決（1973年）や、イラク自衛隊派遣違憲判決（2008年9月、名古屋高裁）につづくべきだ。

　私たちの本訴訟は、そうした問題も視野においている。

　私たち主権者国民と三権に関係するすべての人々は、この日本国憲法をたずさえ憲法政治の大道を希望をもって雄々しくすすみ、日本が犯した過去の過ちをくり返し反省・謝罪し、地球と人類の平和と世界史の発展に貢献する時である。

（2016．9．30（金））

序章追加－その1－　トランプ革命とアベ

☆資料

（1）栗田禎子千葉大学教授・石川健治東京大学教授の講演（11．3集会）しんぶん赤旗、2016.11.4（金）

（2）「東京新聞」社説「『改憲ありき』ではなく」2016．11．8（火）

（3）「同上」「民衆の悲憤を聞け」2016．11．10（木）

（4）「東京」2016．11．19（土）、堤未果「格差軌道修正を」

（5）「同上」2016．11．18（金）「駆け付け警護　米退役軍人が警鐘」（元米兵2人）

（6）栗田禎子千葉大学教授・他「特集南スーダンと自衛隊」『DAYS　JAPAN』2016．12

1．トランプ

「中傷合戦」、「泥試合」という皮相な日本の報道界は、「アメリカ大統領トランプ」の

12

誕生で激震に見舞われました。2016年11月9日（水）午後5時（日本時間）トランプの勝利演説が世界に流れました（以下要旨12分〜13分間。「テレビ朝日」より）。

「今、クリントンから祝福の電話がありました。私はクリントンの健闘を讃え、敬意を表します。すべてのアメリカ国民は団結しよう。

アメリカは再び偉大な国になる。世界最強の経済国になる。都市を再建するため、ハイウェイ、空港、港湾、学校、病院のインフラを補強して数百万人の労働者の仕事をつくる。国を立て直す。アメリカには可能性がある。すべての人にチャンスが生きるようにする。忘れ去られた人はなくなる。アメリカンドリームを復活させよう。

私は世界によびかける。アメリカはすべての国と協力する。紛争をおこすのではなく、敵対関係でなく、対等なパートナーだと考えている。

私は、すべてのアメリカ国民の大統領になることを誓う。みなさんが誇りに思える大統領になる。

私の家族、友人に感謝する。退役軍人やSPに感謝する」。

と述べました。なぜ、トランプ革命がおきたのか。（上記☆資料（3）、（4））

2．アベ

2016年11月15日（火）アベ内閣は、南スーダンPKOに参加している自衛隊に、憲法違反の武力行使を認める「かけつけ警護」、「宿営地の共同防護」の「新任務」を付与するための実施計画の変更（「基本的な考え方」、「東京」に全文）を「閣議決定」した。改悪ＰＫＯ法（戦争法11本の1つ）の初の実行となり、陸上自衛隊第九師団第5普通科連隊（青森市）を中心とする350人のうち第1陣の130人が11月20日（日）午前、青森空港から出発。「自衛隊を南スーダンに送るな」「撤退せよ」「戦争法廃止」「平和憲法守れ」のデモ。不安の表情かくせぬ家族（12/12より「新任務」）。

またも「閣議決定」（11.15、上述）。「内戦」状態（栗田教授、資料（6）Ｐ.10と平和委員会・11/16「しんぶん赤旗」）の南スーダンに、これまでの「施設部隊」に代えて「普通科連隊」（青森）という「戦闘行動をする部隊」（井筒高雄＝元陸上自衛隊レンジャー隊員、同（6）Ｐ.14）の派遣。「政府の言い分」は「崩壊」している（栗田教授、上記☆資料（1）の長坂ノート。当日の資料は品切れ）というのに、政府（閣議決定）が「命令」した「新任務」（南スーダン）は、イラクやアフガニスタンと「同じ図式」だ。「自己防衛」ではなく相手を「制圧」し、現地に「死と崩壊」をもたらし「自分自身がテロをしている」ことになる（同（5））。閣議決定は「戦場の現実を見ない空論だ」（柳沢協二元内閣官房副長官補、「東京」11/16（2面））。

純粋な若い隊員に、「殺し、殺させる」のか、「南スーダンでそれを行う意味があるのか」（現自衛隊員＝「東京」11/16（水）（28面））。アベはなぜ、「政治目的化」するか（同☆資料（1）と（6））。

　干渉・介入・侵略の「武力行使」で他民族と隊員の命を奪う「南スーダン自衛隊派遣」を命ずる憲法違反の新「閣議決定」(11/15)を撤回せよ。南スーダンから即時自衛隊をひき上げ、アベ内閣は平和憲法の命ずるところに従い、南スーダンの「平和協定のプロセス」を復活させるよう働くべし（平和委員会、前出）。

3.　トランプ革命とアメリカ

　世界と日本の最新のできごと（上述）は、「7.1閣議決定」違憲訴訟運動の積極的意義を考えさせます。

　トランプ革命（前述）がなぜおきたか（この表現は、まだだれも使っていないと思います）。

　アメリカは、日独伊ファシズム勢力を打ちまかした連合国の雄として戦後長く正義の大国＝帝国主義として、軍事・政治・経済・金融など全分野で衰退したイギリス帝国主義にとって代わり世界を支配し、社会主義ソ連と対抗しながら、アジア、アフリカ、ラテンアメリカ三大陸の人民と非同盟運動（第三世界）を抑圧してきました。だが「他民族を抑圧する民族は自由ではありえない」（エンゲルス）のです。

　アメリカは「共産主義の脅威」からベトナムを「守る」と呼号し、「ベトコン」の制圧をはかり、予想に反するベトナム人民と民族の解放戦争の抵抗に会うと、世界はモハメド・アリ、ジョーン・バエズの「汚い戦争」反対で一変し、日本を先頭とするベトナム人民支援の国際連帯行動がベトナムと一体となってアメリカを追いつめ、奇跡的な大国アメリカの敗北と小国ベトナムの勝利（解放）を生みました。ベトナム戦争は歴史的な終結をむかえ、世界はよろこびました。

　アメリカの「正義」はくずれ去り、戦争がアメリカに好景気をもたらすという神話は消え、20世紀を通じて侵略戦争を行うことは不可能になりました。たとえばインドネシア、たとえばチリ、たとえばニカラグアでアメリカは無数の干渉・介入・侵略を行ってはいますが、ベトナムの敗北による打撃は決定的で、レーガンとゴルバチョフの冷戦の終止符によって「帝国の衰退」は表面化せず、逆にソ連の崩壊が、アメリカの世界支配（ヨーロッパをふくむ）を盤石にしたかに見えたことに余勢をかって手薄だった中東への侵略を企図し、イスラエルと結託、癒着しながら湾岸戦争－アフガニスタン戦争－イラク戦争に手を出しました。すべてが目論みに反し、すべて失敗し、今日の無力のアメリカに後退しました。

　「世界の警察」は地におち、「アメリカは世界を必要とするが、世界はアメリカを必要としない」（エマニエル・トッド）とまで言われてもアメリカには通じないほど「大国」化しました。中東への帝国主義侵略戦争（「集団的帝国主義の下での再植民地化」＝栗田禎子千葉大教授（前出））遂行のために、先のイスラエルのみならず、イラクのフセインを利用し、ビン・ラディンを育て上げ、これが「反米」勢力となるやウソとデマで

フセインを倒し、ビン・ラディンをボタン一つで暗殺しました。うれしそうに中継画像を見るヒラリー・クリントンの顔はこのときから醜悪になり、この大統領選でもそのままついにはなおりませんでした。ヒラリーの敗北は象徴的です。

　「戦争中毒」国家（マイケル・ムーア）と化したアメリカ帝国主義は、死の商人は潤すことができても労働者は豊かにできず、徴兵制を先のモハメド・アリに拒否されて志願制にしたものの経済的徴兵制を支えるために人民・労働者の絶対的貧困化をつくり出しました。グローバル資本主義とサブプライムローン（リーマン・ショック）にみられるものづくりを放棄した強欲金融資本主義が、「1％」のための「99％」を創出する政策をとりつづけました。戦争大国アメリカが「貧困大国」になり、労働者・人民の怒りと不満は、1日として止まぬ対外侵略戦争による犠牲・しわよせ、不安・恐怖とあいまって深刻で根底的な矛盾をアメリカ国家と社会に生みました。「テロ」の世界化をつくりました。

　社会主義的民主主義者サンダースへの圧倒的な若者・労働者の支持は、火山のように噴き出しました。

　さながらトランプ王朝を思わせる財閥（小さめの）トランプをもってして、かようなアメリカ社会、市民の不満のエネルギーを感得させたのです。彼は、その組織者でした。

　それが冒頭のトランプ演説でした。この分析が必要です。問題はこの先です。日本の報道界の不勉強と怠惰は根本的に反省、是正されるべきです。

　私がトランプ革命とする理由は以上です。平和をふくむ世界変革の契機です。

（2016．11．22（火）PM 7：20）

4．トランプとアベと世界史

（上記1〜3と記載日が変わっています。2016．11．23（水）　PM 0：20）

　隣国韓国では朴槿恵大統領に抗議する100万人のデモが起き、先日、フィリピン大統領ドゥテルテが訪日し、反米の態度が紹介されました。「外国の兵士は2年以内にフィリピンから出ていってもらう」。……

　21世紀は、南米ベネズエラの「チャベス革命」にはじまるラテンアメリカの反米・独立の気運が、海を超えて2011年の「アラブの春」の民衆革命につながり、中東革命の勢いを示しました。失敗し、泥沼化したイラク戦争（2003年〜）の解決もできないまま、アメリカはスーダンへの介入（2002年）から「アメリカ・アフリカ軍」創設（2007年）で「アフリカ戦略」を本格化させた。南スーダン独立（2011年7月9日）は「アメリカのイニシアティブの下」で行われた。南スーダン（ジュバ）への自衛隊の派遣を派兵（攻撃主体・交戦主体）にし、これをアフガン・イラク戦争「参戦」への突破口にしよ

うとしている（p.14☆資料（1）長坂ノートおよび同（6））。「一発」の銃声が、世界再戦争を呼ぶ？だれに向けるのか。「道路整備」の施設部隊を「戦闘軍隊」に切りかえ、「住民保護」のために南スーダン政府に「武器使用」をする「交戦主体」になる（あるいは時には、反政府軍に対して）ということが、どういうことなのか、ニコニコ顔の遠足よろしく「ジュバは安全です」と言ってはばからない稲田朋美防衛相は分かっているのか。「地球儀を俯瞰」したいアベは、オモチャのように自衛隊を動かし、「死者を出させたい」のか。憲法に違反して、そうまでして戦闘（人殺し）に出動させ、そうまでして戦争への国家運動と国民動員をしたいのか。

　そもそも、地球の反対側のアフリカに自衛隊が行く必要があるのか。

　アベは何を思い「7.1閣議決定」をしたのか。分かっているのか。

　勇気凛凛のアベ「革命」（同資料（1）石川健治東大教授）なのか。

　トランプに「私的に」会った上で、アベが「ＴＰＰ」を絶叫したブエノスアイレスの1時間後に、トランプは「TPP脱退」を宣言した（日本時間11/22）。「まだ就任前だから」（？）（二階）。

　プーチンとの会談でぬかよろこびしたアベのあとで「交渉はむずかしい」（プーチン、同11/20）。だがアベは「前進あるのみ」（同11/22）。

　南スーダンは「内戦」なのに「おちついている」から決まったとおり「新任務」で自衛隊を送る。どんなに反対があっても、世界がひっくり返っても動じない。なぜ？？？

　アベにおいては、実は「動じない」のではない。

　アベは、「予定通りやらないと気が済まない。予定外の対応ができない。状況の変化を全く考えようとしない」（作家中沢けい、「しんぶん赤旗」11/15（火））。

　カレンダーどおりの「スケジュール闘争」なのだ。アベに内在的批判を集中せよ。

　かつて、窮地におちいった日中戦争をやめるのではなく、絶望的な日米開戦に突入し、日本を破滅させた支配層の思想と論理に似て、「進め、進め」と。（同資料（2））

　大竹まこと「アメリカにいわれてTPPに１兆1900億円もつかった。トランプはやめるといった。対米従属の結果だ。ムダな予算つかった。アメリカと対等になれ」（文化放送、11/23）。

　2014年12月「290議席」によるアベの「砂上の楼閣」（本訴状Ｐ.7）は、破綻した。

　2011年アラブの民衆革命は、リビア・カダフィ殺害で頓挫したのか。中東・アフリカへのアメリカ（その他）の反革命は成功するのか。中東・アフリカのラテンアメリカ化（チャベス革命化）を抑えることはできるのか。世界の諸国・民族・人民の主権と自決と平和を求める地下水脈は流れつづけ、帝国主義と戦争を否定する。

　「世界の警察をやめる」。オバマにつづく、トランプの宣言は世界史の必然である。

　アベは、世界の動きを理解せず、逆の行動をしている。「大東亜共栄圏」をだれもが

16

連想する「アジア・太平洋の市場は一つ」を突如言い出したことに驚く。アベは根本的に考えを改め憲法に従うか、自ら退くかを選ぶべきときがきた。

序章追加－その2－　トランプとマドンナ、およびアベそして憲法

☆参考資料
（1）トランプ米大統領就任演説全文（「東京」2017．1．22（日）6面）
（2）安倍晋三首相施政方針演説全文（「同」2017．1．21（土）8面）
（3）堤未果「トランプを選んだ米国民が取り戻したかったもの」『DAYS　JAPAN』
　　　2017．2
　　　同「トランプの米国　格差軌道修正を」「東京」2016．11．19（土）前掲。

　米大統領トランプの登場（2016年11月9日（水）午後5時＝日本時間、当選演説）については、上記「－その1－」で考察をしました※。ここでは、1月21日（土）午前2時＝日本時間のトランプ大統領就任演説（前記☆資料（1））をとり上げ、感想を述べます。　　　　　　　　　　　　　　　　　　　※トランプ革命としました。

1．トランプー「憲法守る。**権力を人民に返す。国民が主権者。国家は国民に仕える**」

　トランプは、就任演説に先立つ「宣誓式」（2017.1.21午前2時02分＝日本時間）で、次のように述べた。
　「私、ジョン・ドナルド・トランプは大統領の職務に専念し、能力の限り、合衆国憲法を堅持・尊重し、守ることを誓います」

　つづく就任演説（16分40秒）は、次の内容であった。（p.14☆資料（1）の要約）
　○「今回の式典は、単に政権交代でなく、権力（power）をワシントンからあなた方国民（people）に返還（back）することに特別な意味がある」
　「あまりに長きにわたり、政府から恩恵を享受するのは首都にいる一握りの人々にとどまり、国民にはしわよせが及んできた。ワシントンは繁栄しても、国民が富を共有することはなかった。政治家が潤う一方で、職は失われ、工場は閉鎖された。支配層は保身に走り、市民を擁護しようとはしなかった」
　○「この米国はみなさんの国だ。大切なのは、どの政党が政権を握るかではない。国民が政府を動かしているかどうか、なのだ。2017年1月20日は、国民が再び主権者となった日として記憶されるだろう。忘れられてきた人々も、これからは忘れられることはない。大勢のみなさんが歴史的なうねりの当事者となるためやって来た。世界がかつ

て目撃したことがないような社会現象だ。

　その中心には重大な信念がある。国家は国民に仕えるために存在するという信念だ。すばらしい学校、安全な環境、いい仕事が人々の要求だ」

　○「しかし現実は異なっている。母子の貧困、さびついた工場群、学生の困難、犯罪、悪党、麻薬、……こうした米国の殺りくは今、ここで終わる。

　われわれは同じ米国民だ。……今日の私の大統領就任宣誓は、全ての米国人に対する忠誠の誓いだ」

　「何十年もの間、米国の産業を犠牲にし、他国の産業を豊かにしてきた。米軍の劣化を招き、他国の軍に資金援助してきた。……国外で何兆ドルも金を費やしている間に、米国のインフラは朽ちた。

　われわれの富や強さ、自信は地平のかなたへ消え、工場は閉鎖され、残された何百万人もの米国人労働者を顧みることなく国外へ移転していった。中間層の富が奪われ、世界中にばらまかれた。だが、それは過去のことだ」

　○「今日からひたすら『米国第一』だ。貿易、税金、移民、外交では常に、米国の労働者と家族の利益となるような決定を下す。物作り、企業、雇用を奪う外国から国境を守る。みなさんを失望させない。私は全身全霊で、みなさんのために戦います。

　われわれの雇用、国境、富、夢をとり戻す。

　このすばらしい国の全土に新しい道、高速道路、橋、空港、トンネル、鉄道を造る。国民を生活保護からぬけ出させ、仕事に戻ってもらう。そしてわれわれの国を、米国人の手によって、米国人の労働力で再建する。

　われわれは二つの簡潔な規則を守っていく。米国製品を買い、米国人を雇う。

　われわれは世界の国々との友好、親善関係を求めていく。ただし、国益を最優先する権利が全ての国にあるという考えに基づき、実行していく。われわれの流儀を他国におしつけない。われわれを輝かせよう。

　古くからの同盟を強化し、新たな同盟関係も築き、文明国を一つに束ねてイスラム過激派によるテロに対抗し、地球上から完全に根絶する」

　○「肌が黒くても、白くても、褐色でも、同じ赤い血が流れ、国を愛する気持ちに変わりはない。子どもたちは、デトロイトもネブラスカもみんな同じだ」

　○「全ての米国民の皆さん、どの町にいようとあなたたちが無視されることはない。あなたたちの声、希望、夢が米国の運命を決めるのだ。

　米国を再び強く、豊かに、誇り高く、安全に、偉大にしよう」

　ここでトランプは、合衆国憲法を守る、権力を国民に返し、国民が再び主権者になったとしてアメリカ独立宣言を彷彿させる画期的な宣言をしました。アメリカ革命です。

　このことをまず確認し、「本章追加－その1－」の立場を継承します。

その上で、就任直後の一連の動き※（オバマケア見直し、TPP永久離脱、石油パイプライン認可）を注視します。　　　　　　　　※執筆中、「メキシコ国境壁」令出る。

2．マドンナー「愛の革命にようこそ」（1 /21）

2017年1月21日、トランプ就任の翌日。ワシントンで50万人のデモ。

歌手マドンナの訴え。

「愛の革命にようこそ。この新しい独裁の時代を受け入れることを女性として拒否する抵抗活動にようこそ。自由と平等のために闘おう」

全米で300万人（数百万人）のデモと伝えられます。（1 /23「東京」、「しんぶん赤旗」、テレビ）

「権力を返した」人民の「声、希望、夢」が「米国の運命を決め」る。

アメリカ民衆革命です。

3．アベー憲法の尊重・擁護義務（99条）に違反し、憲法改廃あおる

○トランプの前日1月20日（金）、アベ首相は衆院本会議で施政方針演説を行いました。（「東京」2017.1.21（土）8面に全文）

「一、はじめに、二、世界のまん中で輝く国創り、三、力強く成長し続ける国創り、四、安全・安心の国創り、五、一億総活躍の国創り、六、子どもたちが夢に向かって頑張れる国創り、七、おわりに」

ここでアベは、「憲法施行70年」を強調し「次なる70年に向かいどのような国にするのか、その案を国民に」といい、参院予算委員会では「憲法は、国の未来、理想の姿を語るものである。新しい時代の理想の姿を私たち自身の手で描くという表明が日本の未来を切り開く。新しい時代にどのような憲法がふさわしいのか、各党各会派がもちより憲法審査会において議論が深められ具体的な姿があらわれてくることを期待したい」（1月26日（木）、片岡虎之助議員＝維新への答弁）と述べた。

国会で指名を受けた議院内閣制の下で成立している内閣総理大臣が、当の出自母体の国会に向かって、露骨に憲法改変を求めている。これは、まぎれもない憲法を「尊重し擁護する義務」を「国務大臣」に課した、憲法99条違反である。

これを粉飾するために、「新しい国創り」（一、はじめに）や「新しい時代」（上掲）を突然持ち出し、言葉の操作をしている。野党は追求すべきだ。

かつて、戒能通孝（都立大教授＝当時）は明解に述べた。（1956.3.16衆院内閣委公聴会※※）

「内閣は憲法の忠実な執行者であり、またこの憲法のもとにおいて法規をまじめに実行するところの行政機関である。……憲法を批判し、憲法を検討して、そして憲法を変えるような提案をすることは、内閣には何ら権限がない。……内閣が国民を指導して憲

法改正を企図することは、憲法が禁じている」

　※※保阪正康『50年前の憲法大論争』講談社現代新書、2007年4月。Ｐ.73・74

　○アベ政府はまた、突如「平成31年（2019年）元旦、天皇退位」なるものを出し、憲法違反を犯した。「東京」1/11.

　過去に葬り去られた共謀罪を出して問題のすりかえと混乱を策している。

　○先の戒能通孝は、つづけて言う。

「元来、内閣に憲法の批判権がないということは、憲法そのものの立場から申しまして当然でございます。内閣はけっして国権の最高機関ではございません。したがって国権の最高機関でないものが、自分のよって立っておるところの憲法を批判したり否定したりするとういことは矛盾でございます」（『同前』Ｐ.74）

　野党は全力をあげて、アベのこの憲法99条違反を問題にし、国民運動にするべきです。野党自身が（与党も）憲法に結集して。

４．トランプとマドンナ、およびアベそして憲法

「全ての米国人に対する忠誠の誓い」としてのトランプ大統領演説（宣誓）が、公約としてマドンナ（50万人大行進）の「愛の革命」と結合し、アメリカ民衆革命へのダイナミックな始まりとなることを期待します。

　デモ参加者（婦人）は言っています。

「トランプをすべての市民の大統領にする」と。（テレビニュース）

　およびアベ。

　憲法を嫌悪し、恐れ、忌避し、逃げ、違反を重ねる態度を反省、撤回し、憲法と主権者国民に忠誠を誓い、憲法政治を実行せよ。さもなくば、即刻退陣せよ。

　○もう一度、アベ——憲法の放棄あるいはサボタージュ表明としての先掲1.20施政方
　　針演説、歴史上の重大発言

　トランプが、合衆国憲法を守りぬく宣誓をしたのに対して、アベは「新しい時代にどのような憲法がふさわしいか」（先掲）とした。

　これが何を意味するか、用意されたアベ発言に全精力を主権者として傾注しなければならない。新聞、テレビ・野党の注目は弱い。指摘した野党も、「どのような憲法」かを追求している（１月24日（水）日本共産党志位和夫委員長）が、アベが2017年という中途半端なときに「憲法施行70年」を便宜的に操作して「新しい国創り」「次なる70年」（施政方針演説）、あるいは「新しい時代」の名辞をなぜはじめて、「新しく」持ち出したのか。ここに第１の問題がある。すなわち、今日（2017年１月20日）からはもう「新

20

しい時代」であり、きのうまでは、すでに「過去」になった。という誠しやかな捏造を
はかり、これを前提にするという論理を仕組み、「ではどのような憲法か」と出した。

　トランプが、1月21日の大統領就任式典を「権力を人民に返す」場とし、この日を
「国民が再び主権者となった」と宣言したことと正反対である。

　アベは、戦後70年余の日本の歴史と平和、国民生活を支え、守ってきた私たちの日本
国憲法（平和憲法）にしたがい、これを「守り」ぬき、「国民が主権者である」ことを
片時も忘れず、暴走や違反を中止し、「権力を人民に返します」となぜ言えぬ。

　これからの「70年」、これからの「時代」こそ、憲法を擁護・実行し「結果」を出す
「新しい時代」、本格的な時代であることをアベは根本的に認識できていない。

　壮大にして謙虚なるトランプと、貧困で不遜なるアベ－。

　トランプは権力を持った主権者人民（国民）の「声、希望、夢」をかなえ、「国家は
国民に仕える」ことを約束した。政治をしている。政道を司っている。

　アベは、「新しい時代」を呪文のようにくり返し、主権者国民に何も約束していない。
政治の能力をもっていない。政治は妄想や政策ではない。まして策略ではない。

　次いでアベは、「どのような憲法か」との最大の目的に、問題の設定をし向けている。
だが、そのこと自体が基本的な憲法違反であることは先述した。私たちは、憲法違反を
軽くみてはいけない。

　「新しい時代」「新しい国創り」と「どのような憲法」は一体である。

　「どのような憲法」が、現行日本国憲法を「過去」のものとし、「新しい憲法」のこと
を指している、ということはだれにも分かりやすいインチキである。

　嵐のような国民の批判と抗議の前に挫折した「自民党憲法改正草案」に手を変え、品
を変え、なおしがみつき最大の憲法違反（「排除」対象）を犯している。まだ分かって
いない。

　今日の日本の焦点は何か。それは憲法である。

　憲法を守るか、変えるかではない。憲法を守るか、否かではない。

　憲法をいかに守り、いかに実行（実現）するか、である。それのみだ。

　アベの「新しい時代の憲法」論は、憲法放棄・サボタージュである。

　その意図は、天皇元首・国防軍・人権制限（否定）の日本帝国の復活である。「世界
のまん中」、なぜ叫ぶ。

　トランプとアベはともに、「永続革命としての主権者革命の時代」の批判と運動を受
ける。

　異なった質で──。マドンナは、無数にあらわれる。

　（註）ここでは安倍晋三首相のことを、国民的呼称となりつつある「アベ」と表現し

ていることをお断りしたい。

(2017．1．28（土))

序章追加－その3－　提訴前夜－「砂川判決」と憲法
Ⅰ．「トランプとマドンナ、およびアベ」論のあと

1．栗田禎子千葉大教授「『トランプ＝安倍枢軸』下の危機とたたかいの展望」

『現代思想』2017年1月号。ご恵贈いただきました。お礼申し上げます。2/8着。

「日本の安倍政権はトランプを先取りしていたといえるが、このようなファシスト的政権がついに先進資本主義諸国の中心アメリカ自体で成立するに至ったことの意味は重大である」

「平和的・民主的憲法としての日本国憲法の価値と経験をアメリカの国民に伝え、日米の民主勢力が国境を越えて連帯し、現代資本主義の野蛮とたたかおう」

「ファシズムはついに世界資本主義の心臓部に至ったが、トランプに立ち向かおうとする、世界の諸地域の民衆、アメリカ国民の運動と連帯しよう。そのたたかいがやりとげられれば、その過程で深い変革が実現する」

（以上、一部の要約をご紹介しました）

2．孫崎　享講演会（東アジア共同体研究所所長・元外務省国際情報局長）

2017年2月19日（日）小金井を住みよくする会（武蔵小金井）

「米国新政権と日本の安全保障」10時～11時40分講演、11:40－12:20質疑

（骨子）米国は日本のために戦うか。「守られている」は対米隷属を続ける認識だ。「日本はアメリカに守られているわけではない」。日本が自国の国益に合致する外交・安全保障政策を立案できるためには、この事実認識が必要だ。

濃密な講演（A4・4ページレジュメ）と11人の活発な質疑（長坂の大学ノート17ページ分）。会場超満員、立見多数。160人参加。

長坂は「東アジア平和共同体の展望」について質問。「鳩山元首相（研究所理事長）がつぶされている。理念はよいが、むずかしい」の答。

終了後、名刺交換してあいさつし、「『7.1閣議決定』違憲訴訟を3年ごしに準備しています。日本の進むべき道は、憲法9条と東アジア平和共同体しかないと考えます。鳩

22

山さんにもう一度、首相やって下さい。当時、小沢一郎与党民主党幹事長が危機にあるとき、僕は小沢さんに手紙を出しました」と話しました。

3．トランプ大統領のイスラム諸国７ヶ国の「入国禁止令」について

アメリカ地方・控訴（高等）裁判所が、表題の件につき「憲法違反」の提訴（ワシントン州司法長官）をうけ「さしとめ」の判決。

☆「東京」2017年２月６日（月）、「しんぶん赤旗」２月５日（日）、２月11日（土）など。

抽象的違憲訴訟は不可（アメリカ型）ときいてきた当のアメリカで、大統領令（具体的争訟、国民の被害ではない）を「違憲」とし、その「執行停止」を司法が決定した（しかもきわめて迅速）、と理解してよいのか。

とすると、「アメリカ型」を金科玉条として、数々の違憲審査権の行使を回避、放棄してきた日本の戦後の裁判（の判例）は根本的にまちがっていることになる。

つまり、「7.1閣議決定」（「大統領令」に比定できる「国務行為」もしくは「命令」「処分」「規則」＝憲法98条および81条＝に当たる）は、違憲訴訟の対象になる。この件は、珍道世直さんとの電話討論（2017．２／９（木））で一致しました。私たちのとりくみに大きな意味をもちます。

これを研究し、理論武装できるか。

4．およびアベ

為政者の品位をもたず、「政治道徳の法則」に習熟できないまま、否定されている「国家の独善性」※※※に溺れ、国民を欺き憲法違反をつづけているアベにおいては、反平和・反自由・反国民の「政策」になお頼り、破綻した自己の「政治」支配にしがみついている。国民の反撃と国会の追及は大きい。（※※※芦部信喜『憲法三版』岩波書店、2002年９月、P．36）

１　「戦争法」による南スーダン・ジュバへの自衛隊派遣（前出、2016年11月）が、「内戦」および「戦闘」によってPKO５原則がくずれ、撤退すべきものなのに、「君たちを死なせない」の国民の声を恐れ、事実を隠蔽し、違憲のいすわりを現地におしつけている。

２　「共謀罪」が過去３度葬りさられたことを省みず、オリンピックと根拠のない「国際条約」を口実にして、言論の自由の抑圧を見せつけ、国民を恫喝している。（2017年）

３　大阪・森友学園。幼稚園児に教育勅語を"朗唱"させる違憲で時代錯誤の「教育」を支援して「昭恵夫人名誉校長」と「ゴミ処理」の名目で「８億円」の税金を提供した。（2017年２月、国会で問題になる）

Ⅱ．提訴前夜－「砂川判決」と憲法

１、二つの訴訟

（１）　珍道世直訴訟（第2次）
2017.1.4最高裁に上告　（2016.12.22名古屋高裁「却下」と最高裁「棄却」）
○「上告理由」
　①「閣議決定」「安全保障法制」の違憲無効を確認することを求める。
　②上告人の権利侵害。
　③「平和的生存権」認めよ。
　④昭和27年最高裁判決の「判例変更」
○警察予備隊違憲訴訟　昭和27年10月8日最高裁大法廷判決（上記④）が判例として
　憲法および法律の「上位」に位置づけられている。これは法理の逆転である。
○上告人訴訟代理人は、有力な弁護士7人。
○「憲法9条は日本の宝、世界の宝、人類の宝、世の光である」。
　　　　　　　　　　　　　　　☆「完全護憲の会ニュースNo.38」2017.2.10より

（２）さいたま地裁への集団提訴
○請求の趣旨　被告（国）は原告らに対し各金10万円を支払え、など
○請求の原因　①新安保法制は違憲（9条）、無効、②平和的生存権の侵害、③閣議
　決定と法律（新安保法制）によって、憲法9条の内容を実質的に改変した。これ
　は、主権者国民の憲法改正・決定権の侵害である、④原告らの権利・利益の侵害
　（平和的生存権、人格権、憲法改正・決定権）と具体的侵害（具体的内容の例示的
　主張）。
　☆「訴状」2016.6.20全文より。稲田恭明さん提供

[考察]
　珍道訴訟（第二次）上告（上記（1））では、「具体的な争訟事件」が「必要」である
とし「抽象的に法律命令等の合憲性を判断する権限」はない、として警察予備隊違憲訴
訟を「却下」した1952（昭和27）年10月8日最高裁判決を正面から問題にしている（「憲
法および法律に『条規』されていない」）。
　これに対して、（2）さいたま集団提訴（こう呼ぶ）は、原告の平和的生存権などの
権利の「具体的侵害」（具体的争訟性）を前面に出し、損害賠償を請求している。（上記
（2）の②と④）

　また、一連の訴訟ではじめて憲法（9条）を「実質的に改変した」との現状規定を行った。これを前提にして「憲法改正・決定権の侵害」を主張した（同③）。戦争法（安保法制）によって憲法9条が「改変」（破壊？）されたといいながら、戦争法の「違憲・無効」を請求するのは矛盾しており、成立しない。戦争法は9条改変でも破壊でもなく、徹頭徹尾9条（憲法）違反である。ゆえに「廃止」を求める。ここは重要な論点である。

　私たちは、「具体的争訟性」あるいは"国民の被害"なるものをもち出し、口実にし、司法の違憲審査権（憲法81条）を回避もしくは放棄してきた現憲法下の日本の戦後裁判の現状をこそ批判し、問うべきである。

　珍道世直さんの訴訟（2014年7月以来の一次、二次）は、以上のことを考えると画期的な意義を有している。

2、二つの判決と憲法

（1）「砂川判決」

　1959年12月16日における「判決文」とその「意見」・「補足意見」より。

　「判決主文　原判決を破棄する。本件を東京地裁にさしもどす」

　①「判決文」「（高度の政治性を有するものは）、一見　きわめて明白に違憲無効であると認められない限りは、裁判所の司法審査権の範囲外のもので（ある）」

　②「補足意見」田中裁判官「自衛はすなわち他衛、他衛はすなわち自衛である」

　③「意見」と「補足意見」（小谷、奥野、高橋裁判官と石坂裁判官）

　「高度の政治性などの理由だけでは、『法の支配』を根本理念とする新憲法が、裁判所の本質に内在する固有の権能と認めて特に裁判所に賦与した違憲審査権を否定する理由にはならない。多数意見のごとく、国の存立の基礎に重大な関係がある高度政治性の国家行為に対し違憲審査権を否定することは、国の重大事項と憲法との関係において憲法を軽視するものと言わざるをえない。また、国会や政府の行為によって憲法が侵犯されることのないように配慮した憲法の精神にそわないのみならず、憲法76条、99条により特に憲法擁護の義務を課せられた裁判官の職責を全うするゆえんでもない。本件安保条約についても、その国内法的効力が憲法9条その他の条章に反するか否かは、司法裁判所として純法律的に審査することが可能であり、特にいわゆる統治行為として裁判所がその審査を回避すべき特段の理由はない」

　裁判長は田中耕太郎、　　　　　　　　　☆資料は1959年12月16日読売新聞（夕）

「（2016年）3.24砂川最高裁判決を裁く集会」（川崎）提供

[考察]

　本「砂川判決」は、有名な「米軍は違憲」とした原判決＝"伊達判決"（東京地裁八

王子支部1959年3月30日、伊達秋雄裁判長）を「破棄」し葬り去った戦後最大の反動判決であり、田中耕太郎裁判長はマッカーサー駐日大使と密談を交わし、その指示で動いた。アベ―高村は、これを悪用した。

　しかし、同じ判決文「意見」と「補足意見」は、日本人の誇りにかけて安保条約も、日本の司法は「純法律的」に審査できるとし、「統治行為」論を退けていた。「国会や政府の行為によって憲法が侵犯されることのないように、裁判所は憲法が認めた内在的な固有の権能をもって違憲審査権を行使せよ」

　憲法81条最高裁判所の法令審査権、76条司法権の独立、99条憲法尊重擁護義務にもとづく裁判官（裁判所）の使命感が躍動している。

　戦後裁判史上に燦然と輝く、この格調高く宣言された見識は、なぜか語られることも、知らされることも、聞くこともなく、地中に埋もれていた。今、私たちは3年（あしかけ）にわたる行脚と探索でこれを発掘し、発見した。先人の勇気と先導が私たちに光明の道すじを与え、理論武装への力となるか。やっとたどりつきました。感謝します。

　田中耕太郎は、「一見　きわめて明白に違憲無効」ならば、「裁判所の司法審査権の範囲」内であることを逆証明した。

　多くの人の、抽象的な対象（法律など）への違憲審査権は日本の司法には存在しない、との通説は、根本的に再検討・批判されねばならぬ。

　付言すれば、先に「憲法（9条）破壊」や「9条実質改変」の論調もみたが、私たち主権者国民や運動の主体の側に、権力の思惑や攻撃を過大に評価したり、敗北主義的な解釈論に陥ったりすることはないか。

　大事なことは現状への追随でなく、現状への変革と変革主体の形成である。歴史は、憲法の戦闘的精神と革命の脈々と流れる地底の伝統を教えた。

　現代の私たちは、何をすべきか。

（2017.2.23（木）－25（土））

（2）警察予備隊違憲訴訟判決について

1952（昭和27）年10月8日最高裁大法廷

☆同判決文（全文）より、　　　　　　　　　　稲田恭明さん提供。感謝します。

　上記判決（文）は、次のように述べる。

①原告は、最高裁判所が「司法裁判所の性格」（ふつうの）と憲法判断をする「特殊の権限を行う性格」を「兼有する」、と主張する。

②たしかに、「諸外国の制度」を見ると「司法裁判所に違憲審査権を行使せしめる」ものがある（「特別な機関」を設けるものもある）。

③「しかしながら」、わが裁判所には「司法権を行う権限」しかない。最高裁は、「法

26

律命令等」に関し「違憲審査権を有する」が、この権限は「司法権の範囲内」に限られる。

④したがって日本では、裁判所は「具体的事件をはなれて、抽象的に法律命令等の合憲性を判断する（できる）との見解」には、「憲法上及び法律上何等の根拠も存しない」。

つまり、具体的事件でなければ違憲判断（判決）はできない。

「7.1閣議決定」や戦争法は、違憲判断の対象にならない。

仮に違憲訴訟をしても、却下する、というものである。

⑤よって、却下する、

と。

しかし、これはおかしな話である。

被害（犠牲）がなければ、裁判できないというのか。しからば、**憲法81条**［最高裁判所の法令審査権］を読もう。

「最高裁判所は、一切の法律、命令、規則又は処分が憲法に適合するかしないかを決定する権限を有する終審裁判所である」

「一切の法律、命令、規則又は処分」は、「法令審査権」（違憲審査権）の対象である。どこにも「具体的事件がなければだめだ」とは、書いてない。

逆に、上記「警察予備隊違憲訴訟判決」は「憲法上及び法令上何等の根拠も存しない」、とするのが憲法に忠実な態度というべきだろう。

上記判決文の「却下」は、憲法81条違反であり、不当だ。まちがっている。これが戦後日本の裁判史を支配してきたとしたら、これを正すことが必要である。

先の**砂川判決「意見」と「補足意見」（2（1）③小谷、奥野、髙橋裁判官と石坂裁判官）**は、明快である。

「高度の政治性などの理由だけでは、『法の支配』を根本理念とする新憲法が、裁判所の本質に内在する固有の権能と認めて特に裁判所に賦与した違憲審査権を否定する理由にはならない」と。

違憲審査権を否定することは**「憲法の軽視」**である。

「国会や政府の行為」によって憲法を「侵犯」させないように「配慮」したのが「憲法の精神」だ。憲法76条、99条により裁判官は、「憲法擁護の義務」を課せられている。日米安保条約が憲法９条に反するか否かについても、司法裁判所は、「純法律的に審査」することが「可能」であり、その審査を「回避」すべきではない。

この名判決（上記**「意見」と「補足意見」**）に、日本の裁判所（官）と弁護士は従い、援用、適用、依拠して、正義のたたかいをせよ。真理はそこにある。

トランプ大統領と朴大統領は、「憲法違反」で裁かれた。

そこに憲法政治がある。

（2017．4．5（水））

（註）ここでは、「7.1閣議決定」などの略称を用いている。（他も同じ）

第1章
「7.1閣議決定」は、「一見 きわめて明白な違憲無効」

1.

　安倍晋三内閣総理大臣は、2014年7月1日、上記の閣議決定の強行によって従来の政府見解を逸脱し日本国憲法前文および9条に反して、海外に無制限に自衛隊を派遣して、武力行使をさせ、軍隊化し戦争（交戦）＝違憲の私戦を行わせることを可能にする、との国家意思を決定した。　それを上位概念に掲げ、法＝「具体化」へ襲いかかろうとしている。「**一見 きわめて明白な違憲無効**」に該当する。

　これは、日本帝国主義侵略戦争とアジアへの植民地支配・軍事占領の敗北と否定の結果としての「8・15革命」が、やがて人類史・世界史の達成として結実した日本国憲法への反革命クーデターである。

　反憲法のあらゆる措置（法律・命令・詔勅その他の国務行為）は排除され、その効力を有しない（前文、98条）。　政治クーデター自体が違憲である。

　最高裁判所は、終審裁判所としてその無効を決定しなければならない（81条）。　明文による国家意思の決定は、具体的形象であり、法制定への動因である。

2.

　日本国憲法は、主権者の国民が確定した。

　前文は「政府の行為によって再び戦争の惨禍が起きることのないようにすること」を決意した。

　同閣議決定は「他国への攻撃」を口実として、世界・地球上のいたるところでアメリカの干渉・侵略戦争に、あるいは加担し、あるいは単独で、「死活的利益」「邦人保護」「テロとの戦い」を錦の御旗にして「海外武力行使」すなわち戦争（侵略・干渉戦争）を「限定的」の名で無制限に行おうとしている。

　戦前の日本の再来を願い、「取り戻す」ことを企てている。　「自衛隊は、戦争する軍隊になりますよ」（岡部冬彦元駐タイ大使）。この妄動の背後には、アメリカの執拗な主

28

権侵略の指導・関与・圧力がある。　「閣議決定は解釈改憲ではない、解釈変更ですよ。」（ケビン・メア元アメリカ政府高官）。

　「再び戦争を起こす」閣議決定は、憲法前文に敵対するものである。前文規定に基づいて安倍晋三内閣総理大臣を戦争誘導罪および戦争挑発罪、あるいは私戦予備罪に処すべきである（もしくは「恒久平和」、「平和の維持」に対する罪）。

　安倍晋三はただちに罷免されなければならない。（15条の行使）

　憲法確定者、主権者をいちじるしく蔑ろにしている。（前文、1条違反）

3.

　同閣議決定は冗長な文章と用語操作と詭弁を弄しているが、その内容は徹頭徹尾9条が許さないものである。　なぜなら前述のように、自衛隊は軍隊となって世界に出動（侵略）し、「国際平和」を乱し、「武力による威嚇」および「武力の行使」を行い、「交戦」して「戦争」を全面的に遂行することが同閣議決定に他ならないからである。

　そもそも「武力の行使」を禁じた9条に向かって、「武力行使」を公然と叫び、「9条の範囲内」などと称するのは国民を愚弄するまやかしである。

　「集団的自衛権」や「他国への攻撃」は、上記実態と本質を国民の目からそらせ、擬装する方便である。「重箱の隅」への誤導をねらっている。「新三要件」も同様である。

　同閣議決定は、全面的に9条に違反している。

　安倍晋三内閣総理大臣は、反9条のクーデターを行い憲法99条に違反した。　裁判所（司法）は98条に則って同閣議決定を無効とし、直ちに安倍晋三内閣総理大臣を免職に処すべきである。

4.

　同閣議決定は、体系的な戦争体制クーデターであるので、前述した日本国憲法の諸条項――つまり、前文「平和的生存権」、国民主権、13条個人の尊厳（←→国家主義）、生命、自由、幸福追求権（←→戦争、かつての空襲・原爆を見よ。戦争を阻止せよ）、18条「奴隷的拘束」の禁止（←→軍国主義はすべての人を戦争動員＝奴隷化する）、19条思想・良心の自由（←→すべての自由の圧殺）、21条集会・結社・表現の自由　（←→今日の抑圧、統制の極限化）、25条「健康で文化的な生活」（←→丸ごとの破壊）、31条「生命・自由を奪われない」（←→徴兵制で根こそぎ奪う）、41条「国会は国権の最高機関」（←→軍部、政府の独裁）、92条「地方自治」（←→その破壊）さらには、26条「教育を受ける権利」（←→国家の権利、統制、支配）、27条「勤労の権利」（←→軍需工場への動員）、29条財産権（←→戦争の名で略奪、接収する）を全面的に破壊、否定、蹂躙するものである（企図している）。

　日本国民と人類は、歴史経験からすでにそのことを知っている。自民党憲法草案

（2012年）が告白している。

　安部首相・自民党は国会で「我が軍」「八紘一宇」発言を行った。

5.

　「7.1閣議決定」は、日本国憲法と主権者国民が、戦後70年の歴史をかけて守り、築いてきた平和・民主・人権の国家を、一挙に戦争国家に転覆させるクーデターである。その先は、帝国主義、軍国主義であり、地球と人類の滅亡に向かう核世界戦争である。「美しい国」ではない。

　私たちは日本国憲法と日本国民の名において、その誇りと名誉にかけて、この地獄への道を阻止する。

　日本国憲法の示す方向と内実を、理想とし法則とし、達成することを誓う。

　裁判所におかれては、厳正なる審理を期待する次第である。81条がそのことを要請している。日本史上の国民と国家にとっての重大な判断を、「抽象的」の言葉で逃げるべきではない。

　憲法の前文、9条をはじめとする全条文、全体系、全構造は、本訴状が請求の対象とする「閣議決定」等（その「具体化」法を含む）の意図、動向、帰趨にかかわらず、厳然と存在し、日本を規定する。

2015年3月23日（月）

第2章　総論
「7.1閣議決定」と「安全保障関連法案」
（11本、以下「戦争法」とする）

　国会での論戦、憲法学者・知識人の発言、新聞・テレビ・雑誌・文献等による一大言論状況、そして国会をとりまく大デモンストレーションによって、安倍内閣の当初の企図＝強行採決を打ち破り、次の点を明らかにしました。

　すなわち、上記「7.1閣議決定」と本年（2015年）5月15日以降の「安全保障関連法案」（11本）は、

　第一に、戦争法であること、つまり アメリカの行う侵略戦争（先制攻撃）に、際限なく日本の自衛隊を加担・共犯させて、侵略軍（軍隊化＝戦力）として参戦する（戦争、武力行使、交戦権の行使）ための法体系である。

30

　それを「後方支援」＝兵站あるいは「集団的自衛権」、PKOの名の下に行おう としている。　それは日本の「先制攻撃」さえ含んでいる。

　第二に、自衛隊を「PKO法改正」と称して、他国民、多民族・国家にたいして「治安維持活動」＝武力による威嚇、武力の行使を行う軍隊にすること。

　第三に、「合憲論」が粉砕され、全面的な憲法違反、憲法への敵対と無視であること。全き「欠陥法」であることが明白になりました。

　以上を前提にして、訴状の論点を考察します。　以下の内容を論証します。

1．「7.1閣議決定」が、憲法違反であり、憲法への反革命（反逆・反乱）のクーデターであること。
　それは日本国憲法前文、9条、および99条に反するものであり、無効である。憲法15条により、安倍首相は罷免に値する。

2．「7.1閣議決定」と、その具体化として一連の安保法制関連法案（11本）は、政府の行為によって「再び戦争の惨禍」を起こさない決意（憲法前文）に反する。平和憲法に基づく日本の平和国家を転覆させ、戦争国家に仕立てるものである。それを現出させる戦争法クーデターである。

3．当該戦争法および戦争国家は、日本の全国民の生活に直接的な被害を与える。（前述。後述は略す）

4．被告人、安倍晋三は、何故に国会論戦で完膚なきまでに反憲法性と正当性欠如が証明された当該戦争法の強行にこだわるのか。――その思想と背景は何か。
　「自衛隊に戦闘経験をさせ、死者を出す」 他

5．「7.1閣議決定」は、日本国憲法への犯罪および新たな法概念としての戦争挑発罪、戦争誘導罪、加えて私戦予備罪である。

2015年6月23日（火）

第3章　各論

　　　目　次
第1節　論点1　「7.1閣議決定」は、憲法への反革命クーデター……32ページ

　　1、「閣議決定」は「命令」「処分」「国務に関する行為」……32ページ

　　2、「不断の努力」の侵害……35ページ

　　3、日本国憲法への侵犯、反革命（反逆、反乱）……37ページ

　第2節　論点2　戦争国家法……39ページ

　　1、立法事実がない……39ページ

　　2、「政府の行為」によって「再び戦争の惨禍」をおこさない……39ページ

　　3、「7.1閣議決定」は、憲法9条に違反する……42ページ

　第3節　論点3　被告人　安倍晋三の動機と目的

　　　　　　　　　　──その思想と背景──……42ページ

　第4節　論点4　戦争挑発罪、戦争誘導罪、私戦予備罪……44ページ

　第5節　まとめ　安倍首相と「平和」……47ページ

第1節　論点1　「7.1閣議決定」は、憲法への反革命クーデター

　「7.1閣議決定」は憲法違反であり、憲法への反革命（反逆・反乱）のクーデターである。

　それは憲法前文、9条、41条、12条、97条、99条に反する。　それは、憲法81条、98条に該当する。

　よって、上記「7.1閣議決定」は**無効**である。

　ゆえに、内閣総理大臣安倍晋三は、憲法15条に基づく**罷免**に値する。

1、「**閣議決定**」は「**命令**」「**処分**」「**国務に関する行為**」

　まず、同閣議決定が、憲法81条および98条にいう「命令」、「処分」（81条）および「国務に関するその他の行為」（98条）に該当することを論じたい。

　「7.1閣議決定」は、「国家意思の決定」（本訴状）であり、国家権力の行使あるいは国家機能の位置において、以下の歴史的事実により、重大な意味を持つことは明らかである。

　つまり、

　1931年9月18日、満州事変の発端となった柳条湖事件は、関東軍の謀略としてひきおこされたものである。

　時の若槻礼次郎内閣は「事変不拡大」を「閣議決定」（同9月19日）したが、日本・朝鮮軍の独断越境（満州への）の軍部独走の事態（9月21日）を容認することを「閣議決定」した（9月22日）。　こうして日本の15年におよぶ帝国主義侵略戦争が本格的に開始された。[1]「閣議決定」が、戦争を決めたのである。

　昭和天皇は、1975年（昭和50年）9月22日、在京外人記者団との共同記者会見で、

69

「あの戦争（日米戦争・太平洋戦争＝長坂）は、閣議決定がなされたので、止められなかった。」と述べ、閣議決定の効力を示した[2]。

1995年（平成7年）、村山富一首相は、「村山談話」を「閣議決定」に「もちこん」だ[3]。

戦前・戦後にわたって、戦争と平和に関する動向を決する重大・重要な作用を、閣議決定は果たしていることが、以上で明らかとなった。

「7.1閣議決定」は、国家意思の決定であり、「命令」、「処分」、「国務行為」（前出憲法81条・98条）である。

今日大問題となっている戦争法制定への行動を「命令」した「処分」の国務行為であることを否定できない。　この戦争法の提案を含む一連の政府の行為は、主権者・国民に甚大な「効力」（影響）を与えている（後述）。裁判所が「処分でない」とするのは、不適法である。

註（1）　藤原彰　『日本近代史Ⅲ』岩波全書　1977年　p.26-30
註（2）　藤原彰・今井清一編　『十五年戦争史4』　青木書店　1989（昭和64）年　p.264.
　　　　　吉田裕一橋大教授の教示を得た。
註（3）　「朝日新聞」　1995（平成7）年8月16日

大阪高裁は、1991（平成3）年6月6日の判決で、閣議決定について、「閣議決定が、国民の権利・義務ないし法的地位に影響を及ぼす効力を持つ場合がありうるかどうか」、「閣議決定の内容いかんによって結論に相違の出る余地」があるか等は、「なお掘り下げた議論が必要」としている[4]。

註（4）　『判例時報』1408号　p.70。珍道世直氏の訴状に依った（後述）。

日本の司法は、閣議決定について「それ自体が外部に効力を及ぼさない」との詭弁を弄したり[5]、「統治行為」論を持ち出して裁判義務から逃避すべきではない[6]。

「7.1閣議決定」は、9条が否定・排除している集団的自衛権の行使を容認した。　司法（裁判所）は「その良心に従い独立してその職権を行」い（憲法76条）当閣議決定につき、「**効力を有しない**」ことを宣し（同98条）、「排除」（同前文）すべきである。

「7.1閣議決定」は、前述したように、日本を平和の領域から戦争の領域に突入させ、日本の平和国家を戦争国家（体制）に転落させる戦争法（11本の安全保障法制関連法）の制定を促し誘導し、規定し、命ずる国家行為（国務行為）＝国家意思の決定に他ならないわけであるから、先の大阪高裁1991.6.6判決が言う「結論に相違の出る余地」をはるかに上まわるものとして、この判決が考慮されるべきである。

　　　　　　　　　　　　　33

　時が経過し、今日、日本列島は国会包囲デモをはじめ「女の平和」、若者集会など、世代を超えて町々を包み、戦争反対の声でおおわれている。

　この間の国会論戦で、その違憲性は明白である。憲法学者が決定的役割を果たした[7]。

　　註（5）珍道世直氏の当該閣議決定への違憲訴訟（以下・珍道訴訟　と略す）への判決（平成26年10月17日、東京地裁）など。
　　註（6）『日本国憲法が求める国の形』完全擁護の会　2015年3月3日　第1版　p.46
　　註（7）小林節慶応大学名誉教授ら憲法学者3氏の衆院憲法審査会での「集団的自衛権は違憲」の証言（2015年6月4日）をはじめとする無数の事実、および同6月5日付「東京新聞」をはじめとする厖大な報道が伝える。

　大阪高裁1991.6.6判決（前掲）に関連して付言すれば、安倍晋三首相らが、何度批判されても、集団的自衛権の根拠として振りかざしている「砂川事件最高裁判決」は、日米安保条約を「高度な政治」性つまり統治行為であることを理由に、司法審査権（違憲審査権）の「範囲外」であるとして、その判断を避けた（前述）が、皮肉なことに当最高裁判決は、この「統治行為」論に「一見　極めて明白な違憲無効であると認められない限り」との限定づけをしている。

　すなわち、安倍晋三が頼みとする砂川事件最高裁判決は、まったく異なる角度から見れば、「7.1閣議決定」の如き「一見　極めて明白な違憲無効」の事案は、違憲審査権の「範囲」内である。司法審査の対象である。

　また、よくいわれるところの違憲審査に関するドイツ型（憲法裁判所型・抽象的違憲審査制）とアメリカ型（司法裁判所型・付随的違憲審査制）との境界は、その内実において接近している[8]。絶対ではない

　　註（8）先掲「珍道訴訟」「上告理由書」、および『シリーズ憲法の論点⑨』「違憲審査制の論点」国立国会図書館調査考査局2006年2月参照。これも、珍道訴訟に依った。

　こうしてみると、司法（裁判所）が、「7.1閣議決定」を違憲審査しない理由がなくなってくる。司法は、憲法81条及び98条の規定に背くことなく、「7.1閣議決定」が合憲であるか、違憲であるかを正面から堂々と裁くべきである。

　辻公雄弁護士は、

　「最高裁が、今この時に『違憲審査権』を行使して、『憲法適合性』を審査されないのなら、裁判所は『違憲審査権』を放棄したに等しく、国民の司法に対する信頼を失い、『三権分立』の原則が崩壊することになると考えます[9]。」と　述べている。

　日本の司法（裁判所）は、砂川事件における東京地裁で米軍を違憲と断じた伊達秋雄

裁判長の名判決を可とし、苫米地訴訟以来の「統治行為論」による誤った立場を退けることを求めたい。

　註（9）先掲　註（5）の「珍道訴訟」に関する控訴人（原告）珍道世直氏の訴えより引用。

　　小括──　「7.1閣議決定」は、日本国憲法81条・98条の対象である。
　現日本国憲法の原型たる1946年3月6日の日本政府案が、ほかならぬ「閣議決定」されたものであるという事実をどう説明するのか。　「閣議決定」イコール「政府内部文書」論は完全に失当である。

(2015年4月27日)

２．「不断の努力」の侵害

　「7.1閣議決定」は、「国民に保障する自由および権利は、国民の**不断の努力**によってこれを保持しなければならない」とする**憲法12条**の精神を誠実に実行する主権者国民の権利を侵害するものである。　同97条は、「この憲法が日本国民に保障する基本的人権は、**人類の多年にわたる自由獲得の努力の成果**」であって、「これらの権利」は「**現在および将来の国民に対し、侵すことのできない永久の権利**」である、とし、上記12条を補足した。
　つまり、「7.1閣議決定」は、憲法12条および97条の国民の権利（自由および権利の保持義務）を侵害するものである。**憲法違反**である。　そもそも、同12条および97条は、日本の自由民権運動期に、植木枝盛らによって高らかに掲げられた人民の抵抗権、革命権に由来し系譜をひくものとして、かねてより注目されている。
　今日の日本国憲法の国民主権は、**植木枝盛**「東洋大日本国国憲案」1881（明治14）年の唱えた人民主権を受け継いだ**鈴木安蔵**ら憲法研究会が「憲法草案要綱」（1945〈昭和20〉年12月7日発表）で主張した「日本国の統治権は日本国民より発す」（**国民主権**）にマッカーサー（ＧＨＱ）が影響を受け、**人民主権**（The sovereignty of the people's will）を「マッカーサー草案」の基調としたところから形成・成立した。
　日本国憲法の根幹である国民主権は、おしつけられたのでなく自由民権運動以来の日本人民（国民）の「多年にわたる努力の成果」に他ならない。
　安倍晋三被告は、この歴史の真理に無知である。本項第2で主題とした日本国憲法12条、97条はこの歴史的達成としての国民主権を内実化、内在化させるものとして規定された。
　世界史上、人民主権は、アメリカ独立宣言（1776年）およびフランス人権宣言（1789年）に源を発することは知られている通りであり、国民主権は地球上に普く定められて、今日の人類は生活を営んでいる。また、アメリカ独立宣言に言う人民の抵抗権・革

命権は、今日なおドイツ・ヘッセン州憲法（1946年）、ブレーメン自由市憲法（1947年）マルク・ブランデンブルグ憲法（同年）に継承され（抵抗権）、「世界人権宣言」（1948年）にうたわれている（革命権・叛乱）⁽¹⁰⁾。

　そうした潮流が、日本国憲法12条および97条の成立に結びついている。

　日本国民は人民主権（国民主権）の壮大な史的展開に包まれ、その保護を受けている。「不断の努力」は、誇り高き日本国民・主権者の歴史的使命である。

　安倍晋三首相、日本政府は、この「**崇高な理想と目的**」（憲法前文）に深く従うべきであって、憲法12条および97条を侵害し、これに反する「7.1閣議決定」はただちに撤回すべきである。

　本訴状において、「不断に努力」し「保持」しなければならない「**国民に保障する自由および権利**」（憲法12条）とは、戦争を憎み、退け、反対し、戦争法の撤回を求め、全身全霊をもって**平和**を守り抜き、創造しようとする「自由および権利」そのものであることを付言したい。

　そのことが今、過去にない規模と質をもって全国民的広がりを示し、日々展開されている。

　若者の発言は未来に向かっている。　「女の平和」が圧している。

　安倍晋三は、安保闘争以来のこの戦後史的現実を、逃げずに直視しなければならない。

　日本国民・主権者はついに、国民主権・平和主義・基本的人権の憲法3原則を一体のものとしてとらえ認識し、それらの擁護のために「不断の努力」を爆発させたのだ。主権者の怒りは、安倍内閣を包囲している。これらの行動は歴史に記録されるだろう。

　議院内閣制（国会内閣制）のもとで、国権の最高機関、唯一の立法機関たる国会を無視して、違憲戦争法立法を命じた「7.1閣議決定」が、憲法41条に反し、憲法を「尊重・擁護する義務を負う」べき「国務大臣」つまり政府が、反憲法の「7.1閣議決定」を強行したことは、**同99条に違反する**ことは明らかである。憲法前文、9条は次項へゆずる。

　註（**10**）以下の文献を参照されたい。
　　＊1.家永三郎『革命思想の先駆者——植木枝盛の人と思想——』　岩波新書、
　　　　1955（昭和30）年12月　　P.83-86　P.89-94　P.104-108
　　＊2.同『植木枝盛研究』　岩波書店　1960（昭和35）年8月
　　＊3.同『植木枝盛選集』　岩波文庫「解説」1974年7月　P.320-322
　　＊4.植木枝盛「東洋大日本国国憲案」　1881（明治14）年
　　　　『植木枝盛集』第6巻（全10巻）　岩波書店　1991年1月

＊5. 鈴木安蔵「植木枝盛の人民主権論—自由民権運動の理論的指導者」
　　『民権論からナショナリズムへ』『明治史研究叢書』第4集　お茶の水書房
　　1957年

＊6. 古関彰一『新憲法の誕生』中公文庫　1995年4月

＊7. 小西豊治『憲法「押しつけ」論の幻』講談社現代新書　2006年7月

＊8. 長坂伝八「国民主権の成り立ち—日本国憲法と現代を考える—」
　　「教育研究」第43号　法政二高育友会教育研究所2008年3月　など

（2015年7月9日）

3．日本国憲法への侵犯、反革命（反逆、反乱）

「7.1閣議決定」は、大日本帝国憲法の否定（8・15革命・敗戦を経て）としての現行日本国憲法を、その平和主義・国民主権・基本的人権の精神とともに否定した。

「7.1閣議決定」は、**戦争をしない宣言**（憲法前文）をくつがえして**戦争をする**ことを表明した。

そのことはとりもなおさず日本国憲法への許されざる**侵犯**であり、**反革命（反逆・反乱）**である。

安倍晋三内閣は、この重大な国家意思の決定（閣議決定）の過程で、主権者国民に信を問うことをせず、　その代表機関、国権の最高機関たる国会の議を経ることなく進めた。現行憲法下に存立する安倍内閣が、この依って立つ憲法を否定すれば、これはまぎれもない**クーデター**である。**政変**である。

内閣総辞職をせず、内閣総理大臣を辞任せず、国会解散も総選挙もせず、安倍晋三以下内閣閣僚をそのまま居すわらせた。何ごともなかった（ない）かのように質的変化（反対物への転化）の本質を糊塗し、隠蔽、擬装するために、安倍内閣とその勢力はこの術策を弄した。

この政治クーデターを表向き準備したのは、国家安全保障会議である。　同会議は、世のごうごうたる反対の世論をおし切って通したかの秘密保護法の片隅で設置された。（2013年12月）

そもそも行政府の文書（閣議決定）が、非常の（問題のある）組織の名を借りて、二者連名で出されているのは過去に例のない異常である。憲法上、政府と非常機関が同列に連名していることをどう説明するのか。三権の一つである行政権を担う内閣と、たかが一非常機関が同等の文責を負っている、この文書が日本を戦争国家に導き、全国民を動員、規制する機能を果たすとき、だれが責任を持つのか。しかも、憲法上の規定のない国家安全保障会議が、日本国政府の上に署名されている事実をどう説明するのか。まことに安易で、無責任な文書であり、文書の有効性が問われる。（平正和『集団的自衛権行使に反対する』かもがわ出版〈2015年7月1日〉より採用）

　安倍晋三は、現行平和憲法を自民党案の内容に全面的に改悪するため、一連の動きを重ねている。

　「7.1閣議決定」を強行した後、同様の内容をもつ日米ガイドライン中間報告をまとめ（2014年10月8日）、日本の国家主権の侵略を許して憲法違反を重ねる第二のクーデターを日米合作で行い、「7.1閣議決定」の既成事実化をはかった。

　消費税、集団的自衛権、秘密保護法、TPP、沖縄・辺野古新基地問題、労働法制、原発問題などでいずれもゆきづまり破綻した政治路線を、再起・強行するために、安倍晋三首相は突如憲法69条違反の国会解散を謀り、低投票率（52％前後）で290の議席をかすめとって「圧勝」した。（2014年12月）

　すでに判明していた後藤健二さんの「イスラム国」による人質事件を利用して、「人命」「テロとの戦い」を喧伝し、カイロまで出かけて「宣戦布告」とも批判された挑発を行い、国民の血税2億ドル＝260億円をふりかざし、一挙に「集団的自衛権」を想起させるような諸状況をつくった。　安倍晋三は、後藤健二さんを守らなかった。

　国民と国会の反対を無視して、安倍内閣はこの戦争法案を国会に提出した。（2015年5月14日）

　予想を超える反対・批判・抗議の前に、今、戦争法反対と安倍首相不支持の世論がついにともども多数となり、安倍内閣は「末期的現象」を迎えた。（2015年7月13日文化放送）

　日本の政治状況に、かってない激変が起きている。劇的に。　事態は2014年7月1日から始まった。　完全に安倍内閣の思惑は音を立てて崩れている。

　「7.1閣議決定」は日本国憲法に反し、これに敵対する**憲法への反革命（反乱・反逆）のクーデター**である。

　憲法と主権者の名において、主導者安倍晋三は断罪されなければならない。もはや資格も能力もない。

　日本の司法（裁判所）は、これを裁かなければならない。

　私たちは、憲法15条にもとづき、安倍晋三内閣総理大臣の罷免を要求する。

　元来、憲法72条および73条は、内閣に法案提出権を認めていない、との見解もある[11]。

　以上で 論点1　を終わる。

　(註11) 先掲註6『日本国憲法が求める国の形』 P.41～43

（2015年　7月13日（日））

75

第2節　論点2　戦争国家法

「7.1閣議決定」とその具体化、安全保障法制関連法（11本）は、政府の行為によって「再び戦争の惨禍」を起こさない決意（憲法前文）に反する。平和憲法にもとづく日本の平和国家を転覆させ、戦争国家に仕立てる**体系的な戦争法のクーデター**である。以下、論証したい。

1．立法事実がない

まず、当閣議決定にもとづく戦争法案が、国会に提出する「立法事実」がないことを論ずる。

安倍首相は2015年9月14日参議院安保特別委で中東・ホルムズ海峡での戦時の機雷掃海は現実性がないことを認めた。中谷防衛相は、首相が2014年、記者会見で日本人母親と赤ちゃんを描いたパネルを掲げて主張した米艦防護で「日本人が乗っているかどうかは関係ない」との考え方を示し、安倍首相も同調した。

ところで政府は、この二事例を集団的自衛権行使の代表例として国民に説明してきたが、この二事例を巡る一連の答弁では集団的自衛権行使を容認する「立法事実」がないことになり、法律の必要性がないことを自ら認めたものである。それでも安保法案を成立させようとして強行採決したことは、必要がないのに政府の権限を強めることになり（政府を憲法で縛る）立憲主義に反する。

2．「政府の行為」によって「再び戦争の惨禍」をおこさない

「7.1閣議決定」は、**憲法前文**にいう「**政府の行為によって再び戦争の惨禍が起こることのないようにすることを決意**」し、「恒久の平和」を「念願」して「平和を維持する」ことに反している。

「7.1閣議決定」は、国民の「ひとしく恐怖と欠乏から免れ、**平和のうちに生存する権利**」を侵害している。

「7.1閣議決定」は、
1.　武力攻撃に至らない侵害の対処。
2.　国際社会の平和と安定への一層の貢献。
3.　憲法9条の下で許容される自衛の措置。
4.　今後の国内法整備の進め方。
から構成されている。

　①「武力攻撃に至らない侵害」に対しては、「対応能力」を向上させ、「離島」周

辺地域での「治安出動」することを「検討」し、我が国を「防衛」する「米軍部隊」への攻撃に対して、自衛隊が、米軍と緊密に「連携」して「武器使用」を行うことが出来るよう法整備を行う。

　　これは「武器の使用」即ち武力行使を認めるものである。

② 「2.国際社会の平和と安定への一層の貢献」では、今国会で大きな問題となった「後方支援」である。（2（1））

　　ここでは「非戦闘地域」の限定をはずし「戦闘地域」での「後方支援」を認めた。他国が「現に戦闘行為を行っている現場であって、『現に戦闘行為を行っている現場』でない場所」での「他国軍隊」への「補給・輸送」を「実施」する、とした。

　　この「後方支援」は、前方も後方もなく支援する他国（例えば米軍）と一体となった戦闘行為であることが、法案提出後の国会論戦や憲法学者の発言によって明らかとなった。

　　「後方支援」は「武力の行使」そのものである「戦闘」である。

②' 「2 （2）国際的な平和協力活動に伴う武器使用」は、「積極的平和主義」の名のもとに、PKOが「テロ」に対して従来の規制（「自己保存型」武器使用の制限）をはずし、自衛隊が、「武器使用を伴う在外邦人の救出」を行い、「駆けつけ警護」に伴う「武器使用」、「任務遂行のための武器使用」ができるようにする、とした。

　　その際、「国家又は国家に準ずる組織」が「敵対」するものとして「登場しない」ことを「確保」することを前提条件にしている。「確保」は鎮圧である。

　　この一連の自衛隊の行動は、「近年」、「重要な任務」となっている「住民保護」などの「治安維持」に連なる。　従来のPKO5原則は考慮せずに、外されている。

　　ここでは、PKOはこれまでと違い、敵の登場を阻止し、駆けつけ警護と任務遂行（自己防衛でない）で武器使用をし、治安維持を行う、ということになる。

　　これは、「当該活動」地域での武力行使、戦闘行為さらには鎮圧・占領行為に他ならない。

　　国会論戦では、ISAFでのドイツ軍の死者と撤退が例示された。

③ 「3．憲法9条の下で許容される自衛の措置」は、最大の問題となっている集団的自衛権である。

　　ここでは「我が国を取り巻く安全保障環境の変化」をあげ、集団的自衛権を明確に否定・排除した「昭和47年10月14日政府見解」を逆利用して、集団的自衛権を「憲法上許される」とした。

77

　　　　集団的自衛権を目的化し、憲法（9条）をそのための道具にし、根本的な憲
　　　法違反を犯した。　憲法への反革命のクーデターである。（前述）

　この集団的自衛権は、我が国と密接な関係にある他国（例えばアメリカ）に対する武
力攻撃が発生し、「これにより」、「武力行使の新3要件」（その内容は略す）が満たされ
た場合に行使する、としている。
　国会論戦での延々たるやりとりを簡略化すれば、政府が「総合的に判断する」こと、
「あいまい」な「新3要件」は事実上存在してないことがはっきりした。
　つまり他国（アメリカ）への攻撃があれば、いつでも、どこでも自衛隊は「出動」
し、「武力行使」をする。　自衛隊は軍隊化、戦力化する。
　この場合、日本は直接攻撃を受けていない他国（アメリカ）の敵国（敵準国家的組
織）に先制攻撃を行うことも国会論戦で明らかにされた。
　「宣戦布告」をするのか。
　このことを歴史上の事例で考察すれば、ベトナム戦争をはじめとし、「9・11」を口
実として行ったアメリカのアフガニスタン戦争（侵略戦争）、イラク戦争（侵略戦争）、
そして「イスラム国」への「有志連合」の「空爆」などは、いずれも日本が集団的自衛
権行使を「積極的」に行うものとなる。
　侵略戦争への、憲法違反の共犯・加担の戦争である。国家主権の不履行である。
　あのベトナム戦争は、日本列島を安保条約と米軍基地によって引きずり込んだ。ベト
ナム反戦の波が掩った。
　このように見てくると、「7.1閣議決定」は
　　　　①　離島（例えば尖閣諸島）での武力行使。
　　　　②　「後方支援」名目の戦闘、武力の行使。
　　　　②'　「治安維持」、鎮圧・占領行為による武力行使
　　　　③　先制攻撃によるアメリカの侵略戦争への共犯・加担戦争
ということが分かる。
　これは、憲法前文にいう「政府の行為による」「再び」の「戦争の惨禍」であり、「恒
久の平和」と「平和の維持」の破壊である。
　それは、国民が「ひとしく恐怖と欠乏から免れ、平和のうちに生存する権利」を全面
的に破壊する。
　「7.1閣議決定」は日本国憲法前文に真っ向から違反する。
　当決定（文書）は「自国の主権」（同）の放棄である。
　当決定（文書）は**「排除」**（同前文）される。

　　　　　　　　　　　　41

３．「7.1閣議決定」は、憲法９条に違反する

憲法９条はいう。

「日本国民は、正義と秩序を基調とする国際平和を誠実に希求し、国権の発動たる戦争と、武力による威嚇又は武力の行使は、国際紛争を解決する手段としては、永久にこれを放棄する。

　２、前項の目的を達するため、陸海空軍その他の戦力は、これを保持しない。国の交戦権は、これを認めない。」

　上記２で見た内容は、この９条の規定について、すべてにわたって反している。

　これを「９条（憲法）の枠」とするのは詭弁であり、欺瞞である。憲法と主権者国民の冒涜である。

　「7.1閣議決定」は、戦争法クーデターである。法案と一体で論じた。

　「7.1閣議決定」は、戦争法（法制整備）を前提とし、事実その実行を企図して展開されているので、この両者を一体のものとして論じた。

　戦争法は体系的なものであり、秘密保護法、国家安全保障会議、武器禁輸三原則の解禁、消費税・年金改悪、労働法制、辺野古新基地、言論弾圧、「テロとの戦い」、貧困化、教科書統制、日の丸・君が代、大学人文・社会科学への抑圧……などの動きと結びついて出されているので、戦争国家法である。単なる法律ではない。海外で戦争をするだけでもない。国の内外で、国民を動員し、強制する国家—戦争国家の成立を望む戦争国家法である。

　これが平和憲法（**8・15革命**＝敗戦で生まれたところの）への反革命クーデターでなくて何であろうか。平和国家への反革命戦争国家である。その背景と動機については、さらに他で論じたい。

　本日、安倍内閣は、この戦争法を衆院特別委員会で強行採決した。

　国会を轟々たる抗議の波が包んでいる。　以上で論点 2 を終わる。

（2015年７月15日）

第３節　論点３　被告人　安倍晋三の動機と目的　－その思想と背景－

　関連する資料を次に列挙したい。

① **酒井信彦　東大史料編纂所教授**

『月刊日本』　2014年　５月「自衛隊から死者を」

42

『ａｒｃ/18』 2014年10月 堀越千秋「サンショウウオの記」　P.79-80（より孫引き）

② 辺見　庸

「1937 『時間』はなぜ消されたのか」『週刊金曜日』連載中（現在第20回 2015.6.19）、のち『1937』「金曜日」2015年10月発行

「記憶の無記憶化」　5月29日　P.38

「不当な侵略戦争」　「帝国主義戦争」　6月19日　P.38

「"朝鮮人はダメだ"」　6月5日　P.38

「刺殺訓練」　　　　5月22日　P.36

「"中国人は程度が低い、今も同じだ"」　5月22日　P.37

「戦争の時間はまだドロリ残っている」　　5月22日　P.38

③ 加藤陽子

『シリーズ日本近現代史10』 2010年3月　岩波新書

「日中戦争は"討匪戦"である"」（第1次近衛内閣　昭和史研究会　1938年6月）P.126

「満蒙は日本の"特殊権益"だ」　　　　P.128

④ 安倍晋三首相

2015年 1月　「テロとの戦い」「人命第一」

2015年 6月19日（金）　衆議院安保法制特別委員会

「1972年の政府見解より 新しいものを出さないのは責任放棄だ」……憲法無視の姿勢

⑤ 香田洋二　元海上自衛隊司令官

『集団的自衛権入門』 幻冬社新書「2014年7月1日は特筆されるべき日」

「中国冒険主義の脅威」　　　　　P.65

「中国への最大の抑止力」　　　　P.69

⑥ 山崎　拓　元自民党幹事長

「中国にＡＳＥＡＮがおびえているので、自衛隊を外交ツールとして海外に利用したい。

だれも出来なかったことを自分がやり、実績にしたい。」

「アメリカの警察犬が今度はピストルを持って世界を回ろうというもの。世界中に自衛隊を出して武力行使させる。もちろん違憲だ。武力行使、交戦権になる。あまり論じられていない。」

「我が国は9条で集団的自衛権は行使できない。それは不動のものだ。」

「中曽根首相は明確に答弁した。DNAだ。」

「戦後70年、平和に徹したことを誇るべき。戦争やれる防衛政策への転換には断固反対だ。」

「イスラム国で来てくれで兵站になる。イスラム国は必ず襲う。」

「総力戦で日本の軍国主義化を防ごう。みなさんも平和国家を守ろう。今の日本が積極的平和主義だ。」（大拍手）　　　　2015年6月12日　連合会館　講演会。（後述）

⑦　小林　節　慶応大名誉教授

「自衛隊を米国の第2軍として世界に出そうとしている。」「違憲だ。廃案に。」

2015年4月25日　講演会（川崎）

2015年6月4日　衆議院　憲法審査会

2015年6月12日　連合会館での講演（前掲⑥と同一会場）

2015年6月15日　記者会見

⑧　満州事変～日中戦争の口実（石原莞爾など）

居留民の保護。　帝国の自衛。　討匪。（前出）

満蒙は日本の生命線……ホルムズ海峡

⑨　安倍晋三首相と自民党議員

「日本の平和は、自衛隊と安保で保たれた。」　2015年5月15日　記者会見

平和の最大の保障、憲法は存在しない！？

「我が軍は」発言、「日本は世界の中心」

「八紘一宇」（三原じゅん子参議院議員）　　2015年1月～2月（衆・参議院）

（2015年6月22日（日））

第4節　論点4　戦争挑発罪、戦争誘導罪、私戦予備罪

◇ここで、山崎　拓氏（1）および伊勢崎賢治氏（2）の所説を確認したい。

（1）山崎　拓　元自民党幹事長（再）

「この法案（安全保障法案）には反対だ。　私は戦争体験をした。戦後70年、日本が平和に徹したことを誇るべきだ。この戦争をやれる防衛政策への転換には断固反対だ。」

「今の内閣は官僚支配内閣になっている。憲政を行う機能を失っている。この2年間で安倍政権の権力が確立された。自民党員はひれ伏している。　何でもかんでも年来の宿願を果たそうとして、11本の法案をここにおしこめている。集団的自衛権にふみこみ、誰もできなかったことを自分がやり、実績にしたい。

　この機会に自衛隊を海外に出し、外交のツールとして利用したいという外務官僚の宿願を果たす。まことに危険だ。」

「中国の軍事力の膨張でASEANがおびえきっている。外交のツールとして自衛隊を使いたい。アメリカも老朽化で足元がふらついてきた。警察犬が欲しい。ひきまわす。

アメリカに叱られたが、今度はピストルを持って「犬」ではなくなった。一緒に世界中をまわろう、というものだ。あまり論じられてない。」

「世界中に自衛隊を出して、武力行使させる。もちろん違憲だ。　武力行使し、交戦権となるからダメだ、といっている。」

「イスラム国で、アメリカが来てくれとの時、自衛隊が兵站をやれば、必ず襲われる。」「今までは自衛防御。任務遂行、"かけつけ"は武力行使になる。今まではやめてきた、そういうやり方はよくない。一本一本で、丁寧にやるべきだ。」

「集団的自衛権は、主権国家の権利だが、我が国は9条で行使できない。中曽根首相は明確に答弁した。　それがDNAとして入っている。」

「自民党は平目になっている。民主党しっかりして欲しい。　ASEANで岡田党首の会談あった。民主党も頼りにして、安保政策のこの大転換を止めていかねばならない。マスコミも努力すべきだ。総力戦で日本の軍国主義化を防がねばならない。みなさんも平和国家を守ろう。　今の日本が積極的平和主義だ [1]。」（大拍手）

（2）伊勢崎賢治　東京外国語大学教授

「国連が戦争をする時代になった。ルアンダで100万人が虐殺された。1994年だ。日本は、中立非武装のPKOの監視団が一番良い。国連は戦争したくない。「集団的自衛権」をいうのは日本だけだ。

テロとの戦い、ソマリアなどグローバル・コモンズ（地球益）の考え方になっている（世界は）。アメリカの喧嘩についてゆく、ということだ。しかしアメリカもグローバル・コモンズを考えている。日本は時代遅れだ。」

「なぜか。中国に負けたくないだけだ。一部の政治家とネトウヨ、にこれが増幅している。『尖閣』もある。

中国は軍事的脅威か。領土侵攻はさばけない。それに対して軍事力を使うのではなく、国際法がある。

日本はポツダム敵国。五大国・中国が上だ。中国は武力行使しない。侵略はしない。先に日本に侵略させる。日本の軍事力行使を待っている。シームレスに対応してはいけない。君臨しているのは中国だ。」

「目からうろこです。」（キャスター　吉田てるみ [2]）

註（1）2015 年 6 月 12 日（金）　連合会館における山崎拓氏講演（早野透との対談）（前出）
註（2）2015 年 7 月 13 日（月）　ラジオ文化放送における伊勢崎賢治氏のインタビュー

つづいて、**古賀茂明 元経産省官僚**の発言を引用したい。
「イスラム国が、後藤健二さんらを人質にした、なぜ起きたか。イラク戦争で多くの

市民や子どもの命を奪った。その報復だ。安倍さんは後藤さんたち人質の解決もできず、それを隠したまま、カイロ、ヨルダン、イスラエル迄行って、『イスラム国と戦う国々に2億ドル（260億円）を支援する』といって相手を刺激した。

　日本は『空爆しているアメリカと同じだ』と言ったも同じだ。これではまるで宣戦布告だ、それでこの事件は起きた。

　日本は平和憲法の国だ、どの国とも平和にやってきた、イスラム国を敵としたことはない、安倍さんは逆を云った。

　我々は、アイ　アム　ノット　安倍　だ。

　憲法が原点だ。日本人はもう一度そこへ立ち返り、世界にアピールすべきだ⁽³⁾。」

註（3）テレビ朝日「報道ステーション」2015年1月23日（金）
　　　　のち原告人となった長坂伝八は、翌1月24日(土)当番組古舘伊知郎に賛成のファックスを送った。

　◇「宿願の集団的自衛権にふみこみ、アメリカと一緒になって世界中に自衛隊を出して武力行使させる、交戦権（の発動）となる。違憲だ。」（山崎拓氏）は戦争誘導罪である。

　山崎拓氏は、小泉純一郎内閣の自民党幹事長として、アーミテージの要請（イラク戦争に自衛隊を出すように、「ショウ　ザ　フラッグ」のこと）を、**日本には9条があるとして断った**。イラク特措法をつくり対処した、と述べている。（東京新聞　2015年4月25日）

　「中国は軍事的脅威か！中国は武力行使しない、侵略しない、先に日本に侵略させる。日本の軍事力行使を待っている。　シームレスに対応してはいけない。」「君臨しているのは中国だ。」（伊勢崎賢治氏）。

　集団的自衛権を強行すれば、これは戦争挑発罪である。

　「**日本は憲法を原点にして**、平和のアピールをすべきなのに、安倍さんはイスラム国に宣戦布告した。平和憲法と逆のことをやった（古賀茂明氏）のは、違憲である。2億ドル（260億円）は、国民と国会の了解を得たのか？

　集団的自衛権の違憲行使で起こす戦争は、国家の正当な戦争でなく、憲法違反であるから、私戦である。

　安倍晋三は、それを可能にする（した）者として私戦予備罪で罰せられるべきである。

　上記、戦争誘導罪、戦争挑発罪も、新たな法概念として安倍晋三は同様に受けるべきである。

（2015年7月16日（木））

第5節　まとめ　安倍首相と「平和」

　安倍晋三首相は、好んで「積極的平和主義」「抑止力」の用語を多用する。

　安倍における「平和」とは何か。

　かつてヒトラーは、「欧亜の平和」をかかげ（1939年1月15日　東京朝日新聞）、その年9月ポーランドに侵攻し、第二次世界大戦を起こした。

　安倍における「抑止」とは何か。

　それは相手を「抑え」ることである。かつて日本帝国主義は、日韓併合時における朝鮮民衆の「義兵闘争」を鎮圧したように、**「討匪戦争」**として満州事変〜日中戦争を「宣戦布告」のないまま進めた。

　日本の朝鮮・中国大陸への植民地化、侵略戦争は正義であり、それへの抵抗は制圧の対象でしかなかった（匪賊）。朝鮮・中国の民族自決権を認める近代性を持ち合わせておらず、近隣同胞の人権を尊重する思想はなかった。この骨の髄までしみこんだ日本帝国主義の体質・論理は、明治維新以来の歴史を背景にした絶対主義的天皇制下の軍事的・半封建的性格と結びついて、15年戦争、アジア・太平洋戦争のおびただしい犠牲をアジアと日本に強いた。

　世界、アジア、日本国内の反戦・反ファシズム・民主主義の力が、日独伊ファシズム3国を破り、日本は8.15無条件降伏をし、今日の日本国憲法を生み出した。　かつての上掲「匪賊」思想の奥深くに潜む、近隣アジア人への蔑視思想が、なお安倍晋三首相らの内にDNAとして存在していないか。

　国会論戦を通じ、国民的規模で、完膚なきまでに憲法違反が明白となった戦争法（「集団的自衛権」のみでない＝前述）で、その「自衛」のために、安倍晋三が最後のよりどころにしている中国脅威論は、以上みた「討匪戦争」＝15年戦争を正当化する論理のきわめて単純な再生産ではないのか。

　アメリカへの従属が、今日では安倍晋三にとって第一義的でなく、利用すべき二義的なものになっている。安倍晋三の異常な執念の背景を、主権者は見抜くだろう。

　安倍晋三の政治理念、行動の動機に、もはや日本国憲法は存在していない。　天を圧する憲法違反の抗議と批判は、安倍の脳髄には理解不能である。

　安倍晋三は、そのものが違憲的存在であり、政治担当者の能力を失している。打倒あるのみである。

　憲法以前の、前近代的な、立憲政治の最も後方にある、憲法外の「政治家」である。デマゴーグである。

　日本国民と日本国憲法は、これを克服する。

　安倍晋三においては、外的論理（アメリカ）と内的論理（戦前日本）の結節点に自己を置き、**日本の近・現代史の到達—日本国憲法の原理と論理を解体・破壊し、その廃墟**

の上に戦争国家を出現させる「革命」（反革命）を果たそうとしている。

　私たち主権者国民は、**市民革命**（8・15革命）としての日本国憲法の名において、その時代錯誤の妄動・妄想を許さない。歴史は進む。アジアと世界の平和を――。

（2015年7月16日）

終　章
憲法を、憲法へ　―展望にかえて―

目次　　　　　　　　　　　　　　　　　　　　　　　　　　　　　ページ
1、違憲判決を ……………………………………………………………… 48
2、「7.1閣議決定」は戦争宣言 ………………………………………… 49
3、地球を包む平和の声　－　日本国民の波 ………………………… 49
　［1］　安倍談話　－　歴史に耐えぬもの ………………………… 49
　［2］　日本を戦争にひきづりこむもの ……………………………… 50
　［3］　平和と歴史と未来をつくるもの　－　憲法を、憲法へ …… 52

1．違憲判決を

　日本国憲法下の裁判では、国民の具体的な実害―権利義務への影響がなければ違憲訴訟は成立しないとするのが一般的である。

　しかし、私たち原告人は、**日本国憲法**

　第32条　何人も、裁判所において裁判を受ける権利を奪われない、および

　第81条　最高裁判所は、一切の法律、命令、規則又は処分が憲法に適合するかしないかを決定する権限を有する終審裁判所である

に依って、私たちの本件訴訟ならびに本訴状は、正当かつ適法であると考える。これは主権者の権利である。上記のように、日本国憲法は、国民・主権者の裁判権および違憲審査権（司法の）について、きわめて積極的である。この規定・法理を執行するにあたって、アメリカ型（具体的実害）とドイツ型（抽象的法規範）に分けて、日本はどちらであるか、とする議論（前出）は無意味である。大事なことは、対象となるテーマが憲法に合致するか、違反するかにつきる、ということである。

　私たちは、「7.1閣議決定」は憲法前文および9条（など）に反する。したがって裁判所（司法）はこれを**憲法違反であると宣言し、確認すること**、をあらためて主張する次第である。

2．「7.1閣議決定」は戦争宣言

「7.1閣議決定」は、日本がこれをもって国家として戦争を行うこと、そのために国権を発動することを宣言した。「武力行使」は、即ち戦争、交戦である。

法律ができ、国民の間に死者や犠牲、権利侵害が発生するまで訴訟を俟て、もしくはできない、とするのは、憲法を弄び、主権者をないがしろにするものである。

不戦の日本国憲法に対して、戦争発動表明をしたその瞬間に、日本国政府および内閣総理大臣安倍晋三は、**反乱者**として裁かれる。**平和憲法への反革命者**として指弾される。

日本の司法は、憲法と平和を擁護するために、安倍晋三の権力乱用を阻止する義務と使命を有している。憲法と主権者・日本国民は、そのことを裁判所に命ずる。

安倍晋三は、日本国民の生活と生命・安全、幸福を毀損する**最大の脅威**となった。

ドイツ憲法（共和国基本法）は、「侵略戦争」の「準備」を「違憲」とし「処罰されなければならない」（26条）としている。

3．地球を包む平和の声　−　日本国民の波

この間、日本と世界の平和において看過できないことがおきている。

［1］　安倍談話　−　歴史に耐えぬもの

1つは安倍晋三首相の「戦後70年談話」である。

そこでは、

第1に、日清・日露戦争につき、これを正当化した。

第2に、朝鮮・中国の隣人およびアジアの人々に対して、その植民地支配と侵略戦争、軍事占領およびあらゆる戦争犯罪につき、謝罪と反省を拒否した。歴史の事実から逃げた。

第3に、後世の日本人が、上記の件で「おわび」することを否定することによって、歴代首相の「反省とおわび」を受け入れることを拒絶した。

第4に、戦後の日本の平和の持続（全面的な平和ではないが）を支えた根底が日本国平和憲法・9条であることを黙殺した。

以上である。

その立場は、本件「7.1閣議決定」による日本戦争（国家）発動宣言の路線上にある。

普遍的価値を口にする安倍晋三は、**日本国憲法の厳粛・深遠な価値が分かっていない**。

日本国憲法・9条こそが、日本の生命である。安倍晋三は、**平和憲法を恐れよ。その前にひれ伏せ**。

49

［2］　日本を戦争にひきづりこむもの

　２つめは、今国会で明きらかにされた自衛隊の２つの内部文書である。

　その１つは、昨年12月、自衛隊統合幕僚長と米軍統合参謀本部議長らの会談に関する記録（機密文書）[(1)]。

　今一つは、本年（2015年）５月、自衛隊内の「日米ガイドラインと安全保障法」に関する文書（同[(2)]）。

　前者は、両者（日米）が戦争法、辺野古新基地、ジブチ自衛隊（基地）について協議し、後者は、米日「軍軍」間の「調整所」と称する共同司令部の設置についての極秘計画である。日米共同の軍事行動における自衛隊の前面化とその事実上の戦争指導機関設置の動きである[(3)]。戦争の判断は、政府でなく、ここである。

　このことは、米軍ヘリコプターＭＨ60Ｍブラックホークの墜落（2015年８月12日、沖縄）で明かるみに出た、イラクなどを想定した日米合同の特殊部隊共同訓練の進行と無関係ではない[(4)]。

　安倍内閣は、国会と国民から隠蔽された、このような危険な戦争準備行動を把握し、抑止することができず、その軍事的圧力にせかされて戦争法を急いでいる。政府は憲法にもとづき、これを**防止**せよ。平和と国民の側にたて。

　かつて戦前の日本が、「関東軍」の謀略軍事・侵略行動によって満州事変〜日中戦争と軍国主義化・ファシズム化にひきづりこまれ、破滅的侵略戦争へつき進んだことに酷似して、今米日「軍軍」が戦争国家化への**地獄の門**をこじ開けようとしている[(5)]。

　その全過程が、平和憲法に反するものである。この重大事態を許してはならない。政治が軍事にひれ伏している。日本の裁判所は、我が平和国家を構成する３つの権力（三権）の一つとして、憲法９条にもとづきこの動きを**断罪**すべきである。黙認は同罪である。

　闇で蠢く準戦争行動を白日の下にさらけ出した（ている）関係者の勇気を称えたい。全力で応援したい。

　本稿執筆中に、またあらたな事実が出た。自衛隊が米軍他と合同で、「敵基地征圧訓練」を行っている[(6)]。軍事が政治に「早くせよ」と圧力をかけている。米日合同4000人以上の上陸作戦演習を行い[(7)]、アーミテージは「９条はバリケードで障害だ」と脅している[(8)]。

　日米共同軍事訓練は**違憲**である。

　米日軍「軍」は、日本に**軍主政従**をつくろうとしている。

　註（１）「しんぶん赤旗」　2015年９月13日（木）（３面）
　註（２）「　同　日曜版」　同年８月23日号（１面）
　註（３）「しんぶん赤旗」　同年９月４日（金）（３面）纐纈厚山口大学教授

87

「　同　日曜版」　同年 8 月30日号（ 5 面）軍事評論家　前田哲男。

註（ 4 ）　註（ 2 ）に同じ。元外務省国際局長　孫崎享（ 1 面）。

註（ 5 ）『週刊金曜日』2015年 8 月21日1052号。成沢宗男「自衛隊はジブチで何を
しようとしているか」P14-15。

井上清「満州侵略」『岩波講座20近代 7 』岩波書店。1976年、P120．

註（ 6 ）2015年 9 月 7 日（月）「しんぶん赤旗」（ 1 、15面）。

本年（2015年） 7 月27日〜 8 月28日の 1 ヶ月間、アメリカ・アラスカ州
米軍基地における米、英、日、韓など 7 ヶ国による「事実上の集団的自衛
権行使の軍事作戦」。この自衛隊第一空挺団はすでにイラク派兵やジブチ
で「“対テロ戦争”の先端を担ってい」る。ジブチをいつ、我々が認めた
のか。

私たちは、「敵基地征圧」に重大な注意を払う。日本帝国主義は日中戦
争が全面化した1939年 5 月〜 6 月、中国に対して「大空襲」（重慶）、「撃
滅」、「兵站基地の完成」（朝鮮）、「 1 万 4 千殲滅」（岳州南方）、「急襲」、
「掃蕩」「潰滅」、「奇襲」を行い、「制圧」、「占領」して「治安確保」し、
ついには「平和の姿」をもたらし「市政府（汕頭）に日章旗」を掲げたこ
とを、当時の「東京朝日新聞」が連日報じている（「東京朝日新聞縮刷版」。
1939（昭和14）年 5 月〜 6 月より）。

中曽根康弘元首相は、「対華21ヶ条要求」以降の日本の軍事行動は中国・
東南アジアへの「**侵略戦争であった**」と認めた（2015年 8 月12日　読売新
聞、『中央公論』2015．9 ）。

ブッシュ、安倍晋三の“テロとの戦い（戦争）”における「敵基地征圧」
と今みた戦前日本の中国侵略戦争における「制圧」、「占領」にちがいはあ
るのか。

安倍晋三が70年（戦後）談話で、反省と謝罪ができず、国会の追及で「ポ
ツダム宣言」についての答弁を回避したのはなぜか。説明すべきである。

日本帝国主義は、侵略者として中国（と朝鮮、アジアの民衆）に対して
「掃蕩」しただけではない。民族の自由と尊厳をかけて闘う（戦う）人々
に対して、これを匪賊とよび討伐する「討匪戦争」を企てた（前述）。し
かのみならず「断固、膺懲」を呼号し（1939年 6 月28日、「満州国政府」
声明。同日付「東京朝日新聞」（先掲））、日本の子どもに当時「断固、膺
懲」と歌わせた（義兄より聞き取り）。

近衛文麿首相は、日中戦争開始直後の1937年（昭和12年） 9 月 5 日、第
72議会で施政演説を行い、「抗日の気勢」をあげる中国（支那）に対して
「其の反省を求むる」ため「徹底的打撃を加」え、彼らをして「戦意を喪

失さ」せ、「東洋平和確立の大使命を達成」する、と述べた（『史料日本近現代史Ⅱ』三省堂、P．200〜P．201．1985年）。

松岡洋右外相は、「日満支をその一環とする大東亜共栄圏」と「世界平和の樹立」を説き（1940（昭和15）年8月1日、『史料による近代日本の歩み』吉川弘文館、1951年発行P．233）、南次郎植民地朝鮮総督は、「八紘一宇」「満州国の発展」「大東亜共栄圏の確立」を述べた（1942（昭和17）年1月20日「時局と内鮮一体」。先掲『史料日本近現代史Ⅱ』、P．209）。

「ポツダム宣言」は、これらの日本の侵略戦争を「世界征服の挙にいずる過誤」とした。日本はこれを全面受諾し無条件降伏した。日本は不戦を世界に誓い、日本国憲法を生み出した。

村山富市・小泉純一郎ら歴代首相と今日の中曽根康弘はこれを受け入れた。日本帝国主義の植民地支配と侵略の事実を認め（前述）、その思想と論理を**否定**した。**アベはこれを否定していない。**

それは、日本の政治の責任である。

安倍晋三は、その歴史的責務を果たさず、逃げている。

逆に、その肯定と復権のために政治的使命を果たそうとしている。「美しい日本」、「日本をとりもどそう」と。

しかし、世界史は、安倍の反歴史的で反動・逆行的で構造的な言動を許さない。

8．30デモに示された日本国民の意志の明瞭さは、何人も消すことはできない。

戦争法を廃止し、安倍は首相を退くべきである。

進歩・成長している日本国民の宰相は務まらない。

（以上　註（6））

註（7） 2015年9月6日（日）　NHK午後7時のニュース

米カリフォルニア州にて、2015年8月31日〜9月9日の10日間実施。米海兵隊が中心。3年後には"海兵隊"が日本にも！？勝手に日米軍「軍」が海外侵略戦争国家へ！？

加えて9月7日（月）NHKテレビ・ラジオは、「後方支援」演習（！）を伝えた。

註（8） 2015年9月6日（日）　午前8時「サンデーモーニング」。当番組は「第3次アーミテージ・ナイ報告」（2012年）にも言及している。

［3］　平和と歴史と未来をつくるもの　─　憲法を、憲法へ

3つめは、8・30国会デモにみる国民の声である。

52

　8月30日（日）雨の日、国会は12万人の人で埋めつくされ、全国300ヶ所以上で、「戦争法案廃案！安倍政権退陣！国会10万人・全国100万人大行動」がくり広げられた⁽⁹⁾。

　次は、注目される若者・学生代表の訴えの一部である。

　「大阪からきました。私たちはいま、こみ挙げてくる怒りや衝動を肉体的な暴力や一時的な快楽でごまかすのでなく、言葉と不断の努力に変えて、ここに集まっています。

　安倍首相。私たちの声が聞こえていますか。この国の主権者の声が聞こえていますか。自由と民主主義を求めるひとたちの声が聞こえていますか。人の命を奪う権利を持つことを拒否する人間の声が聞こえていますか。

　イラクでの米軍の無差別殺人は**戦争犯罪**です。この法案が通ることによって、こういった殺人に日本が積極的に関与していく事になるのではないかと、本当にいてもたってもいられない思いです。」

　「**すべての命には絶対的な価値があり、私はそれを奪う権利も、奪うことを許す権利ももっていません。**なぜなら、いくら科学技術が発達しても、私たちは死んだ命を生き返らせることはできないし、奪った命を元にもどすことはできないからです。」

　「この法案を許すことは、私にとって自分が責任のとれないことを許す、ということです。それだけは絶対にできません。**私はこの国の主権者であり、この国の進む道に責任を負っている人間の一人だからです。**

　70年前、原爆で、空襲で、ガマの中で、あるいは遠い国で、失われていったかけがえのない命を取りもどすことができないように、私はこの法案を認めることによって、これから失われるであろう命に対して責任を負えません。

　私の払った税金が弾薬の提供のために使われ、遠い国の子どもたちが傷つくのだけは絶対に止めたい。

　人の命を救いたいと自衛隊にはいった友人が、国防にすらならないことのために犬死にするような法案を絶対に止めたい。

　国家の名のもとに人の命が消費されるような未来を絶対に止めたい。やられたらやるぞと威嚇するのではなく、そもそも**敵をつくらない**努力をあきらめない国でいたい。**平和憲法に根ざした新しい安全保障のあり方を示し続ける国でありたい。**

　私は、この国に生きる人たちの良識ある判断を信じています。国民の力をもってすれば戦争法案は絶対にとめることができる、と信じます。

　いつの日か、ここから、今日、一見、絶望的な状況から始まったこの国の民主主義が、人間の尊厳のために立ち上がるすべての人々を勇気づけ、**世界的な戦争放棄**にむけてのうねりになることを信じ、2015年8月30日、私は戦争法案に反対します⁽¹⁰⁾。」

　　註（9）新聞各紙、テレビ各局報道

註（10）「しんぶん赤旗」　2015年９月３日（木）（３面）

　この文章は、日本国民すべての人が読んでよい宝物です。

　安倍首相も、すべての政治家も、裁判官も、大学教授も、記者も医者も弁護士も、商店主も町工場の社長も、職人も農家も漁業者も、パイロットも船乗りも、スポーツ選手も芸能人も役者も芸術家も、学校の教師も学生も、高校生・小学生・子どもも、若い母親も婦人も、サラリーマンも労働者も。職場からまちかどから村々まで、すべての人が読み、討論し、語り合いたい著作です。

　2015年。日本は今、新しい時代を迎えている。戦前・戦後の百数十年の近現代史は、戦争を経て平和と国民主権の大きなうねりを生み出した。

　日本国憲法が息吹き、腰を上げ、大空に向かって明るく雄々しく希望に満ちて、鬨の声をあげている。地球を走り、覆うだろう。

　主権者革命の巨大な前進が再びはじまった。永続革命として。市民社会の形成として。

　戦争法粉砕、憲法擁護、安倍打倒の国民戦線と国民運動に、私たちは法廷闘争をもって参加する。

　戦争法・戦争国家法を決めた「7.1閣議決定」と安倍晋三（首相）は、裁かれるべきである。

　もう一度。発言者寺田ともかさんは、「**平和憲法に根ざした新しい安全保障**」と「**世界的な戦争放棄**」を提起している。

　たとえば９月３日（火）中国は、「反ファシズム戦争・抗日戦争勝利70周年記念式典」を行ったが、日本のテレビは完全に「反ファシズム」を欠落（改竄）して不正確で恣意的な報道をしている。菅官房長官などは冷静さを欠いた非友好的態度をとった。敵視・反中国宣伝である。

　かつて提起された「東アジア平和共同体」構想を真剣に追求すべきだ。これこそ求められている。

　百年も時代おくれの戦争法などは、他の重要な国民生活や政治課題から目をそらし、悪政への不満をすりかえるものであり、１日３億円の税金のムダ使いをするもの（国会審議）である。

　そんなことをやっているときではない。不要物である。

　「**平和憲法に根ざした世界的な戦争放棄**」－この日本の若者の輝く未来への提言を全身全霊をもって受けとめようではないか。

　裁判所におかれましては、天晴れなる裁決を願う次第であります。

　―憲法を、憲法へ。平和を。戦後70年を支えたもの。

（2015年９月５日（土）～９月10日（木））

あとがき

　本訴状は、2015年3月より執筆を開始した。各末尾に月日を記すこととしたが、以下に示しておきたい。

本訴状　第1　請求の趣旨	2017年4月執筆（以下、同じ）
第2　請求の原因	
序章	2016年9月
序章追加　―その1―～―その3―	2016年11月～2017年4月
第1章	2015年3月
第2章　総論	2015年6月
第3章　各論　第1節～第5節	2015年4月～2015年7月
終章　1～3	2015年9月
あとがき	2017年4月
〈付〉	同

　本訴状は、上記のとおり執筆に2年余を費やした。

　この間、珍道世直さんをはじめ、友人・木村匡志、稲田恭明さん、福田玲三さん、川村茂樹さんら、各氏の協力と援助をいただいた。とりわけ本訴状作成にあたっては坂田明さん（故人・仮名）、佐藤秀裕さんと一ツ橋の人々には特段のご尽力を得た。本訴状作成に際して、広渡清吾東京大学名誉教授、小林節慶応大学名誉教授、吉田裕一橋大学教授のご教示、ご指導をいただいた。また多くの学者・文化人の知見に助けられた。あしかけ3年に及ぶ私たちの研究会があった。栗田禎子千葉大学教授、小西洋之参議院議員にご講演いただいた。妻 長坂陽子の支えがあった。記して、これらの人々に心より感謝申し上げたい。

2017.4.19（火）

　〈付〉本訴状をあらためて読み返してみると、多少の重複に気づくが、各時期の原告人の認識が示されており、このことを尊重したいので必要な字句修正以外は、ほとんどそのままの文章にした。やや自由な形式で率直に述べた。序章は最近の問題意識を開陳し、第1章～終章を本論とした。

　裁判所におかれましては、以上のところをご理解いただければ幸いに思います。

以上
2017.4.30（日）

証 拠 方 法

1. 甲1号証

   昭和47年10月5日 起案
   昭和47年10月7日 決裁
   参議院 決算委員会 要求資料
   　　内閣法制局
   　　昭和47年 10月14日
   「集団的自衛権と憲法との関係」
   B5. 9枚

2. 甲2号証
   「安保法制 特別委員会 の 強行採決が 不存在であること
   等について 」
   　　2015年 10月6日
   　　平和安全法制 特別委員会委員
   　　参議院議員 小西洋之

   附属書類

1. 訴状副本　　　　　1 通

2. 甲1ないし2号証（写し）　2通

　　　　　　　　　　　　　　以上

証拠説明書

1. 証拠方法 甲1号証 について

有名な 昭和47年（1972年）政府見解 の 原本コピーである。

本訴状 第1章. 1. 「安倍晋三内閣総理大臣は. 2014年7月1日. 上記の閣議決定の強行によって従来の政府見解を逸脱し日本国憲法前文および9条に反して…」（27ページ）に 言う「政府見解」である。

同政府見解（内閣法制局見解）は.
「…したがって. 他国に加えられた武力攻撃を阻止することをその内容とするいわゆる集団的自衛権の行使は. 憲法上 許されないといわざるを得ない」
と述べ. 疑問の余地なく、「集団的自衛権」を否定している。

参議院 小西洋之 議員が. 国会論戦で明らかにした。同議員から. その写しが原告人長坂伝八に提供された。

2. 証拠方法 甲2号証 について

本訴状 序章第1節 「2015年9月17日（木）午後4時28分。参議院安保法特別委員会。（中略）憲法41条. 国会法45条. 同50条などに違反する『採決』は無効・不存在である」を 証明する 資料である。（2ページ）

前記 小西洋之 議員より. 原告人長坂伝八が提供を受けた。

以上

1.

昭和四七年10月五日起案	昭和四七年10月七日決裁	主査	早坂

長　官	第　一　部　長	参　事　官
次　長	総　務　主　幹	参　事　官　補

集団的自衛権と憲法との関係について

参議院決算委員会（昭四七・九・一四）から提出要求のあつ

に標記のについて、別紙のようにとりまとめ、これを

同委員会に提出することとしたい。

内閣法制局

御回議を何います。

（備考）

外務省と協議済である。

内閣法制局

95

参議院決算委員会提出資料

昭和五十七年十月日

集団的自衛権と憲法との関係

（答弁案（昭五・九・一〇）における本院議員提出資料）

国際法上、国家は、いわゆる集団的自衛権すなわち、自

国と密接な関係にある外国に対する武力攻撃を、自国が直接

攻撃されていないにもかかわらず、実力をもって阻止する

ことが正当化されるという権利を有しているものとされ

国際連合憲章第五一条、日本国との平和条約

第五条(c)、日本国とアメリカ合衆国との間の相互協力及び安全

保障条約前文並びに日本国とソヴィエト社会主義共和

国との共同宣言3等二段の規定は、いづれも国際法の原則（自

を確認したものと思われる。そして、わが国が、国際法上、（主権）

的自衛権を有していることは、主権国家である以上、当然

といわなければならない。

したがって、政府は、従来から一貫して、わが国が国際法

（つづき）

上集団的自衛権を有していて、国政の発動としてこれを行使することは、憲法の認める自衛の措置の限界をこえるものであって許されないと考えられるからである。

……主権者たる国民に関わる問題を政府が安易に職務の体を保ってしてほしい、と前文にもあるように、全主権の国民が……主権の

……ことを確認し、また「生命、自由及び幸福追求に対する国民の権利については……国政の上で最大の尊重を必要とする」と定めて（13条）……国民が主権の本来として安全を維持してその生命を全うするために自衛の措置をとりうることは、国家固有の……自衛の……

2.　安保法制特別委員会の強行採決が不存在であること等について

2 0 1 5 年 1 0 月 6 日
平和安全法制特別委員会委員
参 議 院 議 員 小 西 洋 之

1．強行採決の違法問題

(1)　鴻池委員長が「人間鎌倉」の中で出席委員の過半数による可決を認定したという国会法第50条違反

・会議録には、「議場騒然、聴取不能」としか記されていない。

・人間鎌倉の中では鴻池委員長が議事進行を読み上げるために、ペンライトが用いられていた。

・鴻池委員長は物理的に完全に人間鎌倉の中に格納されていた状態にあり、かつ、自民党佐藤筆頭理事が人間鎌倉の中からの合図で、委員会席の与党議員に対し起立の合図を身振り手振り等で行っていたことは、鴻池委員長が自らの眼と判断で過半数可決を確認できていないことを示している。

(2)　安保法制に反対の野党議員による表決権が強奪されていたという国会法第50条違反

・野党議員の表決権の行使の確保は、委員長の議事整理権（国会法48条）の前提及びそもそもの目的となる事項である

・突然の採決動議等の提出、その事前からの「人間鎌倉」等の実力行使により、野党議員は鴻池委員長が何の議事をどのように進行しているのか等、議場の中で一体何が起きているのかを把握することさえできなかった。

・安保法制に反対の野党議員は「賛否が明らかでない議員」扱いとなっている

(3)　特別委員会以外の与党議員及び自民党秘書が「人間鎌倉」の実行等、委員会の議事を実力行使で制圧したという国会法第45条違反

(4)　(1)～(3)の違法により17日特別委員会採決は不存在であり、故に、鴻池委員長の18日本会議報告は無効であり、従って19日本会議採決は無効となる。

・採決不存在、あるいは無効の問題は、議院運営委員会が所管

・特定秘密保護法の悪しき例

2．その他の法令違反等の問題

・16日地方公聴会の報告がなされなかったことは、明確な先例280号違反
（地方公聴会の会議録は、参議院規則59、157条により、委員長決定で17日議事録末尾に付記）

・地方公聴会は「法案の審議に資するため」議長承認されており、一議員当たり2万円弱の手当が支払われている。（鴻池委員長、与党・一部野党議員の責任）

以上

平成２９年８月２３日判決言渡　同日原本受領　裁判所書記官

平成２９年（行ウ）第３１号　憲法違反及び無効確認等請求事件

判　　　　　決

川崎市高津区子母口６０

原　　告　　　長　坂　傳　八

東京都千代田区永田町一丁目６番１号

被　　告　　　内閣総理大臣　安倍晋三

主　　　　　文

１　本件訴えを却下する。

２　訴訟費用は原告の負担とする。

事　実　及　び　理　由

第１　請求の趣旨

　　平成２６年７月１日付け「国の存立を全うし，国民を守るための切れ目のない安全保障法制の整備について」と題する閣議決定が憲法前文，９条及び９９条に違反し無効であることを確認する。

第２　事案の概要

　　本件は，原告が，内閣総理大臣である被告に対し，内閣が行った平成２６年７月１日付け「国の存立を全うし，国民を守るための切れ目のない安全保障法制の整備について」と題する閣議決定（以下「本件閣議決定」という。）が憲法前文，９条及び９９条に違反している旨を主張して，本件閣議決定が無効であることの確認を求める事案である。

第３　当裁判所の判断

　　裁判所法３条１項によれば，裁判所が審判の対象とすることができるのは，「法律上の争訟」，すなわち，当事者間の具体的な権利義務ないし法律関係の存否に関する紛争に限られる（最高裁昭和２７年㈠第２３号同年１０月８日大法廷判決・民集６巻９号７８３頁，同平成２年㈠第１９２号同３年４月１９日

1

横浜地方裁判所

第二小法廷判決・民集４５巻４号５１８頁参照）。

　これを本件についてみると，内閣が，その職務を行うのは閣議によるものとされ（内閣法４条１項），内閣総理大臣は，閣議にかけて決定した方針に基づいて行政各部を指揮監督するとされていること（同６条）に照らせば，閣議決定は，合議制の行政機関である内閣の意思決定であって，それ自体が直ちに国民の具体的な権利義務ないし法律関係を形成し，又は確定する効力を有するものではないというべきである。この点，原告は，過去の歴史的事実に鑑みれば，閣議決定は，「国家意思の決定」であって，「命令」，「処分」（憲法８１条）及び「国務に関するその他の行為」（同９８条）に該当する旨を主張するが，前記判示によれば，独自の見解にすぎないというほかないから，上記主張を採用することはできない。なお，原告は，本件閣議決定は，離島での武力行使，後方支援名目での戦闘・武力の行使，治安維持，鎮圧・占領行為による武力行使，先制攻撃による米国の侵略戦争への共犯・加担戦争を内容とするものであって，国権を発動して国家として戦争を行うことを宣言したものである旨も主張するが，本件閣議決定は，政府として，「国民の命と平和な暮らしを守り抜くために必要な国内法制を速やかに整備することとする。」，「国民の命と平和な暮らしを守り抜くために，あらゆる事態に切れ目のない対応を可能とする法案の作成作業を開始することとし，十分な検討を行い，準備ができ次第，国会に提出し，国会における御審議を頂くこととする。」というものであって，安全保障法制の整備に関して内閣の意思を決定したものにすぎないことが明らかであり，それ自体が外部に効力を及ぼし，原告の具体的な権利義務ないし法律関係に影響を及ぼすものではないというべきである。

　以上によれば，本件訴えは，ある事実行為が抽象的に無効であることの確認を求めるものにすぎず，当事者間の具体的な権利義務ないし法律関係の存否に関する紛争に当たらないことが明らかであるから，「法律上の争訟」に

2

横 浜 地 方 裁 判 所

該当しないというべきである。

　また，国民が，具体的な権利義務ないし法律関係を離れ，国民としての地位に基づいて閣議決定の効力を争う訴えを提起することを認める旨を特に定めた法律も存在しない。

　よって，本件訴えは，不適法であってその不備を補正することができないから，行政事件訴訟法7条，民事訴訟法140条により，口頭弁論を経ないでこれを却下することとし，主文のとおり判決する。

　　　　　横浜地方裁判所第1民事部

　　　　　　　　裁判長裁判官　　大　久　保　　正　　道

　　　　　　　　裁判官　　三　　村　　義　　幸

　　　　　　　　裁判官　　金　　友　　有　理　子

　　　　　　　　　　　　　　横　浜　地　方　裁　判　所

これは正本である。

平成２９年８月２３日

横浜地方裁判所第１民事部

裁判所書記官　藁　谷　恵　美

その2　資料・東京高等裁判所関係

（1）控　訴　状

2017年9月4日

東京高等裁判所　御中

控訴人　長坂傳八

（住所）

控訴人・長坂傳八

〒100-8914　東京都千代田区永田町1丁目6番地1
　　　　　　総理府内閣府内
被控訴人　内閣総理大臣　安倍晋三

　上記当事者間の横浜地方裁判所平成29年（行ウ）第31号憲法違反及び無効確認等請求事件について、平成29年8月23日言い渡された判決は全部不服であるから控訴する。

訴訟額の価額
貼用印紙額　　金9,750円

第1、原判決の表示
　1、本件訴えを却下する。
　2、訴訟費用は原告の負担とする。

第2、控訴の趣旨
　1、安倍晋三内閣が行った2014年7月1日の集団的自衛権に関する閣議決定（「国の存立を全うし、国民を守るための切れ目のない安全保障法制の整備について」、以下「7.1閣議決定」とする）は、日本国憲法前文・同9条・同99条に違反する。
　　よって当該閣議決定（「7.1閣議決定」）の憲法違反判決および無効確認を求める。　原判決をとり消す。
　2、訴訟費用は被控訴人の負担とする。

第3、控訴の理由
　追って主張する。

附属書類
　1、控訴状副本　　1通

（2）東京高裁への控訴理由書

2017年10月17日

東京高等裁判所　御中

控訴人　長坂　傳八

平成29年（行ヌ）第21号
　　　　控訴人　　長坂　傳八
　　　　被控訴人　内閣総理大臣　安倍　晋三

目　次　　　　　　　　　　　　　　　　　　　　　　ページ数

第Ⅰ部　控訴理由（Ⅰ）　原判決（「却下」）のとり消しを
　第1．原判決は無効 ……………………………………………………………… 1
　第2．原判決は憲法違反 ………………………………………………………… 1
　　1．「訴状」は、「法律上の争訟」 …………………………………………… 2
　　（1）「訴状」は「法律上の争訟」である ………………………………… 2
　　（2）最高裁判決（1952（昭和27）年10月8日）は違憲 ……………… 2
　　2．違憲審査権の不行使・不作為は違憲 …………………………………… 3
　　（1）原判決は、**閣議決定空中浮遊論** …………………………………… 3
　　（2）閣議決定空中浮遊論の破綻 ………………………………………… 4
　　（3）政府治外法権論 ……………………………………………………… 7
　　（4）原判決と満州事変・日本国憲法の制定・沖縄問題における閣議決定 … 8
　　　①　1931年9月18日**満州事変の開始**（柳条湖事件）と閣議決定 … 9
　　　②　**日本国憲法制定**と閣議決定 ……………………………………… 10
　　　③　**沖縄問題**と閣議決定 ……………………………………………… 12
　第3．原判決の根拠法はない ………………………………………………… 14
　第4．口頭弁論の回避は違憲 ………………………………………………… 15
　　1．原判決は、憲法82条と民事訴訟法140条に違反する ……………… 15
　　2．違憲訴訟と国民主権 …………………………………………………… 16
　第5．**必要なかった戦争法の発動と「7.1 閣議決定」** ………………… 17
　　1．ジュバ派遣とジュバ**撤退** …………………………………………… 17
　　2．なぜ「ジュバ撤退」がおきたか ……………………………………… 18

ⅰ

　　　3．無力化・不要化した「7.1閣議決定」・戦争法の破棄を ································ 19

第Ⅱ部　控訴理由（Ⅱ）「7.1閣議決定」の違憲判決・無効確認を ··············· 20
第 1 節　日本列島を掩う平和の声・2017夏と 9 条と核兵器禁止条約が世界を
　　　　変える ·· 20
　　　　☆参考、関連資料（第 1 〜 2 節共通） ··· 20
　　　1．画期的な核兵器禁止条約と広島・長崎平和宣言 ······························· 22
　　　2．あの戦争は何だったのか―日本列島を掩う平和の声・2017夏 ········· 22
　　　3．**戦争を否定し、憲法に結集せよ** ··· 24
第 2 節　**戦争挑発「7.1閣議決定」を破棄し、9 条・憲法をもって**
　　　　東アジアの平和にあたれ ··· 25
　　　1．世界とアメリカ ··· 26
　　　2．北朝鮮 ··· 26
　　　3．日本がすべきこと ··· 27
　　　4．アベは平壌へ飛び、日本の裁判所は「7.1閣議決定」違憲判決・
　　　　　無効確認を ··· 29
あとがき ··· 30
　　　　　　　　　　　　　　　　　　　　　　　　　　（完）······ 30*

控訴理由書

2017年10月17日

東京高等裁判所　御中

控訴人　長坂　傳八

平成29年（行ヌ）第21号
　　　控訴人　　長坂　傳八
　　　被控訴人　内閣総理大臣　安倍　晋三

第Ⅰ部　控訴理由（Ⅰ）　原判決（「却下」）のとり消しを

第1．原判決は無効

　原判決は、「事案の概容」の内容に誤りがあり、失当であり、無効である。

　原判決は、「第1　請求の趣旨」で「平成26年7月1日付け『国の存立を全うし、国民を守るための切れ目のない安全保障法制の整備について』と題する閣議決定が憲法前文、9条及び99条に違反し無効であることを確認する」としている。

　原告長坂傳八の2017年6月1日付「訴状」該当箇所は、「当該閣議決定（『7．1閣議決定』）の憲法違反判決および無効確認を求める」としているので、上記「請求の趣旨」はほぼ正確である。

　ところが、標題のように原判決「第2　事案の概容」の内容は、**誤って記述**している。つまり、「本件は、原告が（中略）と題する閣議決定（以下「本件閣議決定」という）が憲法前文、9条及び99条に違反している旨を**主張**して、本件閣議決定が無効であることの**確認**を求める事案である」（傍点は控訴人）とした。

　上記「訴状」は、当該閣議決定（以下、「7．1閣議決定」とする）の憲法違反（**前文・9条・99条**）判決と無効の確認を求めているのであり、「無効」確認のみを求めているのではない。

　したがって、原判決は、原告人長坂傳八の2017年6月1日付「訴状」に対するものでなく、**架空**のものに対してであり、失当かつ無効である。

　原判決のとり消しを求める。

第2．原判決は憲法違反

　原判決「当裁判所の判断」は次の点で**日本国憲法第81条**に違反している。

1．本「訴状」は、「法律上の争訟」

　上記「当裁判所の判断」は、冒頭裁判所法3条1項と最高裁昭和27年（マ）第23号同年10月8日大法廷判決を根拠にして、本件訴えは「法律上の争訴」にあたらないので、却下するとしている。

　この点はすでに訴状p.25～26で原告人の立場を表明している。

（1）本「訴状」は「法律上の争訟」である

　まず、「7.1閣議決定」が、「集団的自衛権」を名目にした自衛隊の無制限海外出動、戦力化、武力発動、戦争行使、戦争国家化を一挙に可能にする「命令」「処分」（**憲法81条**）、「国務に関するその他の行為」（**同98条**）に該当する**国家意志の決定**であり、憲法前文・9条・99条に違反することを、訴状は訴えている。これ**自体**が「法律上の争訟」である。当「判断」は当たらない。

（2）最高裁判決（1952年10月8日）は**違憲**

　次に、最高裁昭和27年10月8日大法廷判決は、訴状（上記）で述べているように、警察予備隊違憲訴訟判決である。それは、事実上憲法81条の違憲審査権を否定する歴史的な違憲の**不当判決**に他ならない。日本の裁判所がこれに隷属している現状こそ問題である。

　原判決は、原告長坂傳八のこの見解に何らの反論をしていない。「過去の歴史的事実」や上記の原告の「主張」を要約していることは率直に評価したい。日本のために裁判所は空虚な判例主義、形式主義、マンネリズムを脱して、国民（原告）と対話してみることを望む。

　ここで、かの「砂川判決」「意見」と「補足意見」の一部を再び紹介したい。（長坂「訴状」P.24～25、「序章追加—その3—」）

　「**高度の政治性**などの理由だけでは、『法の支配』を根本理念とする新憲法が裁判所の本質に内在する**固有の権能**と認めて、特に裁判所に賦与した違憲審査権を**否定する理由**にはならない。多数意見のごとく、国の存立の基礎に重大な関係がある高度の政治性の国家行為に対し違憲審査権を否定することは、国の重大事項と憲法との関係において**憲法を軽視**するものと言わざるを得ない。また、国会や政府の行為によって憲法が侵犯されることのないように配慮した**憲法の精神**にそわないのみならず、憲法76条、99条により特に**憲法擁護の義務**を課せられた**裁判官の職責**を全うするゆえんでもない」（以上、長坂「訴状」「序章追加—その3—提訴前夜—砂川判決と憲法」（P.24）より）。

　※　　出典は1959年12月16日読売新聞（夕）。「米軍基地は、憲法9条違反」の伊達判決を「破棄」した戦後最大の反動判決—田中耕太郎最高裁長官のその日。

「**憲法擁護の義務**」を課せられた裁判官は、違憲審査権を「高度の政治性の国家行為」に対して**行使せよ！**　戦後史と日本国憲法がうんだ**珠玉の思想**である。「7．1閣議決定」は「高度の政治性の国家行為」そのものであることを否定できるか。否、である。

「砂川判決」。1960年安保闘争を恐れて、その前年に日米合作（「訴状」P.25参照）で企んだこの過ちは、上にみた日本人が誇るべき見識を内包していた。

真理は吾らを自由にする。

日本の裁判所は、これに従うべきである。

２．違憲審査権の不行使・不作為は違憲

国家意志の決定としての「7．1閣議決定」に対しての違憲審査権の不行使・不作為は、**憲法81条違反**である。

（１）原判決は、**閣議決定空中浮遊論**

原判決は、内閣法４条１項および同６条を援用し、閣議決定は、「合議制の行政機関である内閣の意志決定」であり、「それ自体が直ちに国民の具体的な権利義務ないし法律関係を形成し、又は確定する効力を有するものではない」としている。

いわば、「閣議決定」は「直ち」に国民生活に影響を**与えることはない**、との理屈である。このことについてもすでに「訴状」で批判した（同P.33、原判決も言及している）。

「閣議決定」なるものは、空中に浮遊している？？？

進歩的見解によれば、「国家意志の決定」は、国権の最高機関たる（憲法41条）国会の立法であり、閣議決定（政府）にその位置を与えるべきではない、とされる。しかしそれは法律論であって現実の政治論、国家論からすれば、「内閣の意志決定」は「国家意志の決定」である。そういう言い方をするなら「国家の政治意志の決定」であり、同義である。問題は、何が国家を動かす契機となるか、だ。内閣の統轄の下にある行政機関の組織は国家行政組織である（「国家行政組織法」第１条）。

原判決は「7．1閣議決定」から、「国内法制を速やかに整備すること」とし「法案の作成作業を開始」し、「国会に提出」し、「国会における御審議を頂くこととす」ると正しく引用している。

その結果、安全保障法制（以下、戦争法）が強行「採決」され、自衛隊に発動（新任務）され、ジュバ（南スーダン）に派遣され、予定変更で帰国した。（後に詳述したい）

「7．1閣議決定」は、国民生活に**重大な影響（効力）を与えた。**

今、北朝鮮と東アジア情勢をめぐり「核戦争の危機」（アントニオ猪木、2017年９月13日（水）記者会見）が指摘され、安倍内閣が「存立危機事態」「米艦防護」で、「7．

3

1閣議決定」の具体化、戦争法発動をスキをみて伺っているときに、"閣議決定空中浮遊論"は平和を守る力にはならない。

　憲法違反の「7.1閣議決定」ではなく、この9条と平和憲法でいかに日本とアジア（世界）を守りぬくかが**日本自身の使命**である。裁判所も憲法擁護義務（前出）をもって、これに参画せねばならない。主権者国民とともに、国家の三権の一翼を担い、政府に迫らねばならない。

（以上、2017年9月14日（木）記）

　閣議決定空中浮遊論は、国家意志（国家の政治意志）の決定たる閣議決定が「外部に効力を及ぼすものではない」とすることによって、国家そのものを**空中浮遊物**にするという、およそ非科学的非現実的なものになっている。

　閣議決定は政府（国家の中枢部分）の意志決定としてあらゆる分野に、それを撤回しない限りは影響を及ぼしている。法律論のようにみせてこれを否定するのは、裁判所が、己れの憲法81条違反をかくすための**詭弁**であることを、以上述べた。

　いつまでもこの謬論に依存することは論理の放棄である。

（2）閣議決定空中浮遊論の破綻

　閣議決定空中浮遊論（上述）＝「本件閣議決定は、それ自体が外部に効力を及ぼし、原告（国民）の具体的な権利義務ないし法律関係に影響を及ぼすものではない」の論＝は、安倍晋三内閣のその乱発によって、根底的に**破綻**している。

　安倍内閣は、閣議決定を**乱発**している。若干の例をあげたい。以下はいずれも閣議決定とその趣旨（ほぼ日付順）

（ア）2015年6月　加計学園で問題になっている国家戦略特区への獣医学部新設の4条件（いわゆる「石破4条件」）

（イ）　6月　安倍首相はポツダム宣言を読んでいる。

（ウ）2016年4月　必要最小限度の核兵器を持つことは憲法に禁止されていない。

（エ）10月　安倍首相の所信表明演説で、海上保安庁や自衛隊への拍手を促したのは「猛省すべき」にあたらない。

（オ）2017年3月　森友学園問題を巡り、「内閣総理大臣夫人」は公人でなく私人である。

（カ）　同　　教育勅語を教材として用いることは、憲法上否定されない。

（キ）4月　森友学園問題で首相夫人付きの政府職員が学園側に情報提供した行為は、職務ではない。提供した文書も行政文書ではない。

（ク）　同　　アドルフ・ヒトラーの「我が闘争」は、校長らの責任と判断として使用できる。

4

（ケ）　　同　　　　新たな学習指導要領に銃剣道を加えたのは国民からの意見を受けたためで、「軍国主義の復活や戦前回帰」ではない。

（コ）　5月　そもそも、という言葉は「基本的に」という意味がある。

（サ）　7月　「原発再稼働」を認めた原子力委の「原子力利用に関する基本的考え方」を「尊重する」。

（シ）　2013年12月　2014～2018年度5年間の「防衛予算」総額を23兆9700億円に決定。この増額の動き（イージス・アショア、グローバルホーク、オスプレイ、ステルスF35など）が問題に。

（ス）　2001年1月　大臣への業者による供応を禁じた「大臣規範」の決定。

※　出典→（ア）は各報道、（イ）～（コ）は「東京」2017年5月16日（火）（24面。以下「面」を除く）、（サ）は「しんぶん赤旗」2017年7月27日（木）（2）、（シ）は「東京」2017年9月5日（火）「社説」、（ス）「東京」2017年7月31日（月）（1）。

　以上の限られた資料から次のことが分かる、若干の言及をしたい。

　安倍晋三（以下、アベと称するときもある）と加計孝太郎の「不道徳な癒着」（韓国最高裁のサムスン・朴前大統領の贈収賄裁判）、「腹心の友」関係の恣意性を浮かび上がらせる（ア）。

　加計学園は、この「4条件」を満たしていない。

　ポツダム宣言を国会で質問され（志位和夫共産党委員長）、要領を得ないアベ答弁の弁護（イ）。

　平和憲法・9条が、核武装を認めているという憲法違反（ウ）。

　国会を利用して自衛隊（憲法違反の存在）を賛美させたアベの擁護（エ）。

　アベ昭恵首相夫人は「公人」ではない？！（オ）

　教育勅語（憲法が否定）を称揚（カ）

　森友学園問題で昭恵夫人秘書（谷美恵子）が籠池泰典理事長に種々の便宜をはかった行為も文書も"勝手にやった"？！（キ）

　アドルフ・ヒトラーの「我が闘争」は教材としてよい（ク）

　学習指導要領に銃剣道（銃剣術―これでかつて人を殺した）を加えたことを指導・改善できずに容認（ケ）

　「そもそも」は「基本的に」と同じ（「元来」ではないのか）……だから何だ（コ）

　福島第一原発の爆発事故の原因・責任・被害救済もできていないのに「原発再稼働」せよ。今、アベはインドへ行き、原発を売りこみ、「アベノミクス」の「成果」にしようとしている（サ）

　現在の北朝鮮核・ミサイル情勢を利用して、北朝鮮敵視と戦争熱、「圧力」、「制裁」

をあおり、対話路線を志向するトランプ政権に数千億円〜1兆円余（＝ここ2、3年で）を提供して大軍拡を進める好戦主義的偏向を進めている。（シ）

アベ―加計の「ごちそうになった」「ごちそうした」（本年5月、アベ国会答弁）の「供応」関係はすでに2001年に決められた「大臣規範」の閣議決定に違反している。（ス）

このようにみてみると、2015年以来（（ス）を除く）日本の政治（政府）史上異常な形で閣議決定をなりふりかまわず行っていることが分かる。

その対象になったテーマは、森友・加計疑惑―（ア）、（オ）、（カ）、（キ）、（コ）、（ス）―6件、戦争法や日本の平和・安全保障政策、憲法に関するもの―（イ）、（ウ）、（エ）、（ク）、（シ）の5件、教育に関するもの―（カ）、（ケ）の2件、原発に関するもの―（サ）の1件に分類できる（（カ）は重複）。

この中には首相アベの便宜をはかる不自然で特異なものもある―（イ）、（エ）、（オ）、（キ）、（コ）、の5件。国民に奉仕すべき政府が、国民の利益に反する首相に奉仕させられている。いや、アベの政治的立場を守るために国家機関たる政府を利用し、隷属させている。これはアベによる政治の利権化である。アベ（勢力）の政治マフィア化というべきであろう。「閣議決定」がそのために麗々しく利用され、道具にされた。政治の壟断である。政治のマフィア化が進行している。日本の政治と国家の危機である。戦後最大の局面といってよい。

とりわけ森友・加計疑惑における国有地8億円の値引き―国有財産と国税（国民）への背任行為、「総理のご意向」による加計学園への便宜にからむアベの国家と行政の私物化を隠蔽するものである。

閣議決定がそのために動員された。（ここではジュバ隠蔽問題は除く）

隣国の朴槿恵前大統領の犯罪をはるかに上まわるアベ不正・疑獄事件をごまかすために行った「閣議決定」は、憲法違反であり、撤回すべきものである。裁判所はその慧眼と威力をもて。法治国家における裁判所の役割が重視されるとき、先の「閣議決定は内閣の意志決定にすぎない」という **"空中浮遊論"** がどれだけ空虚で、無力で、有害であることか。それが、アベ政治マフィア化を許し、**野放し**にしたことを裁判所は知らねばならない。

"閣議決定空中浮遊論" は、例の「統治行為論」と相乗作用をおこして、法治国家とは無縁な、無政府的行為を政府をしていいようにやらせている。

その最たるものが、平和憲法違反の「7.1閣議決定」である。

みられるとおりの数々の無節操で恣意的な政府（閣議）決定がなぜできるのか。政府の行為に対する違憲判断を放棄し、回避した日本の裁判所の無責任が、三権の緊張関係

を救いがたいところまでおとしめている原因である。

　裁判所の憲法判定者としての責任放棄が、政府の腐敗を生み、国会の堕落をつくっている。

　今、必要なことは、日本の三権は徹頭徹尾、**憲法に従え**、である。

　裁判所の"閣議決定空中浮遊論"と「統治行為論」は**廃棄**せねばならない。

　腐敗せるアベ政府によって、裁判所がなめられていることを許すな。

　すべては田中耕太郎最高裁長官からはじまった。

　日本の裁判所は、歴史的な総括をすべきである。

（以上、2017年9月15日（金）記）

　日本の裁判所は、戦後ある時点から（「訴状」P.26）政府の国家行為（警察予備隊設置）への憲法判断を止め、今現在「閣議決定」への憲法審査を軽視し、不作為を行い、現実政治や国民生活からこれを隔絶することで、"空中浮遊論"をつくり上げた。アベ（内閣）は、このことに助けられ、便乗し、上にみたように安易で軽薄な「閣議決定」をくり返した。

　だが、日本の司法は、これを法治国家の対象外とした。

　閣議決定治外法権化の完成である。

（3）　政府治外法権論

　世界のどこにそのような国があろうか。

　この間、戦争法反対、9条（憲法）擁護の国民運動の先頭に立ってきた有力、著名な学者、弁護士たちが、かくて解明された上記の閣議決定治外法権論と正面から戦うことをせず、批判せず、屈服している。そのことが誤てる裁判所と元凶アベを助けている。

　なぜなのか。

　「やっても勝てない」「判例がある」

　これがすべてだ。

　なぜなのか。

　「勝てなければ意味がない」

　そうなのか。

　ものごとを勝ち敗けで決める、ものごとを「結果を出す」ことがすべてとする。勝たなければ、儲からなければ、意味がない、勝つためには、「結果」を出すためには、儲けるためには、何でもする、法や政治や正義の姿がここに歪小化され、目的化される。これは資本の論理そのもの、"新自由主義"の思想そのものである。票数、議席数、支持率、視聴率……そこに本質や真実があるのではない。

　ところで、原告（国民）の「具体的な権利義務ないし法律関係に影響を及ぼさない」とは、具体的に何なのか。

　（ア）～（ス）（先掲）の一つでも、国家の正義を求め（（ア）、（オ）、（キ）、（コ）、（ス））、日本・アジア・世界の平和と安全を希求し（（イ）、（ウ）、（エ）、（ク）、（サ）、（シ））、未来を担う子どものゆたかな教育を願い（（カ）、（ケ））、納税の義務を負う国民の公正な税の支出への要求（（ア）～（ス）すべて）をする**主権者**の「**不断の努力**」という崇高な「**権利義務**」（憲法12条）に「**影響を及ぼさない**」ものがあるのか、「**具体的な法律関係**」に「**影響を及ぼさない**」ものがあるのか。

　これを、ないとするのは、もはや荒唐無稽であろう。

以上（2）と（3）の小括

　原判決のいう、「閣議決定は、内閣の意志決定であって、それ自体が直ちに国民の具体的な権利義務ないし法律関係を形成し、又は確定する効力を有するものではない」（これを簡略化し、以下 **"閣議決定国民効力不在論"** とする）が、詰まるところ **"閣議決定空中浮遊論"** もしくは **"閣議決定治外法権論"** であることが明らかとなった。そしてこれが**破綻**していることを示した。

　それすなわち、**政府治外法権論**にほかならず、非法治国家たる前近代の「お上による政治」、幕府専制、法の支配ならぬ人の支配の論理である。おどろくべき**主権者国民不在論**、国家独善幇助論である。

　日本国憲法はこれを許さない。

　「**政治道徳の法則**」（憲法前文）は、国家の独善を否定している（芦部信喜『憲法　第三版』岩波書店、2002年。P.36）。「訴状」P.23参照。

　したがって、原判決はとり消されるべきである。

（4）**原判決**と**満州事変・日本国憲法の制定・沖縄問題**における閣議決定

　原判決は、原告長坂傳八の「訴状」について、「この点、原告は、過去の歴史的事実に鑑みれば、『閣議決定』は、『国家の意志決定』であって、『命令』、『処分』（憲法81条）及び『国務に関するその他の行為』（同98条）に該当する旨を主張」する、と**正当**に援用している。

　「訴状」を精読し、包摂していることは、重ねて評価したい（本文P.2参照）。

　だが、「前記判示（最高裁昭和27年（マ）第23号同年10月8日大法廷判決・民集6巻9号783頁など）によれば、独自の見解にすぎないというほかないから、上記主張を採用することはできない」とした。

　「採用できな」い「独自の見解」の拠所となった「過去の歴史的事実」について、い

ささかの補足をしたい。

　これを標題の満州事変・日本国憲法の制定・沖縄問題の３つにしぼって論ずる。

①　1931年９月18日**満州事変**の開始（柳条湖事件）と閣議決定

　原判決も言及するように「訴状」は、「過去の歴史的事実」として、1931年９月18日午後10時20分におきた関東軍の謀略による柳条湖事件をとり上げ、これを容認した閣議決定（９月22日）が、その後の日本の15年に及ぶ帝国主義侵略戦争の本格的な開始をもたらしたことを述べ、「**『閣議決定』が戦争を決めたのである**」とした（P.32）。

　この間、考察をすすめ次のことが分かった。つまり、ときの若槻礼次郎内閣（外務大臣幣原喜重郎）は、当初「軍の陰謀ではないか」と柳条湖事件に疑念を抱いたが、日本植民地下の朝鮮軍が「独断越境」（大権干犯）を強行し、軍（東条英機ら）の執拗な圧力を受けて、この事件を**追認**する**閣議決定**を行い（９月21日と９月22日）、９月24日政府声明を出し、これを「**自衛のための戦争**」（満州事変）として正当化した。（朝鮮軍出動に関する天皇の奉勅命令は９月22日）

　この閣議は、「軍の独走を抑止する」上で、また事件を「**終息**」させるために、「**絶好かつ最大のチャンス**」であったとされる。

　以上は、江口圭一『昭和の歴史（４）十五年戦争の開幕』1982年、小学館、P.59～65および加藤陽子『それでも日本人は「戦争」を選んだ』朝日出版、2009年７月、P.187～290による。なお証拠書類甲１号、長坂傳八「日中戦争はなぜおきたか（レジュメ）―平和創造研究会（第３回）への報告―」2017年１月15日を参照されたい。

　これまで戦前の日本資本主義・帝国主義の侵略戦争の"必然性"や"不可避性"は論じられてきたが、今「あの戦争を止めることはできなかったのか」の視点が必要とされる。

　その際、戦争勢力（国家）と反戦争勢力（民衆）の角度もあるが、政治と軍事の関係からとらえることが大事である。一言で言えば、「**ペンは剣より強し**」、「**剣に頼るものは剣にて滅ぶ**」の立場から歴史を分析する、ということである。前者は古来言われ、後者は沖縄・伊江島・阿波根昌鴻の言葉である（沖縄修学旅行で、生徒といっしょに直接聞いた）。

　1931年９月18日満州事変（柳条湖事件）の端緒で、ペン（政治）が剣（軍）を抑えるべきであった。「**端緒に抵抗せよ**」（丸山真男）である。政府（閣議決定）が軍部（軍事謀略行動としての柳条湖事件および朝鮮軍越境事件―1931年９月21日）を**制止**し、**拒絶**すべきであった。逡巡し、事態を軽視し、迎合、追随して、毅然として拒否できなかった優柔不断の若槻内閣の**誤り**であった。

　戦前の帝国憲法と絶対主義的天皇制の下で、天皇の輔弼機関にすぎない内閣の制約性

は、いい訳にならない。15年戦争の突破口となった重大性は、結果論としてでなく、深刻な現実認識をすべきであった。それが、**政治（政府）の使命**である。

1931年9月22日、**閣議決定**が戦争を止めることができた。事実は**戦争を始めた**。

「政府内部の意志決定にすぎない」は、**まちがい**である。

（以上、2017年9月16日（土）記）

② 　**日本国憲法制定**と閣議決定

原告はこの春、国立公文書館を訪ね、特別展「誕生　日本国憲法」を見た。充実した内容で、多くの人が来館した。関係者に感謝したい。

貴重な数々の資（史）料、文書が用意され、現憲法制定当時の熱意と苦労が伝わった。

1946年（昭和21年）10月29日　日本国憲法公布原議書（**閣議決定**）は、同年10月6日貴族院と10月7日衆議院で最終的に修正され可決された日本国憲法を示した。

そこでは赤文字の**手書きの修正文**がそのまま記録されている。

前文、9条、25条など有名な箇所が見られるが、そのうち一つだけをとり上げたい。前文の次の部分である。

「……この憲法は、この原理に基くものである。我らは、この憲法に反する一切の法令と詔勅を廃止する。」

この原案が修正されて

「……この憲法は、かかる原理に基くものである。われらはこれに反する一切の憲法、法令及び詔勅を排除する」

上記引用文の＿＿＿は修正前、＿＿＿は修正後の各文言である。

私は近年やっと気づき、強い問題意識をもち、発言、執筆してきたので鮮烈な衝撃と感銘を受けた。

注目すべきは、「法令と詔勅」を「**憲法、法令及び詔勅**」にしたこと、「廃止」を「**排除**」にしたこと、である。

原告長坂傳八は、憲法を長く生徒に教えてきた。しかし、この2箇所に注意を払えなかった。なぜ「**憲法**」を追加し、なぜ「**排除**」という最高級の概念を導入したのか。不思議なことにその研究論文は知られてない。しかし、日本国憲法（制定過程）の歴史的意義と価値を語るとき、ここは重大な意味を有している。

おりしも今、アベ（内閣）は「北朝鮮核・ミサイル」問題に乗じて、必要以上に危機や脅威をあおり、"敵基地攻撃"や先制攻撃をちらつかせながら、1兆円余になんなんとする巨額な米国イージス・アショアなどの軍事・戦争兵器購入を、国民の了解もなしにトランプ（アメリカ）に申し入れてその歓心を買い、世界で特異・異様な「圧力」

10

「制裁」の名の好戦的態度をとり、憲法違反の米日韓合同演習を行って、戦争法発動を
ねらい、テレビを総動員・操作して、平和憲法の改悪を策している。

　「自衛隊を９条に加える」企みを「９条加憲」とするのは、まちがいである。「自衛
隊」の明記を、アベのいう"新憲法"（本年１月国会の施政方針演説、「訴状」P.20—
21）への悪魔の突破口にすることを策しているのは、国民にわかりやすい陰謀である。

　アベは、2012年自民党憲法改正草案にみられる自主憲法制定を、自らの使命としその
「革命」を果たすことを妄念としている。

　ところで、このアベ自主憲法はすでに明らかにされているように、今日の「原理」
（平和主義・基本的人権・国民主権）を、天皇元首、国軍、緊急事態、家族、公の秩序
等で根底的に壊滅させ、戦前帝国憲法を事実上復活させるものである。

　憲法「前文」がなぜ「憲法の原理」に反する「一切」の「憲法、法令及び詔勅」を
「排除」するのか。

　憲法策定者（山本有三も参画した）は、今日のアベに代表される、反憲法、反平和、
反国民、反近代、反民主主義の潮流と動向を予測、警戒する時代洞察能力をもってい
た。

　憲法は、自己を防衛する戦闘的思想を具備していたのである。

　政府と主権者国民は、このことを知らねばならない。

　憲法前文の「排除」概念は、アベの用意する（した）すべての憲法改悪案と戦争法
（2015年９月）に向かって発動され、**機能**する。

　運動の側も、「アベ改憲反対」、「９条こわすな」、「憲法破壊」を言う前に、その百倍
の強調で、「憲法は許さない」、「憲法は**排除**する」、「憲法を守る（守れ）」を主張すべき
だ。主権者国民は「アベ」以上に大きくなければいけない。

　憲法の思想と論理は、この日本とアジア（世界）を守る。（「訴状」P.10、21参照）

　ときの吉田茂第一次内閣は、これを閣議決定した。

　憲法制定過程は、おりおりの閣議決定によって進められた。
　（ア）1946（昭和21）年２月26日　マッカーサー憲法草案全文を閣議で審議
　（イ）　　　　　　　　　３月12日　憲法改正案の議会提出を**閣議決定**
　（ウ）　　　　　　　　　４月　５日　憲法改正草案（口語化第１次案）を閣議で承認
　　　（以上、幣原喜重郎内閣）
　（エ）1946（昭和21）年10月29日　日本国憲法公布について**閣議決定**（吉田茂第１次
　　　　内閣）　　　　　　　　　　　　　　　　（上述）
　（オ）1947（昭和22）年６月20日　新日本建設国民運動要領（日本国憲法普及活動・

憲法普及会）を**閣議決定**（片山哲内閣）

　戦後日本政府は、国是である日本国憲法について誇り高く国民によびかけ、普及運動をした（憲法普及会・普及協会は1947年から1954年まで）。

　アベ内閣は、先達のこの伝統をこそ守れ。

　以上、参考文献は、国立公文書館『平成29年春の特別展　誕生　日本国憲法』2017年4月7日発行。上記（ア）～（オ）のうち、（ウ）を除きすべて**閣議決定**である。

　憲法制定過程は、閣議決定で展開された。憲法と一体である。

③　**沖縄問題**と閣議決定

　原告長坂は、大学1年18歳の夏、北緯27°線太平洋洋上で「沖縄本土復帰海上大会」に参加し、屋根ほどもある波間に揺れ、くり舟にのって瀬長亀次郎ら沖縄代表団と交歓した。1964年8月15日。

　高校生を引率して沖縄に修学旅行にいったのは、それから20年経っていた（1984年）。「ひめゆりの塔」の女子学生たちの犠牲者の顔写真は、あふれ出る涙でさえぎられた。

　このとき、2015年2月、安倍首相が守ることのできなかった平和のジャーナリスト後藤健二が生徒として参加していた。彼は、沖縄に強い印象を受け、その道にすすむことを決意したと聞く。沖縄には以来、十数回訪れた。

　1971年「沖縄協定」国会、原告長坂は「核も基地もない平和な沖縄※」を求めて21日間毎日国会デモに行った。高校日本史の教師になっていた。（※本書167ページの同一箇所は誤りでした）

　今、普天間基地返還を口実にして、辺野古に米軍永久基地建設計画を強行し、沖縄県知事・県民の戦争基地反対・平和を願う思いをふみにじり、沖縄県の琉球王国からの伝統と歴史・文化に支えられた自決権（自治）を奪おうとしている。

　沖縄問題はひとごとではない。日本の一部である。

　沖縄から米軍基地の撤去で、侵略戦争出撃基地（朝鮮戦争、ベトナム戦争、イラク戦争など）と現在の東アジア情勢の緊張の原因基地から、沖縄を東アジア平和の拠点に転換することは、一人沖縄のみならず日本と東アジアの課題である。

　この沖縄問題に、閣議決定が利用されている。列挙したい。

　（ア）2006年5月30日　小泉純一郎内閣　1999年12月の閣議決定（普天間米軍基地の使用期限について米国政府と**協議**する）を**破棄**する旨の**閣議決定**を行う。

　（イ）2014年7月1日（本件「7.1閣議決定」の日）安倍内閣、辺野古基地反対行動を排除するため、「**常時立ち入り制限区域**」を「沿岸50mから200mに拡大する」ことを**閣議決定**。

　（ウ）2015年10月27日　安倍内閣　国が翁長知事に代わって、埋め立て承認取消処分

を撤回する**代執行**の手続きに入ることを**閣議決定**。

　以上は、本控訴理由書証拠書類甲2号、稲田恭明「沖縄と憲法─2016年9月22日第11回『7．1閣議決定』違憲訴訟のための勉強、相談会への報告」2016年9月22日による。

　小泉内閣は、普天間米軍基地の「使用期限」を事実上、**無制限化**し（ア）、安倍内閣は辺野古新基地反対デモを**規制**、抑圧して県民・国民の**デモの権利**に反することを行い（イ）、翁長知事の埋め立て承認**とり消し**の法律上の権限を剥奪した（ウ）。
　これがいずれも閣議決定である。
　このどこが、国民（県民）の「**具体的権利・義務関係に影響を及ぼしていない**」のか。
　ここまで、沖縄の権利を蹂躙して「影響を及ぼさない」と強弁するのであれば、日本の裁判所が"空中浮遊"していることになる。

　突如今、アベ首相が国会解散・総選挙を言い出した。**憲法69条違反**である。税金のムダ使いをせず、国民生活充実のため国会も内閣も任期を全うして働くべきである。議員の要求した臨時国会も開かず（憲法53条）、森友・加計疑獄は逃げまわり、南スーダン自衛隊日報問題は隠しつづけ、憲法違反と政治の私物化・マフィア化を重ねるアベ内閣は、主権者国民の鉄槌を受ける。**悪政久しからず**。北朝鮮問題を政争の具にするな。
（2017年9月17日（日）午後7時　記）

以上（3）の小括
　原判決は、**閣議決定**が戦前帝国憲法下の満州事変（1931年9月18日─奇しくも本日はその86周年である）における軍部の独走＝統帥権干犯（憲法違反の可能性をもつ）を国家の意志に転化し、その後の日中15年戦争・アジア太平洋戦争・第二次世界大戦・初の核戦争（広島・長崎）をつくり出した、この**歴史的事実**に適合しない。
　1931年9月21日と22日と24日の閣議決定と政府声明は、柳条湖事件（軍の独走）を憲法上の立場から**否定**、拒絶すべきであった。（①）
　閣議決定（1931年9月22日と24日）は、「**満州事変**」の**公認**をした。そのことによって日本の全国民の「具体的な権利義務ないし法律関係」に重大な「**影響**」を及ぼす戦争が公然と**開始**された。

　日本国憲法は、ほかでもない「**閣議決定**」（1946年2月26日と3月12日と10月29日）がこれを**誕生**させた。国民の「具体的な権利義務ないし法律関係」のすべてを規定する「最高法規」（憲法）は、閣議決定なしに生まれなかった。（②）

　平和と自治と基地撤去を求める沖縄県民のデモ＝言論・表現の自由を**規制**する閣議決定は、沖縄に連帯する原告長坂傳八の言論・表現と思想の自由という「具体的な権利義務ないし法律関係」を**侵害**し、これに**影響**を与えている。（**③**）

　原判決は、以上の理由により**まちがっており、とり消される**べきである。

第３．原判決の根拠法は**ない**

　原判決を「認める旨」を「特に定めた法律」は「存在」しない。原判決は、「国民が、具体的な権利義務関係を離れ、国民としての地位にもとづいて閣議決定の効力を争う訴えを提起することを認める旨を特に定めた法律も存在しない」としているが、**逆**である。

　標題にあるとおり、**原判決を正当化する法律は存在しない**。

　原判決は前述した（**第２の１の（１）と（２）、P.1～３**）とおり、最高裁昭和27年10月８日大法廷判決（警察予備隊違憲判決）を根拠としているが、その**不当性**についてはすでに述べたのでくり返さない。

　原判決は、本件訴状の「閣議決定の効力を争う訴え」を認める**法律は存在しない**とし、その根拠を裁判所法３条１項の「法律上の争訟」に求めている。

　しかし「7.1閣議決定」が憲法（前文・９条・99条）**違反**であることを**訴えている**本件「**訴状**」**それ自体**が「法律上の争訟」ではないのか。本件「訴状」そのものが、原告―被告当事者間の「**法律上の争訟**」である。

　原判決は、この「法律上の争訟」概念を原告の具体的な被害（具体的な権利義務関係）に**歪小化**し、すりかえている。これを同義とするのは、牽強付会である。「法律上の争訟」を勝手に解釈している。

　裁判所法第３条は「裁判所の権限」として「一切の法律上の争訟を裁判し」とある（１項）。「法律上の争訟」が、「具体的でなくてはならない」とか「抽象的であってはならない」とは、一切規定していない。

　原判決は、**裁判所法違反**である。

　原判決が依拠する上記1952（昭和27）年警察予備隊違憲訴訟判決（上掲）は、次のように決している（要旨）。

　「したがって日本では、裁判所は『具体的事件をはなれて、抽象的に法律命令等の合憲性を判断する（できる）との見解』には、憲法上及び法律上何等の根拠も存しない」

　この判決は、事実を全く**あべこべ**にしている。

　「憲法上」をみてみよう。**憲法81条**である。（「最高裁判所の法令審査権」）

14

「最高裁判所は、一切の法律、命令、規則又は処分が憲法に適合するかしないかを決定する権限を有する終審裁判所である」

このどこに、「具体的事件を離れるな」とか「抽象的に法律命令等の合憲性を判断するな」と書いてあるのか。

「法律上」をみてみよう。

裁判所法３条である。すでにみた。

とすると、**上記最高裁判決**は、「憲法上及び法律上何等の根拠も存しない」ことになる。

半世紀余の線上にある原判決は、「**憲法上及び法律上何等の根拠も存しない**」。

原判決は**とり消される**べきである。

以上は、「訴状」「序章追加―その３―提訴前夜―『砂川事件』と憲法」「Ⅱ　提訴前夜―『砂川判決』と憲法」「２.二つの判決と憲法」「（２）警察予備隊違憲判決について」（P.26〜28）を、この機会により考察した。

ときの最高裁長官田中耕太郎は、のちの「砂川判決」（1959年12月15日）ともども、政治に屈して司法の独立を守れず、日本の裁判を貶めた。今に至る後進の裁判所（裁判官）は、**憲法76条**にもとづいて雄々しく裁判史を書きかえる努力をされることを希望したい。本「訴状」が、「精神的苦痛」をあげていないのは、この立場からである。

（以上、満州事変（柳条湖事件）の日―2017年９月18日午後７時記）

第４．口頭弁論の回避は違憲

原判決にあたって、口頭弁論を実施しないのは、**憲法82条**および**民事訴訟法140条**に違反する。

１．原判決は、憲法82条と民事訴訟法140条に違反する

原判決は、「口頭弁論を経ないでこれを却下する」とした。

しかし、標題のとおりこの措置は、憲法82条と民事訴訟法140条に違反する。

なぜなら、憲法82条は「裁判の対審及び判決は、**公開法定**でこれを行う」と規定し、民事訴訟法140条は、口頭弁論の実施を前提としている。原判決の行為はこれに反する。

原判決は、口頭弁論を「経ないで」却下した理由として２つ挙げている。１つは、「訴状」が「『法律上の争訟』に該当しない」こと、２つは、「具体的な権利義務ないし法律関係を離れ」ていること、の２つである。よって、本件訴えは「不適法」であるので、口頭弁論をしない、というものである。

本「控訴理由書」はすでに、１、本件「訴状」そのものが「**法律上の争訟**」であ

ること、2、「具体的な権利義務云々」を「離れ」、つまり具体的な原告の被害をとり上げることなく、「抽象的」に「閣議決定の効力を争う訴え」を**提訴**することは、**適法**であることを論じた（第2の1の（1）、―P.2、（2）―P2～3および第3―P.14～15）。

　原告は、当事者として**当事者権**を有し、当事者の**口頭弁論権**は、この当事者権に属する（民事訴訟法140条および142条）。

　原判決は、直接的表現はしていないが、原告の当事者適格がないとの認識をしていると推論するが、原告は本控訴理由書全体および訴え提起前から、「7.1閣議決定」の違憲性とその撤回を主張し、その「紛争解決のための行動をおこしている者※」に該当する。したがって、原告は**当事者適格**を有する。

　　※　山本弘・長谷部由起子・松下淳一『民事訴訟法第2版』有斐閣アルマ、2009年3月初版、2013年10月第2版第1刷、P.108。

　原判決にあたって、横浜地裁が法定における**口頭弁論の場**を設けなかったことは、以上述べたことから**誤っており**、憲法82条および民事訴訟法140条に**違反**している。
　原判決は、判決の要件を満たしていない。

2．違憲訴訟と国民主権

　原告長坂傳八は、憲法32条裁判を受ける権利を行使し、「7.1閣議決定」（2014年7月1日）の憲法（前文・9条・99条）違反判決および無効確認を求めて、本年6月1日横浜地裁川崎支部に提訴し、同日記者会見を行った。
　回付された横浜地裁から、8月23日付判決文が送達された。
　この3カ月近くの間に、被告内閣総理大臣安倍晋三からの反論書は、原告に届かず、ために答弁書（原告）を出すこともなかった。口頭弁論への予想と我々の相談会での相談・準備・話し合いを重ねた。
　口頭弁論なしのいきなりの却下の判決は、上記の過程（反論書）をすべて排除したものであった。

　「7.1閣議決定」が、憲法に違反する自衛隊を海外へ無制限に出動させ、アメリカの戦争その他へ動員させることによって、日本を憲法に反して戦争国家へと転じ、日本が進むべき平和憲法国家の道を選ばず、その使命と責務から逃避する宣言であることを断じた本件「訴状」について、その当事者である被告安倍晋三首相が、主権者国民＝原告

16

に対して、どう答えるのか、どう説明するのか、その手続きを裁判所はとるべきであった。

　北朝鮮・東アジア情勢の今日、上記原告「訴状」が考求する方策が唯一、日本と国民、東アジア、ひいては世界を救うものであり、被告安倍と「7.1閣議決定」が企図する方向ではないことが明白となっている。

　世界が平和解決（平和的解決）と対話を求めているとき、ひとりアベだけがカネ（国民の了解していない税金支出）をばらまき、「敵基地先制攻撃」さえちらつかせ（先述）、「制裁と圧力」を各国に要請している。

　その結果、核戦争がおきたときアベは責任がもてるのか。

　アベが今なすべきことは、制定70年で試された9条・平和憲法をたずさえ、その命ずるところに従って、誠意をもって日本不戦を誓うため平壌に行くことである。

　アベは誠実に主権者国民と対話せよ。

　原告長坂傳八の「訴状」に応えよ。

　裁判所は、その訴訟手続を行うべきである。

第5．必要なかった戦争法の発動と「7.1閣議決定」
―自衛隊ジュバ撤退（2017．5．25）と「7.1閣議決定」・戦争法路線の破綻

1．ジュバ派遣とジュバ撤退

　本年（2017年）5月25日、南スーダン・ジュバにPKOで派遣されていた自衛隊が撤退し、無事日本に帰国した。

　近年における非常に重要な政治的意義をもつできごとである。

　アベは、「自衛隊のPKOとしての道路工事などの仕事がめどがついたので」とその理由を言った。しかし、これはウソである。

　このジュバ撤退事件は、標題のとおり、「7.1閣議決定」―戦争法の路線の重大な破綻である。

　　　2014年7月1日　　集団的自衛権行使を宣言した「7.1閣議決定」

　　　2015年9月19日　　戦争法（安全保障法制）の国会（参議院本会議）の「成立」
　　　　　　　　　　　　（本「訴状」は無効の立場をとる）

　　　2016年3月19日　　戦争法の施行を閣議決定※（3月29日施行）

　　　　　　11月15日　　南スーダン・ジュバ派遣第11次自衛隊に戦争法（「かけつけ警護」
　　　　　　　　　　　　など新任務）を**初発動**することについて閣議決定※

　　　2017年3月　　　　上記、第11次派遣自衛隊の5月撤退を閣議決定※、

　2017年5月25日　上記、第11次派遣自衛隊、ジュバ撤退。

　　5月26—27日　上記自衛隊帰国（青森）

　　　　　　　家族の涙と国民のよろこびで迎えられる。

　※ここでも、閣議決定が事態をすすめた。第11次派遣自衛隊（普通科部隊—戦闘訓練・可能部隊。それまでの施設部隊と基本的に任務がちがう）が一発でも弾を撃てば、死者が出た。これでも「閣議決定は政府の外部に効力を及ぼさない」と言えるのか。

　　　「7.1閣議決定」に加えて、上記閣議決定は自衛隊員に「かけつけ警護」初任務付与命令で、「**殺し、殺される**」状況を強いた。しかし、これを**防止**した。

2．なぜ「ジュバ撤退」がおきたか

　本年（2017年）5月28日（日）ＮＨＫテレビ特集「変貌するＰＫＯ　現場からの報告」（続編6月3日（土））は、次のように伝えた。

　「私の命は今日で終わるかも知れない。家族に感謝したい」。ふるえる手で、こう**遺書**を書き残したジュバ派遣自衛隊員（第10次）。

　2016年7月10日のことである。その2日前、ジュバ現地で「**戦闘発生**」と現地ＰＫＯ**自衛隊日誌**に記録される事件がおきた。**南スーダン内戦**により、ＰＫＯ宿営地に多数の住民が避難した。宿営地には、日本のほかルアンダ、エチオピア、バングラデュなどのＰＫＯ部隊が駐留していた。ルアンダ軍が**発砲**をした。反政府軍の攻撃に対してである。南スーダン政府軍戦車が出動し、迫撃砲を撃った。自衛隊宿営の建物の壁まで振動した。

　10次派遣自衛隊は、**死の恐怖**におそわれた（7月8日）。

　「私たちはいざというときには、発砲することが認められていたが、一発撃てば（相手を殺せば）自分たちが殺される。私たちは、日本が攻められたときは戦う覚悟だが、こんな遠くまできて**戦うためにあるのではない、一発も撃つのは止めよう**と話し合っていた」

　この特集を制作した関係者の勇気と正義を称えたい。

　その後、布施祐仁氏の開示請求がなされ、「**自衛隊ジュバ日報問題**」が発生し、政府の不開示、破棄して不存在、存在した、という二転、三転の政府・防衛相答弁がつづき、「**日報隠蔽**」の政治問題となって稲田朋美防衛相が辞任した。

　だが問題は、「日報」にあるのではない。

　南スーダン（ジュバ）で何が起きている（いた）かである。

　施設部隊（戦闘目的ではない）が、**命の危機**に直面した情勢が何であったか。スーダ

ンは、アメリカの介入によって南スーダンが独立し（2011年）、南北分断ののち、**内戦状態に突入した**（2013年）。アベ内閣はこれを承知で、ＰＫＯへの自衛隊派遣をつづけた。すでに「ＰＫＯ５原則」に抵触し、**撤退すべき事態**となったが、アベ内閣は黙殺した。第10次派遣自衛隊が日報に「戦闘発生」と書き、自衛隊（防衛省）本部に送ったのは、「助けてくれ、私たちは道路が任務だ、戦争じゃない」との必死の叫びだったのだ。

　稲田防衛相は、その年10月現地に行き「ジュバは安全です」と国会答弁した。そしてこの「日報」をにぎりつぶした。「安全宣言」をでっち上げて、アベ内閣は2016年11月15日、「**戦闘行動をする部隊**」である陸上自衛隊第９師団第５普通科連隊（青森市）の第11次派遣（11月20日出発、12月12日より「新任務」）を命ずる「**閣議決定**」を行った（前述）。

　「**自衛隊を南スーダンに送るな**」、「**戦争法廃止**」、「**平和憲法を守れ**」、「**君たちを死なせない**」、「**だれの子も殺させない**」、「**戦場の現実を見ない空論だ**」の批判に答えず11．15「閣議決定」を強行した。

　　だが、ジュバへ向かう11次派遣隊の隊長は、「**全員無事に帰ろう**」と決意を述べた。**平和憲法**と「わが国の平和と独立を守り、国の安全を保つ」ことを任務とした自衛隊法の下で、国民（被災地住民）の救助にあたって（原告の教え子もいる）支持されている自衛隊が、「君たちを死なせない」、「だれの子も殺させない」の国民の痛切な声に共鳴、**連帯**した。

３．無力化・不要化した「７．1閣議決定」・戦争法の破棄を

　国会と国民の追及の前に、アベは「断固継続」と言えずに、にわかに「危なくなったら、ためらうことなく撤退する」と言い出した（本年４～５月）。

　憲法に違反し、ＰＫＯ５原則からはずれ、**国民の平和の意志に反して**までおし通した11．15閣議決定（前述）と11．20派遣（同）、12．12「**新任務**」**発動**は、2017年５月25日派遣自衛隊の**撤退**という**帰結**となった。

　「７．1閣議決定」─戦争法─自衛隊「新任務」＝武力行使・交戦権発動・戦争発動の路線は、**重大な破綻**をきたした。

　10次派遣隊の「**一発も撃つまい**」と11次派遣隊の「**全員無事で帰ろう**」の意思が、これを可能にした。憲法９条に違反する自衛隊は、多くの人々の努力とたたかいによって、この**平和憲法と国民に深く根づいた**。

　アベの戦争部隊─戦力化の政治目的は打ち砕かれた。

　アベの何番目かに数えられる決定的な政治破綻である。

　アベは、戦争法を初めて発動して、実効に移せず、**失敗**した。自衛隊が一発でも撃てば、戦争法（新任務─「かけつけ警護」「共同防護」など）はたちどころに**現実の戦争**となった。**自衛隊**が、これを**阻止**した。

戦争法を**無力化**したのである。

　戦後政治史におけるこの重要事件を、政党、政治家も、学者、運動指導者も、このことにほとんど**着目**できていない。アベ改憲の危機、９条は破壊された、を言う前に、運動がつくり出している現実の政治を見なければならない。

　我々が考える以上に、権力を不当に運用している者は、国民主権者の声と運動を恐れている。**運動と主権者・人民の意志自体が政治である。**

　そこに現代史の意味がある。

　そしてアベは、何よりもこの**平和憲法**（とその**意志化**）を恐れている。

　破綻したアベは「道路の整備が進みましたから」と懸命のとりつくろいを行い、今日の"北朝鮮危機"をあおり利用して、落ちた水から浮き上がろうとしている。

　１年に及ぶ森友・加計疑惑の国民の怒り・不信への恐れが、アベを襲いつづけている。

　（南スーダン問題については、「訴状」P.13、15を参照されたい）

　本節で論じた以上の問題の根源が、「７.１閣議決定」である。

　ジュバで「新任務」は必要でなかったし、**無力化**し、**無効化**した。

　「７.１閣議決定」は違憲判決・無効確認され、破棄・撤回さるべきである。

（以上は、2017年９月20日（水）記）

第Ⅱ部　控訴理由（Ⅱ）　「７.１閣議決定」の違憲判決・無効確認を

第１節　日本列島を掩う平和の声・2017夏と９条と核兵器禁止条約が世界を変える

☆　参考・関連資料（第１～２節共通）（日にちの順序にやや前後あります）

（１）2017．７．７（日）「核兵器禁止条約」「核兵器の終わりの始まりだ」（7／8（土）「東京」夕（１面、以下数字のみ）

（２）8.6（日）「広島平和宣言」

（３）8.9（水）「長崎平和宣言」

（４）7.5（水）「東京」（１）「日中戦争の発端　盧溝橋事件80年　七夕に不戦」

（５）8.7（月）「同」（２）「条約反対　怒りこめ抗議　被爆者　首相の姿勢を批判」

（６）8.10（木）「同」夕（７）「千葉空襲『住民を標的』」

（７）8.13（日）「同」（25）「好天気予報」が送った命　出撃機の隊員へ自責の念」

20

（8）テレビ（8）〜（12）

　　　8．12（土）ＮＨＫＢＳ１　P.M.10—11「世界が終わるとしても　サーロー節子　世界が震えた言葉」

（9）8．13（日）　同　P.M.10—12「日本を焼きつくした米軍幹部246人の…」

（10）8．14（月）ＮＨＫスペシャル「『知られざる地上戦』樺太・5000人の犠牲者なぜ？…」

（11）8．15（火）ＴＢＳＮＥＷＳ23「綾瀬はるか　戦争を聞く　うさぎ島の秘密の…」

（12）　同　　　ＮＨＫスペシャル、P.M.7：30—8：45「戦慄のインパール」

（13）8．15（火）「東京」（1）、（8）なかにし礼「平和の理想　まだこれから」

（14）8．13（日）「赤旗日曜版」加藤剛「憲法は“夢の形見”」

（15）8．10（木）「東京」（4）西部邁「米国屈従でいいのか」

（16）8．12（土）「同」（同）三浦瑠麗「全否定は過去見誤る」

（17）8．　4（金）「同」（1）「第3次安倍第3次改造内閣発足『スケジュールありきではない』首相が改憲姿勢修正」

（18）8．6（日）「同」（2）「首相　発言修正重ねる」

（19）8．3（木）「同」（1）福田元首相　安倍政権批判　官僚が官邸の顔色みて仕事　国家の破滅に近づいている」

（20）7．31（月）「東京」（1）「加計知ったのは1月20日　首相『大臣規範』意識か」

（21）ラジオ　8．22（火）「文化」P.M.3：30—5：50斉藤一美サキドリ、田中真紀子「窮地の安倍…」

（22）8．20（日）「東京」（3）「トランプ氏最側近バノン氏解任…」

（23）8．19（土）「同」（3）「2＋2で伝達　地上型イージス艦も新たに…」

（24）8．13（日）「しんぶん赤旗」（1）志位和夫「米朝は無条件で直接対話を」

（25）6．30（金）「同」（5）社説「平和国家の道をはずすな…」

（26）8．　4（金）「東京」「憲法守る政治、今度こそ　改造内閣が始動」

（27）8．21（月）ラジオ文化放送　P.M.3：30—5：50斉藤一美「小沢一郎が政治の展望を…」

（28）8．23（水）同上、森田実「アベ首相は、アジアへの平和政策を、野党は平壌へ」

（29）7．9（日）「東京」（29）「日中戦争で出兵　中村さん（100歳）戦争しない責任」

21

1．画期的な核兵器禁止条約と広島・長崎平和宣言

　広島・長崎・ビキニ以来の日本国民の悲願であった核兵器禁止条約が、7月7日、国連会議で採択されました（国連167カ国中、122カ国の賛成）。日本はこれに反対し、被爆者がアベ首相（以下、アベとする）に激しく抗議しました（上記☆資料（5））。

　被爆者サーロー節子さん（85歳、カナダ）は、「この日を70年間待ちつづけた。核兵器の終わりの始まりだ」と演説し、万雷の拍手（☆資料（1）、以下数字のみ示す）をうけました。

　エレン・ホワイト同会議議長（非武装の憲法をもつコスタリカ代表）は、「被爆者が出席してくれたことは、この会議の交渉を成功に導く推進力でした。それはすべての（政府）代表を感動させ、人間の魂に訴えかけるものでした。それは、理性とハートを結ぶプロセスでした」と述べたと伝えられます。被爆者は、「私たちは自らを救うとともに、私たちの体験をとおして人類の危機を救おうという決意を誓いあった」（1956年）ところから出発しました（以上、志位和夫共産党委員長＝参加。8月8日（火）しんぶん赤旗（4面））。

　サーロー節子の訴えに心を揺さぶられたエレン・ホワイト議長が、条約の採択で各国政府に魂のよびかけをしました。（☆（8））核兵器の使用、生産から移動、保存、依存、そして威嚇までを禁止したことは、1万6000発にのぼる現存核兵器の廃絶と今、直面する核戦争阻止、そして人類と地球の平和に向かうはかり知れない意義をもっています。世界がこの認識をもち、シリアをはじめとする無秩序な戦争や軍備拡張を否定する、あらたな力になることを願います。

　8．6広島宣言と8．9長崎平和宣言は、「絶対悪である原爆がもたらした地獄は、過去のものではない。『核兵器のない世界』に向け、日本政府は、平和主義の達成を誓う憲法を体現し橋渡しに本気でとりくめ」（広島）

　「日本政府は、なぜ核兵器禁止条約に参加しないのか、一日も早い参加を。憲法の平和の理念と非核三原則を厳守して、核の傘への依存をやめ『北東アジア非核兵器地帯』を実現せよ」（長崎）

　と、高らかに宣しました。両文書とも、憲法と非核条約（核兵器禁止条約）を掲げ、日本政府に迫っています。（☆（2）、（3））

2．あの戦争は何だったのか―日本列島を掩う平和の声、夏

　この夏、いつになくあの戦争が何であったのか、意欲的なテレビや新聞の特集がみられました。

　「日本を焼きつくした米軍幹部246人の肉声テープ、無差別爆撃の理由と真相」（8／13（日））、「『本土空襲・全記録』66都市2000回の空襲を発掘映像と機密資料で徹底分析」（8／12（土））※

22

「『知られざる地上戦』樺太・5000人の犠牲者なぜ？　終戦後も戦闘が　悲劇の７日間明らかに」（8／14（月））

「綾瀬はるか戦争を聞く　うさぎ島の秘密の過去告白 "死の露作った"」「『戦慄のインパール』最も無謀な作戦はなぜ　▽潜入取材・国境地帯　▽使者３万の白骨街道　▽元兵士・消えぬ悪夢　▽牟田口司令官の肉声　▽責任逃れの参謀たち」（8／15（火）、いずれも）

「明日世界が終わるとしても　サーロー節子　世界がふるえた言葉」（8／12（土））

以上、☆資料（8）〜（12）。ただし、※を除く。一部順不同。

（以上、2017年8月23日（水）記）

濃淡はありますが、資料（上記）は全部見、録画しました。あの戦争が何であったか、驚愕の真実が描き出されます。現場記者と制作関係者に感謝します。

「世界が震え」たサーロー節子の「言葉」とは何でしょうか。

今夏は、次のものも見られます。

満州とマレーシアに招集された中村仁一さん（百歳）は、「無謀な戦いだった」と述懐し、記者は「**戦争しない責任**」とまとめた（☆（29））。

元海軍気象士官の増田善信さん（93）は、島根の海軍基地で、沖縄戦の米艦に突っこむ爆撃機「銀河」の乗員に、「航路が安全であるかのように気候の予報を告げ送り出し」た。宮崎沖で撃墜されると知って「無駄死にさせてしまった」と、「自責の念に駆られる」と記者は記した（☆（7））

「日本人は単純に被害者だったのか」と自問する若者もいる（「東京」8／15（火））。

「現地で日本軍が中国人を殺した話を聞いた。日本人は加害に目をつぶり、他国の人たちの目には傲慢に映る」（小澤敏夫（87歳）・「同」8／16（水）川崎　山本哲正記者）、「満州からひきあげた。兄は特攻隊で死んだ。『再び戦争はさせない』の思いを後世に伝えたい」（永瀬至正（85）。「東京」１面、8／16（水））、「祖父から軍隊の話を聞いた。戦争を体験した人、聞いた人が『戦争はもう嫌だ』と憲法９条を守り続けてきた。彼らが亡くなっていくからと言って、ないがしろにしないでほしい」（安井萌々香（20）、「東京」8／15（火））、「戦争は単純に『怖い』と思っていた。学校の『平和学習』で『もっと知りたい』と思うようになった。戦争はいかに残酷で、人の心をどれだけ傷つけるものかを後世に伝えたい」（田中夏芽（16）、「同」8／17（木））

戦争は記憶され、記録され、再構成され、戦後が日々継続し、再生産され、平和が建設されている。「戦争は再びおこさせない」。「憲法９条を守り続ける」の意志を、世代

をこえて「後世に伝えたい」と。

　この国民の歴史のたくましく、荘厳なエネルギーは、もはや戦前の「美しい日本」を「とりもどす」妄想・妄執を否定した。国民運動です。再度、この一連の勇気ある報道に関係したすべての人に心からの敬意を表し、感謝いたします。歴史は新しい時代に入りました。

3．戦争を否定し、憲法に結集せよ

　ついで、2人の文化人の論説を紹介します（要点）。

◇なかにし礼（「東京」2017年8月15日（火））　　　　　　　（☆（13））
「満州へ両親が小樽からわたったのは昭和8年です」

　1945年8月11日午前10時ごろソ連軍が侵攻してきた。関東軍と同じ列車で逃げた。長野県の開拓民がおしよせてきた。将校の命令で、彼らの「手の指一本一本をもぎとるようにはがし」た。「見殺しに加担したことが僕の幼年期（6歳）の第一の罪の意識です。はがされる人の顔も、指の感触も覚えています」

　「あの戦争でアジア全体で2000万人以上が亡くなった。大変な犠牲を払い、ついに手に入れた最高の憲法ですよ。

　米国の押しつけとかいいますけどね。けれど、これは**戦後日本の再出発の宣言書**なんです。（中略）世界が希望する国の形を与えてくれたとも、われわれが選んだとも言えます。大きな歴史のうねりの中で生まれた。本当に奇跡的な、最高の芸術作品だと思います」

　「『美しい日本』『とり戻す』。そうした抽象的な言葉で何に回帰したいのでしょうか。**日本の理想はまだ実現されていません。この憲法の名の下にこれから実現するべきです**。なのにその努力を怠り、反省すべきを反省せず、戦前の軍国主義を勘ちがいして、そこに『美』を求めるのはとんでもない**反動**です」

　「昭和20年までの軍国主義によって（中略）、どれだけの若者が無駄死にし、犬死にし、飢え死にしたでしょうか。そして、中国人や韓国人に対してどれだけの過ちをしたか。そうしたことを本当はもっと国民に知らせるべきなんです」「日本は悪くなかった」の「洗脳」が行われてきた。

　「自民党は改憲を言うとき、『対案を出してくれ』と求めます。それには各党が『反対なんだから**対案なんて出す必要はない**』と言えばおしまいなんです。**もともと改正の必要がない**わけだから。そうすれば国民の目も覚めますよ」

　（以上、見だしは「平和の理想　まだこれから」。）作家・作詞家

◇**加藤　剛**（俳優）

「70年以上国民を守ってきた憲法　私たちが憲法を守る番」

「北朝鮮の脅威があるから、という人もいます。でも脅威をなくすには武力でなく話し合うしかありません。**今の日本でなぜ、憲法を変える必要があるのか、私にはまった**く理解できません」

「**世界から戦争をなくす**ことは、人類の究極の夢です。それを世界に先駆けて誓った日本国憲法、とくに**９条は、人類の英知の到達点**です。世界に誇る憲法です」

「平和憲法のおかげで70年以上、私たちは戦争から守られてきました。今度は私たちが憲法を守らなければなりません」

「今、世界中で戦争や核兵器のない世界をめざしている時です。憲法前文で、『政府の行為によって再び戦争の惨禍が起こることのないようにすることを決意』した日本は、その先頭に立つ時でしょう」「主権者の国民がもっと声をあげなければいけません」

「赤旗日曜版」8．13（日）（☆（14））

　戦争を否定し、憲法に結集せよ。この２つのテーマをここまで見事に、完璧にうたいあげた文書を知りません。なかにし礼と加藤剛は、日本を代表する知性です。

　私たちは両氏が、「平和憲法国民円卓会議※」の座長（共同）になることを希望します。もう一人は吉永小百合です。

　※　「訴状」P.8。

（以上、2017年８月24日（木）記）

第２節　戦争挑発「7．1閣議決定」を破棄し、９条・憲法をもって　　　東アジアの平和にあたれ

　この８月29日、９月15日、北朝鮮の「火星12号」が打ち上げられ、９月11日国連「制裁決議」、９月19日国連総会でこの問題が扱われた。トランプは「北朝鮮の完全破壊」の「選択肢」さえ示した。

　アベ首相は、「制裁と圧力」をくり返し、一方でイージス・アショアや無人偵察機グローバルホークなどの購入（総額１兆円余）※をアメリカに申し入れ、大軍拡路線に走り、他方で「スケジュールありきではない」（８月３日）と後退した憲法（９条）改悪をさらにもち出し、突如国会解散・総選挙（憲法69条違反）の動きを見せ、マスコミをあおって混乱をつくっている。　　　　　※「東京新聞」2017年８月19日（土）（23面）

　だが、国民は冷静である。

　志位和夫日本共産党委員長が、「危機打開のため米朝は無条件で直接対話を」と呼び

かけた（「しんぶん赤旗」2017年8月13日、☆（24））。

　その主張が、反響をよび、支持を広げている。

　「北朝鮮のミサイルに対抗するものは平和外交しかない。不安をあおるのではなく、対話で平和を。憲法はそのための武器だ」との訴えが国民運動から生まれている（「東京」2017年9月5日（火）1面）。

1．世界とアメリカ

　メルケルドイツ首相と習近平中国国家主席は、9月7日電話会談し、「朝鮮半島問題は、最終的には対話と協議を含む平和的な方法を通じてのみ解決できる。国際社会の共同の努力が必要だ」、「政治的手段による平和解決を支持する。関係国が対話・交渉の軌道に戻るよう推進することに賛同する」と話し合った。（「しんぶん赤旗」2017年9月9日（土））

　アメリカはどうか

　ペリー元国防長官ら6氏は、6月28日付でトランプに次の書簡を送った。

　「現在の危険は、北朝鮮の核奇襲攻撃ではない。金正恩は理性を失っておらず、体制の維持を重視している。最大の危険は、計算違いや誤解で戦争がおこることだ」

　「米政権は米国が北朝鮮に対し敵意をもたず、平和の道を模索していることを明確にすべきだ」

　「米国の攻撃に対する北朝鮮の反撃は、韓国と日本を壊滅させる」

　「外交努力がなければ、北朝鮮は長距離ミサイルを開発する。今が、それを阻止する最後のチャンスだ」（「しんぶん赤旗」2017年8月26日（土））

　米国ティラーソン国務長官とマティス国防長官は、9月14日付のウォールストリート・ジャーナル紙に連名で寄稿し、「米国は北朝鮮と交渉する意志がある」として、交渉の前提条件は核実験やミサイル発射の即時中止である、と述べた。（「しんぶん赤旗」2017年8月16日（水））

　世界もアメリカも平和的解決（対話、外交努力、交渉）を求めている。トランプの国連発言（先掲）は批判をうけている。

2．北朝鮮

　我々がこの間知ったところでは、北朝鮮は次のことを考えているようだ。

　①　北朝鮮が米国と対等になること（核保有は生存権）。人民の生活向上

　②　米朝平和条約の締結（朝鮮戦争終結）

　③　北朝鮮（朝鮮民主主義人民共和国）と韓国（大韓民国）の両国家を存続させたま

まの朝鮮半島統一連邦国家

　このことがまちがっていないのならば、日本は核兵器禁止条約（本年7月7日、前述）の新たな世界の幕開けと9条・平和憲法を視野において、根本的な検討を加えることが求められる。

　2002年平壌共同宣言も重要である。

（以上、2017年9月20日（水）午後7時記）

3．日本がすべきこと

　　─アベは一切の敵視・好戦政策をすて、裁判所はその根源「7.1閣議決定」を破棄する

　トランプは、国連で北朝鮮の「完全破壊」を強調し、アベ内閣はこれを絶賛した（9月19日と20日）。

　しかしこれは、おどろくべき時代錯誤の核脅迫、核恫喝である。人類史は、核兵器禁止条約（2017年7月7日）の新しい時代を迎えた。身震いして恐れ、これに最敬礼し、拝受すべき第一の人間は、唯一の被爆国の首相アベ晋三である。

　トランプは次のことを世界に宣した。

　「私は世界によびかける。アメリカはすべての国と協力する。紛争をおこすのではなく、敵対関係でなく、対等なパートナーだと考えている」（2016年11月9日、勝利演説、「訴状」P.12）

　「われわれは世界の国々との友好、親善関係を求めていく」（2017年1月21日＝日本時間、大統領就任演説、「同」P.17）

　原告長坂傳八上記引用「訴状」は、次のように述べた。

　「『すべての米国人に対する忠誠の誓い』としてのトランプ大統領演説（宣誓）が、公約としてマドンナ（50万人大行進）の『愛の革命』と結合し、アメリカ民衆革命へのダイナミックな始まりとなることを期待します」

　9.19トランプ演説（国連、上掲）は、トランプ自身の宣誓（公約）＝上掲に反している。世界が受け入れない非平和的戦争挑発的な言動である。トランプはここで「米国はあらゆる交渉で見返りを求める」と奇異な補足をした。「圧力、圧力」で今も各国首脳に懇請して走りまわっているアベの、国民不在のトランプへの一兆円提供（先述P.25）と関係がないといえるのか。

　先にみた、アメリカの基調にある「対話と交渉による外交的な解決の可能性※」の追求が、一転「完全破壊」「見返り」発言となったのはなぜなのか。これは、アベ─トランプ疑惑であり、重大な注目をしたい。

　「米国の攻撃に対する北朝鮮の反撃は、韓国と日本を壊滅させる恐れ」を真剣に懸念

するペリーら6氏のトランプあて書簡（先掲、P.25—26）を、アベはまともに検討しているのか。マティスは「50万人の死者」を指摘している。

マクマスター大統領補佐官は、次のように述べたと伝えられる。

「軍事的な選択肢は存在する。（だが）それはわれわれが好んで行うことではない。われわれがしなければならないことは、この地球規模の問題を戦争に至らせないためにできることすべてにとりくむように、すべての国々によびかけることだ」

　　　　※「しんぶん赤旗」2017年8月16日（水）3面＝先掲

NHK討論会は、一たん戦争になれば「朝鮮大戦争になる」と指摘した（9月17日（日））。

北朝鮮が、8月29日（1910年日韓併合条約公布日＝日本帝国主義による朝鮮植民地化の日）に「火星12号」を発射し、「日本を原爆で水没させる」と言うに至った事実について、分析せねばならない。

アベの単純な「圧力一辺倒」策は、上記のような知恵や考察があるのか。いたずらに国民に危機、脅威をあおり、当の北朝鮮に不要な挑発をしている。これはむき出しの敵視政策であり、世界で特異な好戦的非平和的態度である。

9条と平和憲法に反している。

9条が永久に放棄した「武力による威嚇」をしている。

日米軍事演習を行い、「存立危機事態」をほのめかし、イージス艦（米）への給油と米艦防護訓練を行って、戦争法発動―米日一体の軍事行動（戦争）をねらっている。敵基地攻撃（先制攻撃）を願っている。

「政府の行為」で「再び戦争の惨禍」をおこそうとしている（憲法前文）。憲法への侵犯である。裁判所は、「憲法の侵犯」を裁くためにある（本「控訴理由書」P.2および「訴状」P.24）。

アベは**朝鮮植民地支配**を反省・謝罪した「村山談話」（1997年）をかなぐりすて、自ら出席した「平壌宣言」（2002年、上記「村山談話」の趣旨を基本としている）を忘れ去り、アベ「戦後70年談話」でアジア民衆への「反省と謝罪」（上記「村山談話」）を一切消し取った。

今日の異常な北朝鮮敵視と先制攻撃（上記）の政策と思想はアジアと世界からみれば、朝鮮植民地政策（日韓併合条約）正当論にならないか。

アベ帝国主義である。理論と説得力のないアベは、これをカネ（国民の血税）とアキエを連れまわる（国会に出さずに）外交という名の哀願オルグで粉飾している。

アベ帝国主義は、1兆円で（前述）トランプ帝国主義（先掲、9. 19国連発言）を呼

びこんだ。日米合作の政治マフィアである。

日本国憲法と世界平和世論はこれを阻止する。

４．アベは平壌へ飛び、日本の裁判所は「7.1閣議決定」違憲判決・無効確認を

日本がなすべきことは明白である。以下①〜⑤に示したい。

① 　9条・日本国憲法に厳正に従い、北朝鮮・東アジア情勢の平和の構築にあたる。
　　好戦政策を放棄する。東アジア平和共同体を追求する。

② 　北朝鮮敵視・包囲政策を撤回し、2002年日朝共同平壌宣言を日朝両国が誠実に履行するよう率先して努力する。

③ 　まず、憲法違反・戦争挑発・武力威嚇の戦争法を即刻、無条件に破棄する。北朝鮮脅威論をつくり出し、自己の"権力"を維持（自己保身）するための国会解散・総選挙（憲法69条違反）など一切の陰謀、姑息な策略をすて去り、国の平和と国民生活のための首相の仕事に励む。

④ 　以上①〜③をすべて受け入れ、小泉純一郎元首相のあとを受けて、アベ首相が平壌に行き、金正恩と早期に会談する。
　　野党共闘をもって、北朝鮮・中国・韓国を訪問する。

⑤ 　日本・アメリカがまず核兵器禁止条約に参加し、北朝鮮と世界によびかける。
　　まやかしでなく真の非核、「核のない世界」をつくる。

以上である。

これを実行するために、日本の裁判所は本訴状および本控訴・控訴理由書が請求するとおり、今日の異常アベ政治の根源たる「7.1閣議決定」に対し憲法違反判決・無効確認して破棄し、もって日本とアジア・世界の平和への寄与に先陣を切ることを期待したい。

日本の裁判所・裁判官は、主権者国民とともに。
日本の裁判所・裁判官は、日本国憲法とともに。

あとがき

以上で、本年6月1日提訴以来の苦闘を終え、擱筆する。

貴東京高等裁判所の名裁定を望む次第です。

―ペンは、剣より強し―

徳は、武を制す。政は、軍に優る。

「9条は、戦争の業火から生まれた永久の真理、いわば不死鳥だ」（チャールズ・オーバービー元米兵・オハイオ大名誉教授）、「東京」2017年10月6日（金）夕刊、1面。

（完）

（以上、2017年9月21日（木）朝記）

（10月11日（水）補筆・校正）

証拠方法

1. 甲3号証

長坂傳八 （長坂伝八※）
「日中戦争はなぜおきたか（レジュメ）－平和創造研究
会（第3回）への報告 ─ 」 2017年1月15日 （A4・4枚）

※ 平生は、この氏名を用いている。

控訴理由書、9頁

2. 甲4号証

福田恭明
「沖縄と憲法 ─ 2016年9月22日 第11回『7.1 閣議決定』
違憲訴訟のための勉強・相談会への報告」 2016年9月22日
より、年表部分を抜粋（1～6頁）（ A4・6枚をA4・3枚に縮小）

控訴理由書 12～13頁

証拠説明書

1. 証拠方法 甲3号証について

控訴理由書 9頁を補足して.

「若槻礼次郎内閣（幣原喜重郎外相）は.閣議（決定）
で 戦争（関東軍の行動）を阻止すべきであった」(1931年9月19,20,21日)
ことを解明した。

表記 甲3号証 2頁。

2. 証拠方法甲4号証について

控訴理由書 12〜13頁を補足して,

「 安倍内閣は辺野古新基地反対デモを規制,抑圧して県民
・国民のデモの権利に反することを行い」

等について 具体的事実を示した。（閣議決定）

表記 甲4号証. 2頁,4頁,5頁 の3箇所 。

2006年5月30日 （2頁）
2014年7月1日 （4頁）
2015年10月27日 （5頁）

1. 甲3号証

日中戦争はなぜ起きたのか
——平和創造研究会・第3回学習会への報告

2017 年 1 月 15 日（日）　長坂伝八

はじめに

自己紹介　法政二高 41 年、法政時計塔校舎（1936 年築）存続（保存）運動、生徒の願い

報告者の立場　今日を、永続革命としての主権者革命の時代ととらえ、日本国憲法（平和憲法）の概念を再検討、再構築し、憲法の防衛と実現を戦略とする陣地戦の展開を提唱している。

「憲法（9 条）破壊」論を屈服の思想として批判。これに与せず。

本報告の狙い（問題の限定）　日中戦争はなぜおきたか（標記）につき、日本近代史の視野と直接的な契機から考えたい。

その際、帝国主義とアジア民衆の連帯、政治の概念の自立化を考慮する。憲法違反を続けるアベ体制（勢力）への批判・否定を前提にする。

1．日中戦争（15 年戦争、以下このように表現する）前史

◦世直し一揆（1866 年〜）と明治維新（1868 年）。アジアでは太平天国の乱（1850−64）、インド大反乱（1857）

絶対主義革命　天皇制国家　封建制から資本主義への変革　革命と反革命

明治 14 年（1881 年）の政変、大隈重信の追放と伊藤博文の実権

自由民権運動（1874−86）（植木枝盛の人民主権 1881）と帝国憲法（1889）（伊藤博文の天皇主権）

◦朝鮮甲午農民戦争（東学党の乱）と日清戦争（1894−95）　日本の朝鮮への支配権、台湾鎮圧、義和団戦争（北清事変 1900）と「扶清滅洋」、帝国主義列強（8 カ国）の鎮圧、「極東の憲兵」

「植民地戦争」（1894 年〜1910 年、台湾の抗日武装闘争と韓国抗日義兵闘争の鎮圧）

日本の第一次・第二次産業革命（1890 年頃〜1910 年頃）と日本独占資本主義・帝国主義

日露戦争（1904−05）　朝鮮・中国東北部の支配をめざす「日露双方の側からの帝国主義戦争」

戦争熱と反戦論（幸徳・内村・与謝野）　レーニンと幸徳、片山とプレハノフ、トルストイ

抗日義兵闘争（1905−1911 年）と日韓併合（1910 年）　朝鮮の完全植民地化（〜1945）

第一次世界大戦（1914−18 年）とロシア革命（1917 年）、辛亥革命（1911 年）

◦大正デモクラシー（第 1 次＝1912−13 年、第二次＝1924−25 年護憲運動）・大正政変（1913）と石橋湛山の「小日本主義」—ソビエト承認、民族自決、軍備撤廃、国民主権、「植民地を捨てよ」。

1

ロシア革命（1917 年 10 月）・シベリア出兵（1918.8～1922.6）・米騒動（1918.8）

1919 年　3・1 独立運動（朝鮮）と 5・4 運動（中国、「対華 21 カ条要求」＝1915 年に対して）

日本労働総同盟（1921）、日本共産党、日本農民組合、水平社（1922）

労働争議・小作争議と反戦運動（「対支非干渉」運動）1927.1

◦第 1 次山東出兵（1927 年 5 月）・済南事件（第 2 次・第 3 次山東出兵）1928 年 4－5 月

張作霖爆殺事件（満洲某重大事件）1928.6（満洲占領不可）

世界恐慌（昭和恐慌）1929～33 年

2．15 年戦争の開始（満州事変）

◦田中義一内閣の東方会議（対支政策綱領 1927．7.7）　「不逞分子」「帝国の権利」「在留邦人」「自衛」

山東省は第一次大戦で日本軍占領、在華紡、2 万人の日本人

◦松岡洋右（政友会）「満蒙は我が国の生命線である。死守せよ」（1930.12 衆院、1931.1？）

Cf. 山県有朋　「朝鮮は利益線」1890

石原莞爾中佐（関東軍作戦参謀「満蒙問題私見」1931.5　「謀略で領有する」

1931 年には「『満洲』侵略熱」　☆井上清「『満州』侵略」（岩波講座『日本歴史』20、近代 7、1976.7）

「恐慌による打撃は、侵略的な日本帝国主義の経済的弱点、投資市場および諸資源(鉄鋼・粘結炭・油母頁岩・大豆・塩・木材等）の供給地としての東北（満州）獲得への野望を、日本の軍国主義に強めさせた」★宇佐美誠次郎「満州侵略」岩波講座『日本歴史』20、現代 3、1963 年

◦1931 年 9 月 18 日午後 10 時 20 分、柳条湖満鉄線路を関東軍が爆破。ただちに中国軍（東北軍）を攻撃。「中国軍が爆破。日本軍を攻撃。自衛のために応戦」

9 月 19 日　午前 7 時　軍中央　関東軍の行動を「至当」

　　　　　　午前 10 時　閣議　「事態を拡大しない」（「軍の陰謀ではないか」）

　　21 日　閣議　事件を"事変"とみなす→宣戦布告ないまま「満州事変」（15 年戦争の開始）　午後 1 時　朝鮮軍の独断越境（6 時間の閣議の最中。「大権干犯」）

　　22 日　閣議　朝鮮軍越境は認めない。しかし経費は出す。（幣原外相が越境反対）

　　24 日　政府声明→満州事変は「自衛措置」「100 万居留民の安全を守るため」と関東軍の謀略軍事行動（統帥権干犯＝帝国憲法違反？）を容認、正当化した。

若槻礼次郎内閣（幣原喜重郎外相）は、閣議で戦争（関東軍の行動）を阻止すべきであった。（☆江口圭一郎『昭和の歴史 4　15 年戦争の開幕』小学館、1982 年 64 頁および☆加藤陽子『それでも日本人は戦争を選んだ』朝日出版社、2009 年 288 頁）

◦1932 年 3 月　「満州国」建国宣言

1933 年 2 月　小林多喜二虐殺（築地署）

2

３．15年戦争のゆきづまりとその侵略の論理

・1931年9月19日「暴戻な支那」(「東京朝日」)

・1937年9月5日　近衛文麿首相の施政演説　「支那政府の反省」「排日政策の放棄を」「帝国自衛」「徹底的打撃を加え」「東洋平和確立の大使命」

・1939年「東京朝日新聞」より　「重慶大空襲」(5/13)、「汕頭制圧」(6/22)、「占領」(同)「外国権益は平和」(6/23)、「市政府に日章旗」(同)、「舟山頭の治安確保」(6/26)、「断固実力で膺懲せん。満州国政府、決意表明」(6/28)

・『富士』8月号「空襲夫人」「森の石松」「輝く聖戦二周年を迎えて百万読者に告ぐ」「困苦の銃後を笑顔で護れ」『富士』で明るい長期戦」(7/5)、「戦車三十台を撃破　哈爾哈河畔の殲滅戦」「砲弾に代る思想戦　抗日の根源清掃へ」(同)、「綿布の輸出好調」「満州の石油試掘」「鉄、石炭、繊維の三部会新設」「生成米の奔騰」(同)

「北支派遣軍報道課長　浜田平　侵略戦にあらず　二年前盧溝橋における敵の不法射撃が今次の支那事変の直接の原因であり…」(7/6)、「戦果の極限を示せ」(同)

・南次郎「時局と内戦一体」1942.1.20（☆『史料　日本近代史』三省堂、1985年）

・近衛文麿関係文書　1938年6月7日付（昭和研究会＝推定）「戦闘の性質―領土侵略、政治、経済的権益を目標とするものに非ず。日支国交回復を阻害しつつある残存勢力の排除を目的とする一種の討匪戦なり」右(7)iiiページ

・「至急極秘」「今次の事件は全く軍部の計画的行動」昭和6（1931）年9月19日前発（奉天）、19日前着（本省）　幣原外務大臣あて　林総領事（☆『史料による日本の歩み　近代編』昭和26（1951）年9月）

・「大東亜共栄圏政策への転換」有田外相演説（1940.6.28）「抗日に猛省を促し、永続性ある東亜の平和のための大乗的の武力行為」(☆『同前』)

・松岡外相の「大東亜共栄圏の確立」演説（1940.8.1）

・近衛内閣「八紘を一宇とする」「皇国を核心とし日満支の強固なる結合を根幹とする大東亜の新秩序を建設する…」(同)（いずれも☆『同前』)

・竹内好「大東亜戦争は見事に支那事変を完遂し、これを世界史上に復活せしめた。今や大東亜戦争を完遂するものこそ、われらである」☆『中国文学』80号、1942.1「大東亜戦争と吾らの決意」。　弁護士・内田雅敏氏資料より　（『私と憲法』No.188, 2017.1.1「許すな憲法改悪・市民連絡会」)。

４．15年戦争をなぜ中止しなかったのか

・絶対主義的天皇制　天皇制ファシズム　軍事的（半）封建的帝国主義　「異常な攻撃欲」右参考文献(6)p.28

☆辺見庸『1☆9☆3☆7』金曜日、2015年10月

3

むすびにかえて

　15年戦争とは何であったか。

　満州事変は食い止められなかったか。それが第二次世界大戦へのはじまりだったとは。

　日本帝国主義侵略戦争・植民地支配の圧倒的真実とその敗北・否定。

　近現代史日本の東アジア・世界と日本国憲法（平和憲法）。

　私たち主権者がなすべきこと。

　侵略者における「平和」「居留民保護」「自衛」とアベにおける「平和」「邦人保護」「自衛」。

アベにおける「日本をとりもどせ」。「昔は昔なんです」（2017.1.13）

　「抗日に猛省」を促すために「徹底的打撃を加え」る「討匪戦」は果たさないまま、「帝国自衛」を成せず日本帝国主義は敗北した。

　今日に至るまで、日本はこの行動、思想、論理を否定したのか。

　「他民族を抑圧する民族は、自由ではありえない」エングルス

　ふたたび。すべてを「憲法の防衛と実現」に結集せよ——。

　政治の自立と軍事・経済への区別。伊藤博文、石橋湛山、幣原喜重郎。

　国家・市民社会・階級闘争のあり方。地球・世界平和への変革

　　　　　　　　　　　　　　　　　　　　　　　　　　　　　以上

☆参考文献（一部本文中の☆文献＝引用も含む）

(1)保阪正康『あの戦争は何だったのか』新潮社、2005年7月

(2)加藤陽子『それでも日本人は「戦争」を選んだ』朝日出版社、2009年7月

(3)伊藤博文『直話』新人物文庫、2010年4月

(4)家永三郎編『植木枝盛選集』岩波文庫、1974年7月

(5)松尾尊兊編『石橋湛山評論集』岩波文庫、1984年8月

(6)遠山茂樹『明治維新と現代』岩波新書、1968年11月

(7)加藤陽子『シリーズ日本近現代史⑤　満州事変から日中戦争へ』岩波新書、2007年6月

(8)野呂栄太郎『日本資本主義発達史』（上・下）岩波文庫、1983年11月

(9)服部之総『服部之総著作集第七巻　大日本帝国』理論社、1955年初版

(10)江口圭一『昭和の歴史4　十五年戦争の開幕』小学館、1982年8月

(11)宇佐美誠次郎「満州事変」『岩波講座　日本歴史20　現代3』1963年8月

(12)井上清「満州事変」『岩波講座　日本歴史20　近代7』1976年7月

(13)井上清『日本歴史（中）（下）』岩波新書、1966年

(14)佐藤伸雄・西村汎子・矢代和也・加藤文三他『改訂版　日本歴史（中）（下）』新日本新書、1978年8月

(15)大久保利謙他『史料による日本の歩み・近代編』吉川弘文館、1951年9月

(16)『史料　日本近現代史II　大日本帝国の軌跡』三省堂、1985年4月　など。

4

2. 甲4号証　稲田恭明「沖縄と憲法（以下、略）」のうち
（2016.9.22）　年表部分（1〜6頁）

<別紙・沖縄略年表①〜⑤>

2016.9.22 報告「沖縄と憲法」参考資料

【沖縄略年表①：1995 年〜2016 年】

1995 年

　9 月 4 日　沖縄で米海兵隊員 3 名による 12 歳の少女暴行事件（沖縄米兵少女暴行事件）。

　10 月 21 日　「米軍人による少女暴行事件を糾弾し日米地位協定の見直しを要求する沖縄県民総決起大会」（宜野湾市、8 万 5000 人）

　11 月 20 日　日米両政府、「沖縄基地に関する特別行動委員会」（SACO）を設置

1996 年

　4 月 12 日　橋本首相、モンデール駐日大使との会談後、普天間飛行場の「5−7 年以内の全面返還で合意」と発表。併せて、①既存の沖縄の米軍基地内に「ヘリポート」を新設すること、②嘉手納基地に追加施設を整備し、普天間の機能の一部を移すことなどを発表。①【7 年以内全面返還、ヘリポート新設案】

　4 月 15 日　日米安全保障協議委員会で SACO 中間報告を承認。普天間飛行場など 11 施設の返還、日米地位協定の運用改善などで合意。

　4 月 17 日　橋本・クリントンの日米首脳会議で「日米安保共同宣言──21 世紀に向けての同盟」（安保再定義）

　9 月 8 日　日米地位協定見直し・基地縮小の是非を問う全国初の県民投票。投票率は 59.53%、賛成派 89.09%（全有権者比 53.04%）。

　12 月 2 日　日米政府が SACO（沖縄特別行動委員会）最終報告に合意。普天間基地を含む 11 施設 5000 ヘクタールの基地返還。普天間基地の代替施設は撤去可能な海上施設を沖縄本島の東海岸沖に建設すること、北部訓練場の一部返還に合意。②【海上ヘリポート案】

1997 年

　1 月中旬　日米両政府、設置場所を名護市辺野古沖とすることで合意

　12 月 21 日　辺野古沖への海上基地建設の是非を問う名護市住民投票。投票率は 82.5%で、賛成が合わせて 45.31%、反対が合わせて 52.85%。

　12 月 24 日　比嘉鉄也名護市長は橋本首相との会談後、北部振興を名目に海上基地受け入れを表明（一方、大田知事は官邸の説得にも同意を留保）。翌日辞表を提出。

1999 年

　11 月 22 日　稲嶺惠一知事、北部地域振興策、軍民共用、15 年使用期限などを条件に、辺野古沿岸への移設受け入れを表明。名護市にも受け入れを要請。

　12 月 27 日　岸本健男名護市長、「日米地位協定改善、15 年使用期限、基地使用協定締結、基地の整理縮小、北部振興策の確実な継続などを条件に移設受け入れを表明。「このような前提が確実に実施されるための具体的方針が明らかにされなければ、移設容認を撤回する」と表明（しかし翌日、辞任）

　12 月 28 日　日本政府、「普天間飛行場の移設に係る政府方針」を閣議決定。代替施設を辺野古沿岸地域とし、軍民共用や使用期限については「重く受け止め、米国政府と協議していく」とされた。③【対米交渉条件付き辺野古沿岸案】

2003 年

11月16日　ラムズフェルド国防長官が沖縄訪問、稲嶺知事と会談。普天間基地を上空から視察し、「世界一危険な基地だ。この基地は早くどこかへ移転する必要がある」と発言。
2004年

8月13日　普天間基地所属の米海兵隊の大型輸送ヘリが普天間基地に隣接する沖縄国際大学に墜落。
2005年

10月29日　日米安保障協議委員会（2プラス2）、「日米同盟――未来のための変革と再編」を発表。沖縄の米軍再編「中間報告」では、普天間飛行場の移設先を辺野古沖案からキャンプ・シュワブ沿岸（L字形）案に変更。従来沖縄県が要望してきた辺野古沖での「軍民共用」「15年使用期限」を完全に反古。④【キャンプ・シュワブ沿岸（L字形）案】

10月31日　稲嶺知事、岸本名護市長がキャンプ・シュワブ沿岸案の拒否を表明。
2006年

5月1日　日米安保協議で「再編実施のための日米ロードマップ」発表

5月30日　小泉内閣、「在日米軍の兵力構成見直し等に関する政府の取組について」を閣議決定。99年12月の閣議決定「普天間飛行場の移設に係る政府方針」を廃止。「軍民共用空港を念頭に整備を図る、使用期限について米国政府と協議する」という政府方針も破棄。
⑤【辺野古沿岸・V字形案】

11月19日　沖縄県知事選。自公の推す仲井真弘多（約35万票）が民主・共産推薦の社会大衆党副委員長・糸数慶子（約31万票）を破り当選。普天間移設問題について、「現行案のままでは容認できない」、「名護市の意向を尊重すること」・「騒音被害軽減のため、可能な限りの沖合移動」を容認条件に掲げる。
2007年

7月2日　北部訓練場の東村高江集落に隣接する区域でヘリパッド建設始まる。反対派は座り込みによる阻止行動。

9月29日　宜野湾市・海浜公園で「教科書検定意見撤回を求める県民大会」開催。11万6000名参加。
2009年

9月16日　鳩山由紀夫連立内閣（民主・社民・国民新党）発足

12月21日　藤崎一郎駐米大使がキャンベル国務次官補、次いでクリントン国務長官と面会。藤崎駐米大使が、大雪で連邦政府機関が臨時休日になるなか、クリントン国務長官に異例の呼び出しを受けたと虚偽の説明。（後に「クリントン・メール問題」で藤崎の嘘が証明される。）
2010年

1月24日　名護市長選挙。辺野古移設容認派の現職・島袋吉和を破り、反対派の稲嶺進が当選。

2月24日　沖縄県議会、「米軍普天間飛行場の早期閉鎖・返還と、県内移設に反対し国外・県外への移設を求める意見書」を全会一致で可決。

4月19日 or 20日　外務省の役人が鳩山首相に、「陸上部隊とヘリ部隊の一体的訓練の必要性から、米軍内部の基準で沖縄から65海里（120キロ）以上離れていてはならない」と説明。後日、米軍内部にそのような基準が存在しないことが明らかに。

2

　4月25日、「米軍普天間飛行場の早期閉鎖・返還と、県内移設に反対し国外・県外への移設を求める県民大会」開催。9万3700名（主催者発表）が参加

　5月4日　鳩山首相、沖縄を訪問し仲井真知事と会談。「県内移設」を表明し、謝罪。

　6月2日　鳩山首相、辞任を表明

　6月8日　菅直人内閣発足。「日米合意に基づき辺野古移設を進める」と表明

　11月28日　沖縄県知事選。現職の仲井真弘多が33万票を集め、約30万票の革新系の伊波洋一（宜野湾市長）を破り再選。仲井真は「条件付県内移設容認」という従来の方針を転換し、「日米合意見直し・普天間の県外移設」を公約に。（翁長雄志那覇市長が選対本部長を受諾するにあたり、公約に「県外移設」を盛り込むよう要求）

2011年

　6月6日　米国防総省、12年後半に普天間飛行場へMV22オスプレイを配備する方針を正式発表。

　7月14日　沖縄県議会、オスプレイ配備計画の撤回を求める意見書と抗議決議を全会一致で可決。

2012年

　9月9日　「オスプレイ配備に反対する沖縄県民大会」開催。10万3000名が参加。

　10月1日　米軍新型輸送機オスプレイを普天間飛行場に強行配備。以後、普天間基地の2つのゲート前では、オスプレイと海兵隊の撤退を呼び掛ける行動が連日続く。

　12月　　森本敏・防衛大臣が退任記者会見で、普天間代替施設は「軍事的には沖縄でなくてもよいが、政治的に考えると沖縄が最適の地域である」と本音の発言。

　12月26日　第2次安倍内閣発足。

2013年

　1月27日　日比谷野外音楽堂で「No Osprey 東京集会」開催。「東京要請行動」

　1月28日　翁長那覇市長（「オスプレイ配備に反対する沖縄県民大会」実行委員会共同代表）らが安倍首相と面談、実行委員会・県議会・全41市町村の首長・議会議長の連名で、オスプレイ配備反対、普天間飛行場の閉鎖・撤去を求める「建白書」を渡す

　3月22日　沖縄防衛局（政府）が沖縄県に辺野古埋め立てを申請（公有水面埋立承認願書を提出）

　4月28日　安倍内閣、「主権回復の日」の記念式典。沖縄は「屈辱の日」と反発。沖縄では「4・28『屈辱の日』沖縄大会」開催。

　7月21日　第23回参院選で自民党が勝利。「辺野古移設を推進する」ことを明記する自民党本部に反し、自民党沖縄県連は「県外移設」を掲げる

　11月25日　沖縄県選出の自民党国会議員5人が自民党本部で石破茂幹事長と会談、「辺野古を含むあらゆる可能性を排除しない（辺野古容認）」ことを確認。

　12月17日　沖縄政策協議会で、仲井真知事は、振興策の要望とともに、「普天間基地の5年以内の運用停止」「オスプレイ12機程度を県外の拠点に配備すること」などを要望

　12月24日　安倍内閣、14年度予算案を閣議決定。沖縄振興予算は前年度比15.3%増、一括交付金は前年比146億円増。

　12月25日　都内で「入院中」だったはずの仲井真知事が安倍首相と会談。仲井真知事、普天間基地の5年以内の運用停止と、沖縄振興予算の増額（2021年度までの8年間にわた

3

り毎年 3000 億円台を確保）、那覇空港第 2 滑走路を 19 年末までに完成させることを条件に、辺野古新基地建設のための国からの埋め立て申請承認を受け入れ。会談後、仲井真知事は会談後の記者会見で「有史以来の予算」「驚くべき立派な内容をご提示いただいた」「140 万県民を代表して心から感謝する」「いい正月になる」などと発言

　12 月 27 日　仲井真弘多沖縄県知事が普天間基地の県外移設の方針を転換、政府の辺野古沿岸部の埋め立て申請を承認。安倍首相は官邸で記者団に、「普天間の 5 年以内の運用停止」につき、「知事との約束は県民との約束だ。できることはすべてやる」と明言。

　県民世論調査では、普天間基地の県外・国外移設と無条件閉鎖・撤去の支持が合わせて 73.5%。

2014 年

　1 月 10 日　沖縄県議会、仲井真知事の公約違反に抗議し、沖縄史上初めて知事の辞任を求める決議を可決。仲井真知事は辞任を否定。

　1 月 19 日　名護市長選で、辺野古移設反対を掲げる稲嶺進市長が再選。

　7 月 1 日　安倍内閣、新基地建設反対行動を排除するため、キャンプ・シュワブ沿岸域の「常時立ち入り制限区域」を（「沿岸から 50 メートル」から「同 2000 メートル」に）拡大することを閣議決定。

　7 月 1 日　沖縄防衛局、名護市辺野古のキャンプ・シュワブ内で基地建設工事に着手
　　　　　　　→以後、キャンプ・シュワブ・ゲート前で座り込み行動が続く。

　7 月 27 日　「沖縄『建白書』を実現し未来を拓く島ぐるみ会議」（島ぐるみ会議）結成。

　8 月 28 日　沖縄防衛局による岩礁破砕申請を仲井真弘多県知事が許可

　9 月 7 日　名護市議選（定数 27）。移設反対派が 16 議席を占め勝利

　11 月 16 日　沖縄県知事選で普天間飛行場の辺野古移設に反対する翁長雄志氏（前那覇市長）が仲井真弘多氏（現職）に 10 万票の大差をつけて圧勝、当選。

　11 月 17 日　菅官房長官、「辺野古移設が唯一の解決策」であり、仲井真知事の埋め立て許可に基づき「粛々と進める」と発言

　12 月 14 日　第 47 回衆議院総選挙。沖縄では県内 4 選挙区すべてで辺野古新基地建設反対を訴えた非自民候補が当選

　12 月 25 日　翁長知事が上京、安倍首相、菅官房長官は面会を拒否

2015 年

　1 月 26 日　仲井真前知事の埋め立て承認を検証する沖縄県の第三者委員会を設置。翁長知事は委員会設置と同時に、検証結果が出るまで工事を中断するよう政府に要請

　4 月 9 日　島ぐるみ会議が辺野古基金の設立を発表

　5 月 17 日　「戦後 70 年　止めよう辺野古新基地建設！沖縄県民大会」に 3 万 5 千人

　6 月 25 日　安倍首相に近い自民党若手議員の勉強会「文化芸術懇話会」（代表・木原稔青年局長）で講師の百田尚樹が「沖縄の 2 つの新聞はつぶさないといけない」と発言。普天間基地について、「もともと田んぼの中にあった。基地の周りに行けば商売になるということで人が住みだした」と虚偽発言。出席した長尾敬議員は（琉球新報、沖縄タイムスを名指ししたうえ）「左翼勢力に乗っ取られている。その牙城の中でゆがんだ（沖縄の）世論を正しい方向に持っていく」と発言、大西英男議員は「マスコミを懲らしめるためには広告収入がなくなるのが一番だ。経団連などに働きかけてほしい」などと発言。

4

　7月16日　沖縄県の有識者会議が名護市辺野古沿岸部埋め立てを承認した仲井真前知事の承認手続きに「法律的な瑕疵が認められる」と指摘する報告書を翁長知事に提出

　10月13日　翁長雄志沖縄県知事、普天間基地移設に伴う名護市辺野古沖の前知事による埋め立て承認を正式に取り消し

　10月14日　防衛省沖縄防衛局が行政不服審査法に基づき取消の無効を求める<u>不服審査請求</u>と、裁決までの取消処分の効力を止める執行停止を石井啓一国交相に申し立て

　10月23日　行政法研究者93名が、沖縄防衛局が行った行政不服審査法に基づく審査請求・執行停止申立てに反対する声明。

　10月27日　石井啓一国交相が翁長知事による埋め立て承認取<u>消処</u>分の効力停止を決定。処分の無効を求める審査請求の裁決は行わず

　10月27日　安倍内閣、地方自治法に基づき、国が翁長知事に代わって埋め立て承認取消処分を撤回する代執行の手続に入ることを閣議決定（＊政府は行政不服審査法では「私人」の立場を主張し、代執行では「国」の強力な権限を行使した）

　10月28日　国交相が代執行手続きの第1歩として、処分の「**是正勧告**」を沖縄県に発送（知事が応じない場合、国が知事に代わって埋め立て承認する「代執行」手続に入る）

　10月29日　政府（沖縄防衛局）、辺野古新基地建設の埋め立て本体工事に着工

　11月2日　翁長知事、<u>執行停止を不服とし、総務省の第三者機関・国地方係争処理委員会に審査を申し出</u>

　11月6日　石井啓一国交相の「是正勧告」を翁長知事が拒否。政府に対し公開質問状

　11月9日　石井国交相、質問には答えず、承認取消の撤回を求める「是正指示」

　11月12日　翁長知事、石井国交相の「是正指示」を拒否

　11月17日　国（国交省）が翁長雄志沖縄県知事の辺野古埋め立て承認取消しは違法だとして、代執行訴訟を福岡高裁那覇支部に提起【1】【代執行訴訟（行政代執行法）】

　12月14日　名護市辺野古への新基地建設阻止に向け、政党や市民団体、経済界など幅広い団体を網羅する新組織「辺野古新基地を造らせないオール沖縄会議」が発足

　12月24日　辺野古埋め立て承認取り消しの効力を停止した石井国交相の執行停止の適否を審査する第三者機関の<u>国地方係争処理委員会、第3回会合を開き、県の申し出を却下</u>

　12月25日　沖縄県、<u>国土交通相が行った執行停止決定は違法だとして、同決定の取り消しを求める抗告訴訟を那覇地裁に提起。【2】【抗告訴訟（行政事件訴訟法）】</u>
2016年

　1月29日　福岡高裁那覇支部（多見谷寿郎裁判長）で開かれた代執行訴訟の第3回口頭弁論で、多見谷裁判長は弁論終了時に県と国双方に和解を勧告

　2月1日　沖縄県、<u>国地方係争処理委員会が県の不服申し出を却下したことを受け、国に執行停止の取り消しを求めて福岡高裁那覇支部に提訴【3】【国地方係争処理委員会不服訴訟」（地方自治法）】</u>

　2月29日　福岡高裁那覇支部で3回目の和解協議を行い結審

　3月4日　福岡高裁那覇支部で、代執行訴訟をめぐる国と沖縄県の和解が成立。和解は（1）国・県双方はすべての訴訟を取り下げ、さらに国は埋め立て承認取り消しに対する執行停止を取り下げる（2）工事を中断し、問題を再協議する（3）折り合いがつかなければ「最後の手段」とされる代執行手続きよりも強権的ではない地方自治法に基づく是正指示、

5

国地方係争処理委員会での審査、是正指示の取り消し訴訟をやり直す──との内容

　3月7日　石井啓一国交相、翁長知事による埋め立て承認取り消し処分の是正を指示する文書を県に発送

　3月23日　沖縄県、是正指示は「違法な国の関与」だとして、国地方係争処理委員会（小早川光郎委員長）に審査を申し出

　4月28日　沖縄県うるま市で米軍属（元海兵隊員）による20歳の女性の暴行・殺害・死体遺棄事件発生。5月19日、死体遺棄容疑で被疑者逮捕。

　5月19日　20歳女性の死体遺棄容疑で米軍属（元海兵隊員）を逮捕。

　6月19日　米軍族の女性殺害遺棄事件に抗議し、全海兵隊の撤退を求める県民大会。6万5000人が参加（主催者発表）。

　6月21日　国地方係争処理委員会は、違法性を判断せず、国・県双方に協議を促す結論（審査結果）を通知。和解条項が定める県の是正指示取消訴訟の提訴期限は1週間後の6月28日（県は提訴せず）。地方自治法が定める県の提訴期限は7月21日（県が提訴しない場合、国が22日以降、違法確認訴訟を提起。国が勝訴した場合、代執行訴訟を提起？）

　7月10日　第24回参院選投開票。辺野古移設反対を掲げる伊波洋一氏が島尻安伊子沖縄北方担当相に10万票以上の大差で当選。

　7月21日　政府・沖縄県協議会開催。翁長知事は政府に対し、改めて提訴（是正指示の取消訴訟）しない考えを伝え、話し合いの継続を求めたのに対し、政府は22日に国の是正指示に応じない沖縄県に対し、地方自治法251条の7に基づき、不作為の違法確認訴訟を福岡高裁那覇支部（多見谷寿郎裁判長）に提起すると発表

　7月22日　政府（石井国交相）、埋め立て承認取消しに対する国の是正指示に応じないのは違法だとして、沖縄県を相手に、不作為の違法確認訴訟を福岡高裁那覇支部（多見谷寿郎裁判長）に提起。（地方自治法251条の7）【4】【違法確認訴訟（地方自治法）】

　　　　　同日　沖縄防衛局は東村と国頭村にまたがる米軍北部訓練場のヘリパッド（ヘリコプター着陸帯）建設工事に着工。150人の参観集落に、本土から機動隊約500人を大量投入し、座り込む住民をごぼう抜きに。

　8月5日　福岡高裁那覇支部（多見谷寿郎裁判長）が不作為違法確認訴訟の第1回口頭弁論。翁長知事は意見陳述で、「取消処分は適法で、是正指示を受けるいわれはない。すべてが国の意向で決められれば、地方自治は死に、日本の未来に禍根を残す」と訴え。国側は、取消処分によって「外交、防衛上の著しい不利益が生じる」と主張。多見谷裁判長は、次回期日の19日で結審し、9月16日に判決を言い渡すことを決定。

　9月16日　福岡高裁那覇支部（多見谷寿郎裁判長）、不作為違憲確認訴訟で、翁長知事が埋立承認の取消し撤回に応じないのは違法だとする国の訴えを認める判決。翁長知事は最高裁に上告する方針。

6

平成２９年１１月９日判決言渡　同日原本領収　裁判所書記官

平成２９年（行コ）第２７９号　憲法違反及び無効確認等請求控訴事件（原審　横浜地方裁判所平成２９年（行ウ）第３１号）

判　　　　　決

（住所）

控　訴　人　　長　坂　傳　八

東京都千代田区永田町１丁目６番１号

被　控　訴　人　　内閣総理大臣　安倍晋三

主　　　文

1　本件控訴を棄却する。

2　控訴費用は控訴人の負担とする。

事　実　及　び　理　由

第1　控訴の趣旨

1　原判決を取り消す。

2　平成２６年７月１日付け「国の存立を全うし，国民を守るための切れ目のない安全保障法制の整備について」と題する閣議決定が憲法前文，９条及び９９条に違反し無効であることを確認する。

第2　事案の概要

1　本件は，控訴人が，内閣総理大臣である被控訴人に対し，内閣の行った平成２６年７月１日付け「国の存立を全うし，国民を守るための切れ目のない安全保障法制の整備について」と題する閣議決定（以下「本件閣議決定」という。）が憲法前文，９条及び９９条に違反し無効であることの確認を求めている事案である。

　　原審は，本件訴えは不適法であり，その不備を補正することができないとして，行政事件訴訟法７条，民訴法１４０条に基づき，口頭弁論を経ないで本件訴えを却下し，控訴人が控訴した。

東 京 高 等 裁 判 所

2　当審における控訴人の主張は，別紙控訴理由書記載のとおりである。

第3　当裁判所の判断

1　当裁判所も，本件訴えは不適法でその不備を補正することができないから，却下すべきものと判断する。その理由は，次のとおり補正し，後記2のとおり当審における控訴人の主張に対する判断を加えるほかは，原判決の「事実及び理由」第3に記載のとおりであるから，これを引用する。

（原判決の補正）

(1)　原判決1頁26行目の「783頁」の次に「（以下「昭和27年最大判」という。）」を加える。

(2)　同2頁21行目の「それ自体が」から同頁23行目末尾までを「それ自体が直ちに国民の具体的な権利義務ないし法律関係を形成し，又は確定する効力を有するものではないというべきである。」と改める。

(3)　同2頁24行目の「ある事実行為が」から同頁25行目の「すぎず」までを「それ自体が直ちに国民の具体的な権利義務ないし法律関係を形成し，又は確定する効力を有するものではない本件閣議決定について，それが憲法の規定に違反し無効であることの確認を求めるものであって」と改める。

2　当審における控訴人の主張に対する判断

(1)　控訴人は，過去の閣議決定の例を挙げて，閣議決定は，国民の具体的な権利義務ないし法律関係に影響を及ぼしており，本件閣議決定も，これによって安全保障法制が整備されて施行され，自衛隊が南スーダンに派遣されるなど，国民生活に重大な影響を与えたから，国民の具体的な権利義務ないし法律関係に影響を及ぼすものであるとし，したがって，本件閣議決定が違憲かつ無効であることの確認を求める本件訴えは，「法律上の争訟」に当たると主張する。

　　しかしながら，内閣法4条1項及び6条の規定に照らせば，閣議決定は，合議制の行政機関である内閣の意思決定であって，それ自体が直ちに国民の

東 京 高 等 裁 判 所

具体的な権利義務ないし法律関係を形成し，又は確定する効力を有するものではないと解され，これについて憲法の規定に違反し無効であることの確認を求める本件訴えは，当事者間の具体的な権利義務ないし法律関係の存否に関する紛争に当たらないというべきであることは，前記1説示のとおりである。

　　控訴人の主張は，採用することができない。

(2)　控訴人は，憲法81条には，裁判所が具体的な事件を離れて抽象的に法律命令等の合憲性を判断してはならないことを規定する文言はなく，裁判所法3条1項にも，同項の「法律上の争訟」について当事者間の具体的な権利義務ないし法律関係の存否に関する紛争に限定する旨の文言はないから，同項の「法律上の争訟」は，当事者間の具体的な権利義務ないし法律関係の存否に関する紛争に限られるものではないと主張する。

　　しかしながら，憲法76条1項の定める司法権の内容として裁判所が審判することのできる対象は，裁判所法3条にいう「法律上の争訟」，すなわち当事者間の具体的な権利義務ないし法律関係の存否に関する紛争であって，かつ，法令の適用により終局的に解決することができるものに限られ（昭和27年最大判，最高裁昭和61年(オ)第943号平成元年9月8日第二小法廷判決・民集43巻8号889頁，最高裁平成2年（行ツ）第192号同3年4月19日第二小法廷判決・民集45巻4号518頁等参照），憲法81条の定める違憲審査権も，司法権の範囲内において行使されるものであって，裁判所は，具体的な事件を離れて抽象的に法律命令等の合憲性を判断する権限を有するものではないと解される（昭和27年最大判参照）。

　　控訴人の前記主張は，憲法81条及び裁判所法3条1項の解釈について独自の見解をいうものであり，採用することができない。

(3)　控訴人は，原審が口頭弁論を経ることなく本件訴えを却下したことは，控訴人の当事者としての当事者権，当事者の口頭弁論権を害し，憲法82条及

東 京 高 等 裁 判 所

び民訴法140条に違反すると主張する。

　しかしながら，本件訴えは，裁判所法3条の「法律上の争訟」に当たると解することができず，不適法であってその不備を補正することができないものであることは，前示のとおりであり，この場合には，口頭弁論を開く意味が認められないから，行政事件訴訟法7条，民訴法140条により，裁判所は，口頭弁論を経ないで，判決で，訴えを却下することができる。控訴人の主張は，採用することができない。

3　よって，原判決は相当であり，本件控訴は理由がないから棄却することとして，主文のとおり判決する。

　　東京高等裁判所第14民事部

　　　裁判長裁判官　後　藤　　　博

　　　裁判官　　　　藤　岡　　　淳

　　　裁判官　　　　武　田　美和子

東　京　高　等　裁　判　所

（別 紙）

控訴理由書

2017 年 10 月 /7 日

東京高等裁判所　御中

控訴人　長坂　傳八

平成 29 年（行ヌ）第 21 号
　　控訴人　　長坂　傳八
　　被控訴人　内閣総理大臣　安倍　晋三

目　次　　　　　　　　　　　　　　ページ数

第 I 部　控訴理由（I）　原判決（「却下」）のとり消しを
第 1. 原判決は無効　　　　　　　　　　　　　　　　　　　　1
第 2. 原判決は憲法違反　　　　　　　　　　　　　　　　　　1
　1. 「訴状」は、「法律上の争訟」　　　　　　　　　　　　　1
　（1)「訴状」は「法律上の争訟」である　　　　　　　　　　2
　（2）最高裁判決（1952（昭和27）年 10 月 8 日）は違憲　　　2
　2. 違憲審査権の不行使・不作為は違憲　　　　　　　　　　3
　（1）原判決は、閣議決定空中浮遊論　　　　　　　　　　　3
　（2）閣議決定空中浮遊論の破綻　　　　　　　　　　　　　4
　（3）政府治外法権論　　　　　　　　　　　　　　　　　　7
　（4）原判決と満州事変・日本国憲法の制定・沖縄問題における閣議決定　8
　　①　1931 年 9 月 18 日満州事変の開始（柳条湖事件）と閣議決定　8
　　②　日本国憲法制定と閣議決定　　　　　　　　　　　　　9
　　③　沖縄問題と閣議決定　　　　　　　　　　　　　　　12
第 3. 原判決の根拠法はない　　　　　　　　　　　　　　　14
第 4. 口頭弁論の回避は違憲　　　　　　　　　　　　　　　15
　1. 原判決は、憲法 82 条と民事訴訟法 140 条に違反する　　15
　2. 違憲訴訟と国民主権　　　　　　　　　　　　　　　　16
第 5. 必要なかった戦争法の発動と「7.1 閣議決定」　　　　17
　1. ジュバ派遣とジュバ撤退　　　　　　　　　　　　　　17
　2. なぜ「ジュバ撤退」がおきたか　　　　　　　　　　　18
　3. 無力化・不要化した「7.1 閣議決定」・戦争法の破棄を　19

第Ⅱ部　控訴理由（Ⅱ）　「7．1閣議決定」の違憲判決・無効確認を　　20
　第1節　日本列島を掩う平和の声・2017夏と9条と核兵器禁止条約が
　　　　　世界を変える　　20
　☆参考、関連資料（第1～2節共通）　　20
　　1．画期的な核兵器禁止条約と広島・長崎平和宣言　　21
　　2．あの戦争は何だったのか─日本列島を掩う平和の声・2017夏　　22
　　3．戦争を否定し、憲法に結集せよ　　23
　第2節　戦争挑発「7．1閣議決定」を破棄し、9条・憲法をもって
　　　　　東アジアの平和にあたれ　　25
　　1．世界とアメリカ　　25
　　2．北朝鮮　　26
　　3．日本がすべきこと　　26
　　4．アベは平壌へ飛び、日本の裁判所は「7．1閣議決定」違憲判決・
　　　無効確認を　　28
あとがき　　　　　　　　　　　　　　　　　　　（完）　　29

控訴理由書

2017 年 10 月 17 日

東京高等裁判所　御中

控訴人　長坂　傳八

平成 29 年（行ヌ）第 21 号
　　　　控訴人　　長坂　傳八
　　　　被控訴人　内閣総理大臣　安倍　晋三

第Ⅰ部　控訴理由（Ⅰ）　原判決（「却下」）のとり消しを

第1．原判決は無効

　原判決は、「事案の概容」の内容に誤りがあり、失当であり、無効である。

　原判決は、「第1　請求の趣旨」で「平成 26 年 7 月 1 日付け『国の存立を全うし、国民を守るための切れ目のない安全保障法制の整備について』と題する閣議決定が憲法前文、9 条及び 99 条に違反し無効であることを確認する」としている。

　原告長坂傳八の 2017 年 6 月 1 日付「訴状」該当箇所は、「当該閣議決定（『7．1 閣議決定』）の憲法違反判決および無効確認を求める」としているので、上記「請求の趣旨」はほぼ正確である。

　ところが、標題のように原判決「第2　事案の概容」の内容は、誤って記述している。つまり、「本件は、原告が（中略）と題する閣議決定（以下「本件閣議決定」という。）が憲法前文、9 条及び 99 条に違反している旨を主張して、本件閣議決定が無効であることの確認を求める事案である」（傍点は控訴人）とした。

　上記「訴状」は、当該閣議決定（以下、「7．1 閣議決定」とする）の憲法違反（前文・9 条・99 条）と無効の確認を求めているのであり、「無効」確認のみを求めているのではない。

　したがって、原判決は、原告人長坂傳八の 2017 年 6 月 1 日付「訴状」に対するものでなく、架空のものに対してであり、失当かつ無効である。

　原判決のとり消しを求める。

第2．原判決は憲法違反

　原判決「当裁判所の判断」は次の点で日本国憲法第 81 条に違反している。

1．「訴状」は、「法律上の争訟」

　上記「当裁判所の判断」は、冒頭裁判所法 3 条 1 項と最高裁昭和 27 年（マ）第 23

1
-7-

号同年10月8日大法廷判決を根拠にして、本件訴えは「法律上の争訴」にあたらないので、却下するとしている。

この点はすでに訴状P.25～26で原告人の立場を表明している。

(1)「訴状」は「法律上の争訟」である

まず、「7.1閣議決定」は、「集団的自衛権」を名目にした自衛隊の無制限海外出動、戦力化、武力発動、戦争行使、戦争国家化を一挙に可能にする「命令」「処分」(憲法81条)、「国務に関するその他の行為」(同98条)に該当する「国家意志の決定」であり、憲法前文・9条・99条に違反することを訴状は訴えている。これ自体が「法律上の争訟」である。当「判断」は当たらない。

(2)最高裁判決(1952年10月8日)は違憲

次に、最高裁昭和27年10月8日大法廷判決は、訴状(上記)で述べているように、警察予備隊違憲訴訟判決である。それは、事実上憲法81条の違憲審査権を否定する歴史的な違憲の不当判決に他ならない。日本の裁判所がこれに隷属している現状こそ問題である。

原判決は、原告長坂傳八のこの見解に何らの反論をしていない。「過去の歴史的事実」や上記の原告の「主張」を要約していることは率直に評価したい。日本のために裁判所は空虚な判例主義、形式主義、マンネリズムを脱して、国民(原告)と対話してみることを望む。

ここで、かの「砂川判決」「意見」と「補足意見」の一部を再び紹介したい。(長坂「訴状」P.24～25、「序章追加—その3—」)

「高度の政治性などの理由だけでは、『法の支配』を根本理念とする新憲法が裁判所の本質に内在する固有の権能と認めて、特に裁判所に賦与した違憲審査権を否定する理由にはならない。多数意見のごとく、国の存立の基礎に重大な関係がある高度の政治性の国家行為に対し違憲審査権を否定することは、国の重大事項と憲法との関係において憲法を軽視するものと言わざるを得ない。また、国会や政府の行為によって憲法が侵犯されることのないように配慮した憲法の精神にそわないのみならず、憲法76条、99条により特に憲法擁護の義務を課せられた裁判官の職責を全うするゆえんでもない」(以上、長坂「訴状」「序章追加—その3—提訴前夜—砂川判決と憲法」(P.24)より)。

※　出典は1959年12月16日読売新聞(夕)。「米軍基地は、憲法9条違反」の伊達判決を「破棄」した戦後最大の反動判決—田中耕太郎最高裁長官のその日。

「憲法擁護の義務」を課せられた裁判官は、違憲審査権を「高度の政治性の国家行

為」に対して行使せよ！　戦後史と日本国憲法がうんだ珠玉の思想である。「7．1 閣議決定」は「高度の政治性の国家行為」そのものであることを否定できるか。否、である。

　「砂川判決」。1960 年安保闘争を恐れて、その前年に日米合作（「訴状」P.25 参照）で企んだこの過ちは、上にみた日本人が誇るべき見識を内包していた。

　真理は吾らを自由にする。

　日本の裁判所は、これに従うべきである。

2. 違憲審査権の不行使・不作為は違憲

　「国家意志の決定」としての「7．1 閣議決定」に対しての違憲審査権の不行使・不作為は、憲法 81 条違反である。

（1）原判決は、閣議決定空中浮遊論

　原判決は、内閣法 4 条 1 項および同 6 条を援用し、閣議決定は、「合議制の行政機関である内閣の意志決定」であり、「それ自体が直ちに国民の具体的な権利義務ないし法律関係を形成し、又は確定する効力を有するものではない」としている。

　いわば、「閣議決定」は「直ち」に国民生活に影響を与えることはない、との理屈で、このことについてもすでに「訴状」で批判した（同 P.31―33、P.46。原判決も言及している）。

　「閣議決定」なるものは、空中に浮遊している？？？

　進歩的見解によれば、「国家意志の決定」は、国権の最高機関たる（憲法 41 条）国会の立法であり、閣議決定（政府）にその位置を与えるべきではない、とされる。しかしそれは法律論であって現実の政治論、国家論からすれば、「内閣の意志決定」は「国家意志の決定」である。そういう言い方をするなら「国家の政治意志の決定」であり、同義である。問題は、何が国家を動かす契機となるか、だ。内閣の統轄の下にある行政機関の組織は国家行政組織である（「国家行政組織法」第 1 条）。

　原判決は「7．1 閣議決定」から、「国内法制を速やかに整備すること」とし「法案の作成作業を開始」し、「国会に提出」し、「国会における御審議を頂くこととす」ると正しく引用している。

　その結果、安全保障法制（以下、戦争法）が強行「採決」され、自衛隊に発動（新任務）され、ジュバ（南スーダン）に派遣され、予定変更で帰国した。（後に詳述したい）

　「7．1 閣議決定」は、国民生活に重大な影響（効力）を与えた。

　今、北朝鮮と東アジア情勢をめぐり「核戦争の危機」（アントニオ猪木、2017 年 9 月 13 日（水）記者会見）が指摘され、安倍内閣が「存立危機事態」「米艦防護」

で、「7．1 閣議決定」の具体化、戦争法発動をスキをみて伺っているときに、"閣議決定空中浮遊論"は平和を守る力にはならない。

　　憲法違反の「7．1閣議決定」ではなく、この9条と平和憲法でいかに日本とアジア（世界）を守りぬくかが日本自身の使命である。裁判所も憲法擁護義務（前出）をもって、これに参画せねばならない。主権者国民とともに、国家の三権の一翼を担い、政府に迫らねばならない。

（以上、2017 年 9 月 14 日（木）記）

　　閣議決定空中浮遊論は、国家意志（国家の政治意志）の決定たる閣議決定が「外部に効力を及ぼすものではない」とすることによって、国家そのものを空中浮遊物にするという、およそ非科学的非現実的なものになっている。

　　閣議決定は政府（国家の中枢部分）の意志決定としてあらゆる分野に、それを撤回しない限りは影響を及ぼしている。法律論のようにみせてこれを否定するのは、裁判所が、己れの憲法81条違反をかくすための詭弁であることを、以上述べた。

　　いつまでもこの謬論に依存することは論理の放棄である。

（2）閣議決定空中浮遊論の破綻

　　閣議決定空中浮遊論（上述）＝「本件閣議決定は、それ自体が外部に効力を及ぼし、原告（国民）の具体的な権利義務ないし法律関係に影響を及ぼすものではない」の論＝は、安倍晋三内閣のその乱発によって、根底的に破綻していえる。

　　安倍内閣は、閣議決定を乱発している。若干の例をあげたい。以下はいずれも閣議決定とその趣旨（ほぼ日付順）

　（ア）　2015 年 6 月　加計学園で問題になっている国家戦略特区への獣医学部新設の4条件（いわゆる「石破4条件」）

　（イ）　　　　　　6 月　安倍首相はポツダム宣言を読んでいる。

　（ウ）　2016 年 4 月　必要最小限度の核兵器を持つことは憲法に禁止されていない。

　（エ）　　　　　　10 月　安倍首相の所信表明演説で、海上保安庁や自衛隊への拍手を促したのは「猛省すべき」にあたらない。

　（オ）　2017 年 3 月　森友学園問題を巡り、「内閣総理大臣夫人」は公人でなく私人である。

　（カ）　　　　同　　　教育勅語を教材として用いることは、憲法上否定されない。

　（キ）　　　　4 月　森友学園問題で首相夫人付きの政府職員が学園側に情報提供した行為は、職務ではない。提供した文書も行政文書ではない。

　（ク）　　　　同　　　アドルフ・ヒトラーの「我が闘争」は、校長らの責任と

4

判断として使用できる。

(ケ)　　　同　　　新たな学習指導要領に銃剣道を加えたのは国民からの意見を受けたためで、「軍国主義の復活や戦前回帰」ではない。

(コ)　　　5月　そもそも、という言葉は「基本的に」という意味がある。

(サ)　　　7月　「原発再稼働」を認めた原子力委の「原子力利用に関する基本的考え方」を「尊重する」。

(シ)　2013年12月　2014〜2018年度5年間の「防衛予算」総額を23兆9700億円に決定。この増額の動き（イージス・アショア、グローバルホーク、オスプレイ、ステルスF35など）が問題に。

(ス)　2001年1月　大臣への業者による供応を禁じた「大臣規範」の決定。

※　出典→（ア）は各報道、（イ）〜（コ）は「東京」2017年5月16日（火）
（24面）、（サ）は「赤旗」2017年7月27日（木）(2)、（シ）は「東京」
2017年9月5日（火）「社説」、（ス）「東京」2017年7月31日（月）(1)。

以上の限られた資料から次のことが分かる、若干の言及をしたい。

安倍晋三（以下、アベと称するときもある）と加計孝太郎の「不道徳な癒着」（韓国最高裁のサムスン・朴前大統領の贈収賄裁判）、「腹心の友」関係の恣意性を浮かび上がらせる（ア）。加計学園は、この「4条件」を満たしていない。

ポツダム宣言を国会で質問され（志位和夫共産党委員長）、要領を得ないアベ答弁の弁護（イ）。

平和憲法・9条が、核武装を認めているという憲法違反（ウ）。

国会を利用して自衛隊（憲法違反の存在）を賛美させたアベの擁護（エ）。

アベ昭恵首相夫人は「公人」ではない？！（オ）

教育勅語（憲法が否定）を称揚（カ）

森友学園問題で昭恵夫人秘書（谷美恵子）が籠池義典理事長に種々の便宜をはかった行為も文書も"勝手にやった"？！（キ）

アドルフ・ヒトラーの「我が闘争」は教材としてよい（ク）

学習指導要領に銃剣道（銃剣術—これでかつて人を殺した）を加えたことを指導・改善できずに容認（ケ）

「そもそも」は「基本的に」と同じ（「元来」ではないのか）……だから何だ（コ）

福島第一原発の爆発事故の原因・責任・被害救済もできていないのに「原発再稼働」せよ。今、アベはインドへ行き、原発を売りこみ、「アベノミクス」の「成果」にしようとしている（サ）

現在の北朝鮮核・ミサイル情勢を利用して、北朝鮮敵視と戦争熱、「圧力」、「制裁」をあおり、対話路線を志向するトランプ政権に数千億円〜1兆円余（＝ここ2、3年で）を提供して大軍拡を進める好戦主義的偏向を進めている。（シ）

アベー加計の「ごちそうになった」「ごちそうした」（本年5月、アベ国会答弁）の「供応」関係はすでに2001年に決められた「大臣規範」の閣議決定に違反している。（ス）

　このようにみてみると、2015年以来（（ス）を除く）日本の政治（政府）史上異常な形で閣議決定をなりふりかまわず行っていることが分かる。
　その対象になったテーマは、森友・加計疑惑─（ア）、（オ）、（カ）、（キ）、（コ）、（ス）─6件、戦争法や日本の平和・安全政策、憲法に関するもの─（イ）、（ウ）、（エ）、（ク）、（シ）の5件、教育に関するもの─（カ）、（ケ）の2件、原発に関するもの─（サ）の1件に分類できる（（カ）は重複）。
　この中には首相アベの便宜をはかる不自然で特異なものもある─（イ）、（エ）、（オ）、（キ）、（コ）、の5件。国民に奉仕すべき政府が、国民の利益に反する首相に奉仕させられている。いや、アベの政治的立場を守るために国家機関たる政府を利用し、隷属させている。これはアベによる政治の利権化である。アベ（勢力）の政治マフィア化というべきであろう。「閣議決定」がそのために麗々しく利用され、道具にされた。政治の壟断である。政治のマフィア化が進行している。日本の政治と国家の危機である。戦後最大の局面といってよい。
　とりわけ森友・加計疑惑における国有地8億円の値引き─国有財産と国税（国民）への背任行為、「総理のご意向」による加計学園への便宜にからむアベの国家と行政の私物化を隠蔽するものである。
　閣議決定がそのために動員された。（ここではジュバ隠蔽問題は除く）
　隣国の朴槿恵前大統領の犯罪をはるかに上まわるアベ不正・疑獄事件をごまかすために行った「閣議決定」は、憲法違反であり、撤回すべきものである。裁判所はその慧眼と威力をもて。法治国家における裁判所の役割が重視されるとき、先の「閣議決定は内閣の意志決定にすぎない」という"空中浮遊論"がどれだけ空虚で、無力で、有害であることか。それが、アベ政治マフィア化を許し、野放しにしたことを裁判所は知らねばならない。
　"閣議決定空中浮遊論"は、例の「統治行為論」と相乗作用をおこして、法治国家とは無縁な、無政府的行為を政府としていいようにやらせている。

　その最たるものが、平和憲法違反の「7.1閣議決定」である。
　みられるとおりの数々の無節操で恣意的な政府（閣議）決定がなぜできるのか。政府の行為に対する違憲判断を放棄し、回避した日本の裁判所の無責任が、三権の緊張関係を救いがたいところまでおとしめている原因である。
　裁判所の憲法判定者としての責任放棄が、政府の腐敗を生み、国会の堕落をつくっている。

今、必要なことは、日本の三権は徹頭徹尾、憲法に従え、である。

裁判所の"閣議決定空中浮遊論"と「統治行為論」は廃棄せねばならない。
腐敗せるアベ政府によって、裁判所がなめられていることを許すな。
すべては田中耕太郎最高裁長官からはじまった。
日本の裁判所は、歴史的な総括をすべきである。

（以上、2017年9月15日（金）記）

　日本の裁判所は、戦後ある時点から（「訴状」P.25）政府の国家行為（警察予備隊設置）への憲法判断を止め、今現在「閣議決定」への憲法審査を軽視し、不作為を行い、現実政治や国民生活からこれを隔絶することで、"空中浮遊論"をつくり上げた。アベ（内閣）は、このことに助けられ、便乗し、上にみたように安易で軽薄な「閣議決定」をくり返した。
　だが、日本の司法は、これを法治国家の対象外とした。
　閣議決定治外法権化の完成である。

（3）政府治外法権論
　世界のどこにそのような国があろうか。
　この間、戦争法反対、9条（憲法）擁護の国民運動の先頭に立ってきた有力、著名な学者、弁護士たちが、かくて解明された上記の閣議決定治外法権論と正面から戦うことをせず、批判せず、屈服している。そのことが誤てる裁判所と元凶アベを助けている。
　なぜなのか。
　「やっても勝てない」「判例がある」
　これがすべてだ。
　なぜなのか。
　「勝てなければ意味がない」
　そうなのか。
　ものごとを勝ち敗けで決める、ものごとを「結果を出す」ことがすべてとする。勝たなければ、儲からなければ、意味がない、勝つためには、「結果」を出すためには、儲けるためには、何でもする、法や政治や正義の姿がここに歪小化され、目的化される。これは資本の論理そのもの、"新自由主義"の思想そのものである。票数、議席数、支持率、視聴率……そこに本質や真実があるのではない。

　ところで、原告（国民）の「具体的な権利義務ないし法律関係に影響を及ぼさない」とは、具体的に何なのか。
　（ア）～（ス）（先掲）の一つでも、国家の正義を求め（（ア）、（オ）、（キ）、（コ）、

（ス））、日本・アジア・世界の平和と安全を希求し（（イ）、（ウ）、（エ）、（ク）、（サ）、（シ））、未来を担う子どものゆたかな教育を願い（（カ）、（ケ））、納税の義務を負う国民の公正な税の支出への要求（（ア）〜（ス）すべて）をする主権者の「不断の努力」という崇高な「権利義務」（憲法12条）に「影響を及ぼさない」ものがあるのか、「具体的な法律関係」に「影響を及ぼさない」ものがあるのか。

　これを、ないとするのは、もはや荒唐無稽であろう。

　以上（2）と（3）の小括

　原判決のいう、「閣議決定は、内閣の意志決定であって、それ自体が直ちに国民の具体的な権利義務ないし法律関係を形成し、又は確定する効力を有するものではない」（これを簡略化し、以下"閣議決定国民効力不在論"とする）が、詰まるところ"閣議決定空中浮遊論"もしくは"閣議決定治外法権論"であることが明らかとなった。そしてこれが破綻していることを示した。

　それすなわち、政府治外法権論にほかならず、非法治国家たる前近代の「お上による政治」、幕府専制、法の支配ならぬ人の支配の論理である。おどろくべき主権者国民不在論、国家独善幇助論である。

　日本国憲法はこれを許さない。

　「政治道徳の法則」（憲法前文）は、国家の独善を否定している。

　（芦部信喜『憲法　第三版』岩波書店、2002年。P.36）。「訴状」P.23参照。

　したがって、原判決はとり消されるべきである。

（4）原判決と満州事変・日本国憲法の制定・沖縄問題における閣議決定

　原判決は、原告長坂傳八の「訴状」について、「この点、原告は、過去の歴史的事実に鑑みれば、『閣議決定』は、『国家の意志決定』であって、『命令』、『処分』（憲法81条）及び『国務に関するその他の行為』（同98条）に該当する旨を主張」する、と正当に援用している。

　「訴状」を精読し、包摂していることは、重ねて評価したい（本文P.2参照）。

　だが、「前記判示（最高裁昭和27年（マ）第23号同年10月8日大法廷判決・民集6巻9号783頁など）によれば、独自の見解にすぎないというほかないから、上記主張を採用することはできない」とした。

　「採用できな」い「独自の見解」の拠所となった「過去の歴史的事実」について、いささかの補足をしたい。

　これを標題の満州事変・日本国憲法の制定・沖縄問題の3つにしぼって論ずる。

　①　1931年9月18日満州事変の開始（柳条湖事件）と閣議決定

　原判決も言及するように「訴状」は、「過去の歴史的事実」として、1931年9月

18 日午後 10 時 20 分におきた関東軍の謀略による柳条湖事件をとり上げ、これを容認した閣議決定（9 月 22 日）が、その後の日本の 15 年に及ぶ帝国主義侵略戦争の本格的な開始をもたらしたことを述べ、「『閣議決定』が戦争を決めたのである」とした（P.31）。

この間、考察をすすめ次のことが分かった。つまり、ときの若槻礼次郎内閣（外務大臣幣原喜重郎）は、当初「軍の陰謀ではないか」と柳条湖事件に疑念を抱いたが、日本植民地下の朝鮮軍が「独断越境」（大権干犯）を強行し、軍（東条英機ら）の執拗な圧力を受けて、この事件を追認する閣議決定を行い（9 月 21 日と 9 月 22 日）、9 月 24 日政府声明を出し、これを「自衛のための戦争」（満州事変）として正当化した。（朝鮮軍出動に関する天皇の奉勅命令は 9 月 22 日）

この閣議は、「軍の独走を抑止する」上で、また事件を「終息」させるために、「絶好かつ最大のチャンス」であったとされる。

以上は、江口圭一『昭和の歴史（4）十五年戦争の開幕』1982 年、小学館、P.59 〜65 および加藤陽子『それでも日本人は「戦争」を選んだ』朝日出版、2009 年 7 月、P.187〜290 による。なお証拠書類 長坂傳八「日中戦争はなぜおきたか（レジュメ）―平和創造研究会（第 3 回）への報告―」2017 年 1 月 15 日を参照されたい。

これまで戦前の日本資本主義・帝国主義の侵略戦争の“必然性”や“不可避性”は論じられてきたが、今「あの戦争を止めることはできなかったのか」の視点が必要とされる。

その際、戦争勢力（国家）と反戦争勢力（民衆）の角度もあるが、政治と軍事の関係からとらえることが大事である。一言で言えば、「ペンは剣より強し」、「剣に頼るものは剣にて滅ぶ」の立場から歴史を分析する、ということである。前者は古来言われ、後者は沖縄・伊江島・阿波根昌鴻の言葉である。

1931 年 9 月 18 日満州事変（柳条湖事件）の端緒で、ペン（政治）が剣（軍）を抑えるべきであった。「端緒に抵抗せよ」（丸山真男）である。政府（閣議決定）が軍部（軍事謀略行動としての柳条湖事件および朝鮮軍越境事件―1931 年 9 月 21 日）を制止し、拒絶すべきであった。逡巡し、事態を軽視し、迎合、追随して、毅然として拒否できなかった優柔不断の若槻内閣の誤りであった。

戦前の帝国憲法と絶対主義的天皇制の下で、天皇の輔弼機関にすぎない内閣の制約性は、いい訳にならない。15 年戦争の突破口となった重大性は、結果論としてでなく、深刻な現実認識をすべきであった。それが、政治（政府）の使命である。

1931 年 9 月 22 日、閣議決定が戦争を止めることができた。事実は戦争を始めた。

「政府内部の意志決定にすぎない」は、まちがいである。

（以上、2017 年 9 月 16 日（土）記）

② 日本国憲法制定と閣議決定

原告はこの春、国立公文書館を訪ね、特別展「誕生 日本国憲法」を見た。充実した内容で、多くの人が来館した。関係者に感謝したい。

貴重な数々の資（史）料、文書が用意され、現憲法制定当時の熱意と苦労が伝わった。

1946年（昭和21年）10月29日 日本国憲法公布原議書（閣議決定）は、同年10月6日貴族院と10月7日衆議院で最終的に修正され可決された日本国憲法を示した。

そこでは赤文字の手書きの修正文がそのまま記録されている。

前文、9条、25条など有名な箇所が見られるが、そのうち一つだけをとり上げたい。前文の次の部分である。

「……この憲法は、この原理に基くものである。我らは、この憲法に反する一切の法令と詔勅を廃止する。」

この原案が修正されて

「……この憲法は、かかる原理に基くものである。われらはこれに反する一切の憲法、法令及び詔勅を排除する」

上記引用文の＿＿は修正前、＿＿は修正後の各文言である。

私は近年やっと気づき、強い問題意識をもち、発言、執筆してきたので鮮烈な衝撃と感銘を受けた。

注目すべきは、「法令と詔勅」を「憲法、法令及び詔勅」にしたこと、「廃止」を「排除」にしたこと、である。

原告長坂傳八は、憲法を長く生徒に教えてきた。しかし、この2箇所に注意を払えなかった。なぜ「憲法」を追加し、なぜ「排除」という最高級の概念を導入したのか。不思議なことにその研究論文は知られてない。しかし、日本国憲法（制定過程）の歴史的意義と価値を語るとき、ここは重大な意味を有している。

おりしも今、アベ（内閣）は「北朝鮮核・ミサイル」問題に乗じて、必要以上に危機や脅威をあおり、"敵基地攻撃"や先制攻撃をちらつかせながら、1兆円余になんなんとする巨額な米国イージス・アショアなどの軍事・戦争兵器購入を、国民の了解もなしにトランプ（アメリカ）に申し入れてその歓心を買い、世界で特異・異様な「圧力」「制裁」の名の好戦的態度をとり、憲法違反の米日韓合同演習を行って、戦争法発動をねらい、テレビを総動員・操作して、平和憲法の改悪を策している。

「自衛隊を9条に加える」企みを「9条加憲」とするのは、まちがいである。「自衛隊」の明記を、アベのいう"新憲法"（本年1月国会の施政方針演説、「訴状」P.20

10

―21）への悪魔の突破口にすることを策しているのは、国民にわかりやすい陰謀である。

　アベは、2012 年自民党憲法改正草案にみられる自主憲法制定を、自らの使命としその「革命」を果たすことを妄念としている。

　ところで、このアベ自主憲法はすでに明らかにされているように、今日の「原理」（平和主義・基本的人権・国民主権）を、天皇元首、国軍、緊急事態、家族、公の秩序等で根底的に壊滅させ、戦前帝国憲法を事実上復活させるものである。

　憲法「前文」がなぜ「憲法の原理」に反する「一切」の「憲法、法令及び詔勅」を「排除」するのか。

　憲法策定者（山本有三も参画した）は、今日のアベに代表される、反憲法、反平和、反国民、反近代、反民主主義の潮流と動向を予測、警戒する時代洞察能力をもっていた。

　憲法は、自己を防衛する戦闘的思想を具備していたのである。

　政府と主権者国民は、このことを知らねばならない。

　憲法前文の「排除」概念は、アベの用意する（した）すべての憲法改悪案と戦争法（2015 年 9 月）に向かって発動され、機能する。

　運動の側も、「アベ改憲反対」、「9 条こわすな」、「憲法破壊」を言う前に、その百倍の強調で、「憲法は許さない」、「憲法は排除する」、「憲法を守る（守れ）」を主張すべきだ。主権者国民は「アベ」以上に大きくなければいけない。

　憲法の思想と論理は、この日本とアジア（世界）を守る。（「訴状」P. 10、21 参照）

　ときの吉田茂第一次内閣は、これを閣議決定した。

　憲法制定過程は、おりおりの閣議決定によって進められた。
（ア）1946（昭和 21）年 2 月 26 日　マッカーサー憲法草案全文を閣議で審議
（イ）　　　　　　　　　3 月 12 日　憲法改正案の議会提出を閣議決定
（ウ）　　　　　　　　　4 月 5 日　憲法改正草案（口語化第 1 次案）を閣議で承認（以上、幣原喜重郎内閣）
（エ）1946（昭和 21）年 10 月 29 日　日本国憲法公布について閣議決定（吉田茂第 1 次内閣）　　　　　　　　　　　　　　（上述）
（オ）1947（昭和 22）年 6 月 20 日　新日本建設国民運動要領（日本国憲法普及活動・憲法普及会）を閣議決定（片山哲内閣）
　　戦後日本政府は、国是である日本国憲法について誇り高く国民によびかけ、普及運動をした（憲法普及会・普及協会は 1947 年から 1954 年まで）。

アベ内閣は、先達のこの伝統をこそ守れ。

　以上、参考文献は、国立公文書館『平成29年春の特別展　誕生　日本国憲法』2017年4月7日発行。上記（ア）～（オ）のうち、（ウ）を除きすべて閣議決定である。
　憲法制定過程は、閣議決定で展開された。憲法と一体である。

　③ 沖縄問題と閣議決定
　原告長坂は、大学1年18歳の夏、北緯27°線太平洋洋上で「沖縄本土復帰海上大会」に参加し、屋根ほどもある波間に揺れ、くり舟にのって瀬長亀次郎ら沖縄代表団と交歓した。1964年8月15日。
　高校生を引率して沖縄に修学旅行にいったのは、それから20年経っていた（1984年）。「ひめゆりの塔」の女子学生たちの犠牲者の顔写真は、あふれ出る涙でさえぎられた。このとき、2015年2月、安倍首相が守ることのできなかった平和のジャーナリスト後藤健二が生徒として参加していた。彼は、沖縄に強い印象を受け、その道にすすむことを決意したと聞く。沖縄には以来、十数回訪れた。
　1971年「沖縄協定」国会、原告長坂は「本土なみ核ぬき返還」を求めて21日間毎日国会デモに行った。高校日本史の教師になっていた。
　今、普天間基地返還を口実にして、辺野古に米軍永久基地建設計画を強行し、沖縄県知事・県民の戦争基地反対・平和を願う思いをふみにじり、沖縄県の琉球王国からの伝統と歴史・文化に支えられた自決権（自治）を奪おうとしている。
　沖縄問題はひとごとではない。日本の一部である。
　沖縄から米軍基地の撤去で、侵略戦争出撃基地（朝鮮戦争、ベトナム戦争、イラク戦争など）と現在の東アジア情勢の緊張の原因基地から、沖縄を東アジア平和の拠点に転換することは、一人沖縄のみならず日本と東アジアの課題である。
　この沖縄問題に、閣議決定が利用されている。列挙したい。
　（ア）　2006年5月30日　小泉純一郎内閣　1999年12月の閣議決定（普天間米軍基地の使用期限について米国政府と協議する）を破棄する旨の閣議決定を行う。
　（イ）　2014年7月1日（本件「7．1閣議決定」の日）安倍内閣、辺野古基地反対行動を排除するため、「常時立ち入り制限区域」を「沿岸50mから200mに拡大する」ことを閣議決定。
　（ウ）　2015年10月27日　安倍内閣　国が翁長知事に代わって、埋め立て承認取消処分を撤回する代執行の手続きに入ることを閣議決定。

以上は、本控訴理由書証拠書類甲⑧号、稲田恭明「沖縄と憲法―2016年9月22

12

日第 11 回『7.1 閣議決定』違憲訴訟のための勉強、相談会への報告」2016 年 9 月
22 日による。

　　小泉内閣は、普天間米軍基地の「使用期限」を事実上、無制限化し（ア）、安倍
内閣は辺野古新基地反対デモを規制、抑圧して県民・国民のデモの権利に反するこ
とを行い（イ）、翁長知事の埋め立て承認とり消しの法律上の権限を剥奪した（ウ）。
　　これがいずれも閣議決定である。
　　このどこが、国民（県民）の「具体的権利・義務関係に影響を及ぼしていない」
のか。
　　ここまで、沖縄の権利を蹂躙して「影響を及ぼさない」と強弁するのであれば、
日本の裁判所が"空中浮遊"していることになる。

　　突如今、アベ首相が国会解散・総選挙を言い出した。憲法 69 条違反である。税
金のムダ使いをせず、国民生活充実のため国会も内閣も任期を全うして働くべきで
ある。議員の要求した臨時国会も開かず（憲法 53 条）、森友・加計疑獄は逃げまわ
り、南スーダン自衛隊日報問題は隠しつづけ、憲法違反と政治の私物化・マフィア
化を重ねるアベ内閣は、主権者国民の鉄槌を受ける。悪政久しからず。北朝鮮問題
を政争の具にするな。

　　　　　　　　　　　　　　　　　　　（2017 年 9 月 17 日（日）午後 7 時　記）

　　以上（3）の小括
　　原判決は、閣議決定が戦前帝国憲法下の満州事変（1931 年 9 月 18 日―奇しくも
本日はその 86 周年である）における軍部の独走＝統帥権干犯（憲法違反の可能性
をもつ）を国家の意志に転化し、その後の日中 15 年戦争・アジア太平洋戦争・第
二次世界大戦・初の核戦争（広島・長崎）をつくり出した、この歴史的事実に適合
しない。
　　1931 年 9 月 21 日と 22 日と 24 日の閣議決定と政府声明は、柳条湖事件（軍の独
走）を憲法上の立場から否定、拒絶すべきであった。（①）
　　閣議決定（1931 年 9 月 22 日と 24 日）は、「満州事変」の公認をした。そのこと
によって日本の全国民の「具体的な権利義務ないし法律関係」に重大な「影響」を
及ぼす戦争が公然と開始された。

　　日本国憲法は、ほかでもない「閣議決定」（1946 年 2 月 26 日と 3 月 12 日と 10
月 29 日）がこれを誕生させた。国民の「具体的な権利義務ないし法律関係」のす
べてを規定する「最高法規」（憲法）は、閣議決定なしに生まれなかった。（②）

　平和と自治と基地撤去を求める沖縄県民のデモ＝言論・表現の自由を規制する閣議決定は、沖縄に連帯する原告長坂傳八の言論・表現と思想の自由という「具体的な権利義務ないし法律関係」を侵害し、これに影響を与えている。（③）

　原判決は、以上の理由によりまちがっており、とり消されるべきである。

第3．原判決の根拠法はない

　原判決を「認める旨」を「特に定めた法律」は「存在」しない。原判決は、「国民が、具体的な権利義務関係を離れ、国民としての地位にもとづいて閣議決定の効力を争う訴えを提起することを認める旨を特に定めた法律も存在しない」としているが、逆である。
　標題にあるとおり、原判決を正当化する法律は存在しない。
　原判決は前述した（第2の1の（1）と（2）、P.1〜3）とおり、最高裁昭和27年10月8日大法廷判決（警察予備隊違憲判決）を根拠としているが、その不当性についてはすでに述べたのでくり返さない。
　原判決は、本件訴状の「閣議決定の効力を争う訴え」を認める法律は存在しないとし、その根拠を裁判所法3条1項の「法律上の争訟」に求めている。
　しかし「7．1閣議決定」が憲法（前文・9条・99条）違反であることを訴えている本件「訴状」それ自体が「法律上の争訟」ではないのか。本件「訴状」そのものが、原告ー被告当事者間の「法律上の争訟」である。
　原判決は、この「法律上の争訟」概念を原告の具体的な被害（具体的な権利義務関係）に歪小化し、すりかえている。これを同義とするのは、牽強付会である。「法律上の争訟」を勝手に解釈している。
　裁判所法第3条は「裁判所の権限」として「一切の法律上の争訟を裁判し」とある（1項）。「法律上の争訟」が、「具体的でなくてはならない」とか「抽象的であってはならない」とは、一切規定していない。
　原判決は、裁判所法違反である。

　原判決が依拠する上記1952（昭和27）年警察予備隊違憲訴訟判決（上掲）は、次のように決している（要旨）。
　「したがって日本では、裁判所は『具体的事件をはなれて、抽象的に法律命令等の合憲性を判断する（できる）との見解』には、憲法上及び法律上何等の根拠も存しない」
　この判決は、事実を全くあべこべにしている。
　「憲法上」をみてみよう。憲法81条である。（「最高裁判所の法令審査権」）
　「最高裁判所は、一切の法律、命令、規則又は処分が憲法に適合するかしないかを決定する権限を有する終審裁判所である」

14

　このどこに、「具体的事件を離れるな」とか「抽象的に法律命令等の合憲性を判断するな」と書いてあるのか。

　「法律上」をみてみよう。

　裁判所法 3 条である。すでにみた。

　とすると、上記最高裁判決は、「憲法上及び法律上何等の根拠も存しない」ことになる。

　半世紀余の線上にある原判決は、「憲法上及び法律上何等の根拠も存しない」。

　原判決はとり消されるべきである。

　以上は、「訴状」「序章追加―その 3―提訴前夜―『砂川事件』と憲法」「Ⅱ　提訴前夜―『砂川判決』と憲法」「2. 二つの判決と憲法」「(2) 警察予備隊違憲判決について」（P.25〜27）を、この機会により考察した。

　ときの最高裁長官田中耕太郎は、のちの「砂川判決」（1959 年 12 月 15 日）ともども、政治に屈して司法の独立を守れず、日本の裁判を貶めた。今に至る後進の裁判所（裁判官）は、憲法 76 条にもとづいて雄々しく裁判史を書きかえる努力をされることを希望したい。「訴状」が、「精神的苦痛」をあげていないのは、この立場からである。

　　　　　　（以上、満州事変（柳条湖事件）の日―2017 年 9 月 18 日午後 7 時記）

第4．口頭弁論の回避は違憲

　原判決にあたって、口頭弁論を実施しないのは、憲法 82 条および民事訴訟法 140 条に違反する。

1. 原判決は、憲法 82 条と民事訴訟法 140 条に違反する

　原判決は、「口頭弁論を経ないでこれを却下する」とした。

　しかし、標題のとおりこの措置は、憲法 82 条と民事訴訟法 140 条に違反する。

　なぜなら、憲法 82 条は「裁判の対審及び判決は、公開法定でこれを行う」と規定し、民事訴訟法 140 条は、口頭弁論の実施を前提としている。原判決の行為はこれに反する。

　原判決は、口頭弁論を「経ないで」却下した理由として 2 つ挙げている。1 つは、「訴状」が「『法律上の争訟』に該当しない」こと、2 つは、「具体的な権利義務ないし法律関係を離れ」ていること、の 2 つである。よって、本件訴えは「不適法」であるので、口頭弁論をしない、というものである。

　本「控訴理由書」はすでに、1、本件「訴状」そのものが「法律上の争訟」であること、2、「具体的な権利義務云々」を「離れ」、つまり具体的な原告の被害をとり上げることなく、「抽象的」に「閣議決定の効力を争う訴え」を提訴することは、適法であることを論じた（第2の1の(1)、―P.2、(2)―P2〜.3 および第3―P.14〜15）。

　原告は、当事者として当事者権を有し、当事者の口頭弁論権は、この当事者権に属する（民事訴訟法140条および142条）。

　原判決は、直接的表現はしていないが、原告の当事者適格がないとの認識をしていると推論するが、本控訴理由書全体および訴え提起前から、「7．1閣議決定」の違憲性とその撤回を主張し、その「紛争解決のための行動をおこしている者※」に原告が該当することを指摘して、原告は当事者適格を有することを主張する。

　　　　　※　山本弘・長谷部由起子・松下淳一『民事訴訟法第2版』有斐閣アルマ、2009年3月初版、2013年10月第2版第1刷、P.108。

　原判決にあたって、横浜地裁が法定における口頭弁論の場を設けなかったことは、以上述べたことから誤っており、憲法82条および民事訴訟法140条に違反している。
　原判決は、判決の要件を満たしていない。

２．違憲訴訟と国民主権
　原告長坂傳八は、憲法32条裁判を受ける権利を行使し、「7．1閣議決定」（2014年7月1日）の憲法（前文・9条・99条）違反判決および無効確認を求めて、本年6月1日横浜地裁川崎支部に提訴し、同日記者会見を行った。
　回付された横浜地裁から、8月23日付判決文が送達された。
　この3カ月近くの間に、被告内閣総理大臣安倍晋三からの反論書は、原告に届かず、ために答弁書（原告）を出すこともなかった。口頭弁論への予想と我々の相談会での相談・準備・話し合いを重ねた。
　口頭弁論なしのいきなりの却下の判決は、上記の過程をすべて排除したものであった。

　「7．1閣議決定」が、憲法に違反する自衛隊を海外へ無制限に出動させ、アメリカの戦争その他へ動員させることによって、日本を憲法に反して戦争国家へと転じ、日本が進むべき平和憲法国家の道を選ばず、その使命と責務から逃避する宣言であることを断じた本件「訴状」について、その当事者である被告安倍晋三首相が、主権者国民＝原告に対して、どう答えるのか、どう説明するのか、その手続きを裁判所はとるべきであった。
　北朝鮮・東アジア情勢の今日、上記原告「訴状」が考求する方策が唯一、日本と国民、東アジア、ひいては世界を救うものであり、被告アベと「7．1閣議決定」が企図する方向ではないことが明白となっている。

　世界が平和解決（平和的解決）と対話を求めているとき、ひとりアベだけがカネ（国民の了解していない税金支出）をばらまき、「敵基地先制攻撃」さえちらつかせ（先述）、「制裁と圧力」を各国に要請している。

　その結果、核戦争がおきたときアベは責任がもてるのか。

　アベが今なすべきことは、制定 70 年で試された 9 条・平和憲法をたずさえ、その命ずるところに従って、誠意をもって日本不戦を誓うため平壌に行くことである。

　アベは誠実に主権者国民と対話せよ。

　原告長坂傳八の「訴状」に応えよ。

　裁判所は、その訴訟手続をせよ。

第 5．必要なかった戦争法の発動と「7．1 閣議決定」
　　　―自衛隊ジュバ撤退（5．25）と「7．1 閣議決定」・戦争法路線の破綻

1．ジュバ派遣とジュバ撤退

　本年 5 月 25 日、南スーダン・ジュバに PKO で派遣されていた自衛隊が撤退し、無事日本に帰国した。

　近年における非常に重要な政治的意義をもつできごとである。

　アベは、「自衛隊の PKO としての道路工事などの仕事がめどがついたので」とその理由を言った。しかし、これはウソである。

　このジュバ撤退事件は、標題のとおり、「7．1 閣議決定」―戦争法の路線の重大な破綻である。

　　　2014 年 7 月 1 日　集団的自衛権行使を宣言した「7．1 閣議決定」

　　　2015 年 9 月 19 日　戦争法（安全保障法制）の国会（参議院本会議）の「成立」

　　　　　　　　　　　　　（本「訴状」は無効の立場をとる）

　　　2016 年 3 月 19 日　戦争法の施行を閣議決定※（3 月 29 日施行）

　　　　　11 月 15 日　南スーダン・ジュバ派遣第 11 次自衛隊に戦争法

　　　　　　　　　　　（「かけつけ警護」など新任務）の初発動することを閣議決定※

　　　2017 年 3 月　　　上記、第 11 次派遣自衛隊の 5 月撤退を閣議決定※、

　　　2017 年 5 月 25 日　上記、第 11 次派遣自衛隊、ジュバ撤退。

　　　　　5 月 26―27 日　上記自衛隊帰国（青森）

　　　　　　　　　　　　　家族の涙と国民のよろこびで迎えられる。

　　　　　※ここでも、閣議決定が事態をすすめた。第 11 次派遣自衛隊（普通科
　　　　　　部隊―戦闘訓練・可能部隊。それまでの施設部隊と基本的に任務がち
　　　　　　がう）が一発でも弾を撃てば、死者が出た。これでも「閣議決定は政

172

府の外部に効力を及ぼさない」と言えるのか。

　　「7．1 閣議決定」に加えて、上記閣議決定は自衛隊員に「かけつけ警護」初任務付与命令で、「殺し、殺される」状況を強いた（未遂）。

2. なぜ「ジュバ撤退」がおきたか

　本年5月28日（日）NHKテレビ特集「変貌するPKO　現場からの報告」（続編6月3日（土））は、次のように伝えた。

　「私の命は今日で終わるかも知れない。家族に感謝したい」。ふるえる手で、こう遺書を書き残したジュバ派遣自衛隊員（第10次）。

　2016年7月10日のことである。その2日前、ジュバ現地で「戦闘発生」と現地PKO自衛隊日誌に記録される事件がおきた。南スーダン内戦により、PKO宿営地に多数の住民が避難した。宿営地には、日本のほかルアンダ、エチオピア、バングラデュなどのPKO部隊が駐留していた。ルアンダ軍が発砲をした。反政府軍の攻撃に対してである。南スーダン政府軍戦車が出動し、追撃砲を撃った。自衛隊宿営の建物の壁まで振動した。

　10次派遣自衛隊は、死の恐怖におそわれた（7月8日）。

　「私たちはいざというときには、発砲することが認められていたが、一発撃てば（相手を殺せば）自分たちが殺される。私たちは、日本が攻められたときは戦う覚悟だが、こんな遠くまできて戦うためにあるのではない、一発も撃つのは止めようと話し合っていた」

　この特集を制作した関係者の勇気と正義を称えたい。

　その後、布施祐仁氏の開示請求がなされ、「自衛隊ジュバ日報問題」が発生し、政府の不開示、破棄して不存在、存在した、という二転、三転の政府・防衛相答弁がつづき、「日報隠蔽」の政治問題となって稲田朋美防衛相が辞任した。

　だが問題は、「日報」にあるのではない。

　南スーダン（ジュバ）で何が起きている（いた）かである。

　施設部隊（戦闘目的ではない）が、命の危機に直面した情勢が何であったか。スーダンは、アメリカの介入によって南スーダンが独立し（2011 年）、南北分断ののち、内戦状態に突入した（2013 年）。アベ内閣はこれを承知で、PKOへの自衛隊派遣をつづけた。すでに「PKO5原則」に抵触し、撤退すべき事態となったが、アベ内閣は黙殺した。第 10 次派遣自衛隊が日報に「戦闘発生」と書き、自衛隊（防衛省）本部に送ったのは、「助けてくれ、私たちは道路が任務だ、戦争じゃない」との必死の叫びだったのだ。

　稲田防衛相は、その年 10 月現地に行き「ジュバは安全です」と国会答弁した。そしてこの「日報」をにぎりつぶした。「安全宣言」をでっち上げて、アベ内閣は 11 月

18

15日、「戦闘行動をする部隊」である陸上自衛隊第9師団第5普通科連隊（青森市）の第11次派遣（11月20日出発、12月12日より「新任務」）を命ずる「閣議決定」を行った。

　「自衛隊を南スーダンに送るな」、「戦争法廃止」、「平和憲法を守れ」、「君たちを死なせない」、「だれの子も殺させない」、「戦場の現実を見ない空論だ」の批判に答えず11.15「閣議決定」を強行した。

　だが、ジュバへ向かう11次派遣隊の隊長は、「全員無事に帰ろう」と決意を述べた。平和憲法と「わが国の平和と独立を守り、国の安全を保つ」ことを任務とした自衛隊法の下で、国民（被災地住民）の救助にあたって（原告の教え子もいる）支持されている自衛隊が、「君たちを死なせない」、「だれの子も殺させない」の国民の痛切な声に共鳴、連帯した。

3．無力化・不要化した「7.1閣議決定」・戦争法の破棄を

　国会と国民の追及の前に、アベは「断固継続」と言えずに、にわかに「危なくなったら、ためらうことなく撤退する」と言い出した（本年4〜5月）。

　憲法に違反し、PKO5原則からはずれ、国民の平和の意志に反してまでおし通した11.15閣議決定（前述）と11.20派遣（同）、12.12「新任務」発動は、2017年5月25日派遣自衛隊の撤退という帰結となった。

　「7.1閣議決定」―戦争法―自衛隊「新任務」＝武力行使・交戦権発動・戦争発動の路線は、重大な破綻をきたした。

　10次派遣隊の「一発も撃つまい」と11次派遣隊の「全員無事で帰ろう」の意思が、これを可能にした。憲法9条に違反する自衛隊は、多くの人々の努力とたたかいによって、この平和憲法と国民に深く根づいた。

　アベの戦争部隊―戦力化の政治目的は打ち砕かれた。

　アベの何番目かに数えられる決定的な政治破綻である。

　アベは、戦争法を初めて発動して、実効に移せず、失敗した。自衛隊が一発でも撃てば、戦争法（新任務―「かけつけ警護」「共同防護」など）はたちどころに現実の戦争となった。自衛隊が、これを阻止した。

　戦争法を無力化したのである。

　戦後政治史におけるこの重要事件を、政党、政治家も、学者、運動指導者も、このことにほとんど着目できていない。アベ改憲の危機、9条は破壊された、を言う前に、運動がつくり出している現実の政治を見なければならない。

　我々が考える以上に、権力を不当に運用している者は、国民主権者の声と運動を恐れている。運動と主権者・人民の意志自体が政治である。

　そこに現代史の意味がある。

　そしてアベは、何よりもこの平和憲法（とその意志化）を恐れている。

　破綻したアベは「道路の整備が進みましたから」と懸命のとりつくろいを行い、今日の"北朝鮮危機"をあおり利用して、落ちた水から浮き上がろうとしている。

　1年に及ぶ森友・加計疑惑の国民の怒り・不信への恐れが、アベを襲いつづけている。

　（南スーダン問題については、「訴状」P.13、15を参照されたい）

　本節で論じた以上の問題の根源が、「7.1閣議決定」である。

　ジュバで「新任務」は必要でなかったし、無力化し、無効化した。

　「7.1閣議決定」は違憲判決・無効確認され、破棄・撤回さるべきである。

（以上は、2017年9月20日（水）記）

第Ⅱ部　控訴理由（Ⅱ）　「7.1閣議決定」の違憲判決・無効確認を

第1節　日本列島を掩う平和の声・2017夏と9条と核兵器禁止条約が世界を変える

☆　参考・関連資料（第1〜2節共通）

(1) 2017.7.7（日）「核兵器禁止条約」　　「核兵器の終わりの始まりだ」（7／8（土）「東京」夕（1面、以下数字のみ）

(2) 8.6（日）「広島平和宣言」

(3) 8.9（水）「長崎平和宣言」

(4) 7.5（水）「東京」(1)「日中戦争の発端　盧溝橋事件80年　七夕に不戦」

(5) 8.7（月）「同」(2)「条約反対　怒りこめ抗議　被爆者　首相の姿勢を批判」

(6) 8.10（木）「同」夕(7)「千葉空襲『住民を標的』」

(7) 8.13（日）「同」(25)「好天気予報」が送った命　出撃機の隊員へ自責の念」

(8) テレビ (8)〜(12)

　　8.12（土）ＮＨＫＢＳ１　Ｐ.Ｍ.10—11「世界が終わるとしても　サーロー節子　世界が震えた言葉」

(9) 8.13（日）　同　　　　　Ｐ.Ｍ.10—12「日本を焼きつくした米軍幹部246人の…」

(10) 8.14（月）ＮＨＫスペシャル「『知られざる地上戦』樺太・5000人の犠牲者　なぜ?…」

(11) 8.15（火）ＴＢＳＮＥＷＳ23「綾瀬はるか　戦争を聞く　うさぎ島の秘密の…」

(12) 　同　　　　　　ＮＨＫスペシャル、Ｐ.Ｍ.7:30—8:45「戦慄のインパール」

20

(13) 8. 15（火）「東京」(1)、(8) なかにし礼「平和の理想　まだこれから」

(14) 8. 13（日）「赤旗日曜版」加藤剛「憲法は"夢の形見"」

(15) 8. 10（木）「東京」(4) 西部邁「米国屈従でいいのか」

(16) 8. 12（土）「同」（同）三浦瑠麗「全否定は過去見誤る」

(17) 8. 4（金）「同」(1)「第3次安倍第3次改造内閣発足『スケジュールありき
　　　　　　　　　　ではない』首相が改憲姿勢修正」

(18) 8. 6（日）「同」(2)「首相　発言修正重ねる」

(19) 8. 3（木）「同」(1) 福田元首相　安倍政権批判　官僚が官邸の顔色みて仕事
　　　　　　　　　　国家の破滅に近づいている」

(20) 7. 31（月）「東京」(1)「加計知ったのは1月20日　首相『大臣規範』意識か」

(21) ラジオ　8. 22（火）「文化」P.M.3:30—5:50 斉藤一美サキドリ、田中真紀
　　　　　　　　　　子「窮地の安倍…」

(22) 8. 20（日）「東京」(3)「トランプ氏最側近バノン氏解任…」

(23) 8. 19（土）「同」(3)「2+2で伝達　地上型イージス艦も新たに…」

(24) 8. 13（日）「赤旗」(1) 志位和夫「米朝は無条件で直接対話を」

(25) 6. 30（金）「同」(5) 社説「平和国家の道をはずすな…」

(26) 8. 4（金）「東京」「憲法守る政治、今度こそ　改造内閣が始動」

(27) 8. 21（月）ラジオ文化放送　P.M.3:30—5:50 斉藤一美「小沢一郎が政治の
　　　　　　　　　　展望を…」

(28) 8. 23（水）同上、森田実「アベ首相は、アジアへの平和政策を、野党は平壌
　　　　　　　　　　へ」

(29) 7. 9（日）「東京」(29)「日中戦争で出兵　中村さん（100歳）戦争しない責
　　　　　　　　　　任」

1. 画期的な核兵器禁止条約と広島・長崎平和宣言

　広島・長崎・ビキニ以来の日本国民の悲願であった核兵器禁止条約が、7月7日、国連会議で採択されました（国連167カ国中、122カ国の賛成）。日本はこれに反対し、被爆者がアベ首相（以下、アベとする）に激しく抗議しました（☆資料(5)）。

　被爆者サーロー節子さん（85歳、カナダ）は、「この日を70年間待ちつづけた。核兵器の終わりの始まりだ」と演説し、万雷の拍手（☆資料(1)、以下数字のみ示す）をうけました。

　エレン・ホワイト同会議議長（非武装の憲法をもつコスタリカ代表）は、「被爆者が出席してくれたことは、この会議の交渉を成功に導く推進力でした。それはすべての（政府）代表を感動させ、人間の魂に訴えかけるものでした。それは、理性とハートを結ぶプロセスでした」と述べたと伝えられます。被爆者は、「私たちは自らを救うとともに、私たちの体験をとおして人類の危機を救おうという決意を誓いあった」

21

（1956年）ところから出発しました（以上、志位和夫共産党委員長＝参加。8月8日（火）赤旗（4面））。

サーロー節子の訴えに心を揺さぶられたエレン・ホワイト議長が、条約の採択を各国政府に魂のよびかけをしました。（☆（8））核兵器の使用、生産から移動、保存、依存、そして威嚇までを禁止したことは、1万6000発にのぼる現存核兵器の廃絶と今、直面する核戦争阻止、そして人類と地球の平和に向かうはかり知れない意義をもっています。世界がこの認識をもち、シリアをはじめとする無秩序な戦争や軍備拡張を否定する、あらたな力になることを願います。

8．6広島宣言と8．9長崎平和宣言は、「絶対悪である原爆がもたらした地獄は、過去のものではない。『核兵器のない世界』に向け、日本政府は、平和主義の達成を誓う憲法を体現し橋渡しに本気でとりくめ」（広島）

「日本政府は、なぜ核兵器禁止条約に参加しないのか、一日も早い参加を。憲法の平和の理念と非核三原則を厳守して、核の傘への依存をやめ『北東アジア非核兵器地帯』を実現せよ」（長崎）

と、高らかに宣しました。両文書とも、憲法と非核条約（核兵器禁止条約）を掲げ、日本政府に迫っています。（☆（2）、（3））

2．あの戦争は何だったのか—日本列島を掩う平和の声、夏

この夏、いつになくあの戦争が何であったのか、意欲的なテレビや新聞の特集がみられました。

「日本を焼きつくした米軍幹部246人の肉声テープ、無差別爆撃の理由と真相」（8／13（日））、「『本土空襲・全記録』66都市2000回の空襲を発掘映像と機密資料で徹底分析」（8／12（土））※

「『知られざる地上戦』樺太・5000人の犠牲者なぜ？終戦後も戦闘が　悲劇の7日間明らかに」（8／14（月））

「綾瀬はるか戦争を聞く　うさぎ島の秘密の過去告白“死の露作った”」「『戦慄のインパール』最も無謀な作戦はなぜ　▽潜入取材・国境地帯　▽使者3万の白骨街道▽元兵士・消えぬ悪夢　▽牟田口司令官の肉声　▽責任逃れの参謀たち」（8／15（火）、いずれも）

「明日世界が終わるとしても　サーロー節子　世界がふるえた言葉」（8／12（土））以上、☆資料（8）〜（12）。ただし、※を除く。一部順不同。

（以上、2017年8月23日（水）記）

濃淡はありますが、資料（上記）は全部見、録画しました。あの戦争が何であったか、驚愕の真実が描き出されます。現場記者と制作関係者に感謝します。

「世界が震え」たサーロー節子の「言葉」とは何でしょうか。

　今夏は、次のものも見られます。

　満州とマレーシアに招集された中村仁一さん（百歳）は、「無謀な戦いだった」と述懐し、記者は「戦争しない責任」とまとめた（☆（29））。

　元海軍気象士官の増田善信さん（93）は、島根の海軍基地で、沖縄戦の米艦に突っこむ爆撃機「銀河」の乗員に、「航路が安全であるかのように気候の予報を告げ送り出し」た。宮崎沖で撃墜されると知って「無駄死にさせてしまった」と、「自責の念に駆られる」と記者は記した（☆（17））

　「日本人は単純に被害者だったのか」と自問する若者もいる（「東京」8／15（火））。

　「現地で日本軍が中国人を殺した話を聞いた。日本人は加害に目をつぶり、他国の人たちの目には傲慢に映る」（小澤敏夫（87歳）・「同」8／16（水）川崎　山本哲正記者）、「満州からひきあげた。兄は特攻隊で死んだ。『再び戦争はさせない』の思いを後世に伝えたい」（永瀬至正（85）。「東京」1面、8／16（水））、「祖父から軍隊の話を聞いた。戦争を体験した人、聞いた人が『戦争はもう嫌だ』と憲法9条を守り続けてきた。彼らが亡くなっていくからと言って、ないがしろにしないでほしい」（安井萌々香（20）、「東京」8／15（火））、「戦争は単純に『怖い』と思っていた。学校の『平和学習』で『もっと知りたい』と思うようになった。戦争はいかに残酷で、人の心をどれだけ傷つけるものかを後世に伝えたい」（田中夏芽（16）、「同」8／17（木））

　戦争は記憶され、記録され、再構成され、戦後が日々継続し、再生産され、平和が建設されている。「戦争は再びおこさせない」。「憲法9条を守り続ける」の意志を、世代をこえて「後世に伝えたい」と。

　この国民の歴史のたくましく、荘厳なエネルギーは、もはや戦前の「美しい日本」を「とりもどす」妄想・妄執を否定した。国民運動です。再度、この一連の勇気ある報道に関係したすべての人に心からの敬意を表し、感謝いたします。歴史は新しい時代に入りました。

3. 戦争を否定し、憲法に結集せよ

　ついで、2人の文化人の論説を紹介します（要点）。

◇なかにし礼（「東京」2017年8月15日（火））　　　　　　　　（☆（13））

　「満州へ両親が小樽からわたったのは昭和8年です」

　1945年8月11日午前10時ごろソ連軍が侵攻してきた。関東軍と同じ列車で逃げた。長野県の開拓民がおしよせてきた。将校の命令で、彼らの「手の指一本一本をもぎとるようにはがし」た。「見殺しに加担したことが僕の幼年期（6歳）の第一の罪の意識です。はがされる人の顔も、指の感触も覚えています」

「あの戦争でアジア全体で 2000 万人以上が亡くなった。大変な犠牲を払い、ついに手に入れた最高の憲法ですよ。

米国の押しつけとかいいますけどね。けれど、これは戦後日本の再出発の宣言書なんです。（中略）世界が希望する国の形を与えてくれたとも、われわれが選んだとも言えます。大きな歴史のうねりの中で生まれた。本当に奇跡的な、最高の芸術作品だと思います」

「『美しい日本』『とり戻す』。そうした抽象的な言葉で何に回帰したいのでしょうか。日本の理想はまだ実現されていません。この憲法の名の下にこれから実現するべきです。なのにその努力を怠り、反省すべきを反省せず、戦前の軍国主義を勘ちがいして、そこに『美』を求めるのはとんでもない反動です」

「昭和 20 年までの軍国主義によって（中略）、どれだけの若者が無駄死にし、犬死にし、飢え死にしたでしょうか。そして、中国人や韓国人に対してどれだけの過ちをしたか。そうしたことを本当はもっと国民に知らせるべきなんです」「日本は悪くなかった」の「洗脳」が行われてきた。

「自民党は改憲を言うとき、『対案を出してくれ』と求めます。それには各党が『反対なんだから対案なんて出す必要はない』と言えばおしまいなんです。もともと改正の必要がないわけだから。そうすれば国民の目も覚めますよ」

（以上、見だしは「平和の理想　まだこれから」。）作家・作詞家

◇加藤　剛（俳優）

「70 年以上国民を守ってきた憲法　私たちが憲法を守る番」

「北朝鮮の脅威があるから、という人もいます。でも脅威をなくすには武力でなく話し合うしかありません。今の日本でなぜ、憲法を変える必要があるのか、私にはまったく理解できません」

「世界から戦争をなくすことは、人類の究極の夢です。それを世界に先駆けて誓った日本国憲法、とくに９条は、人類の英知の到達点です。世界に誇る憲法です」

「平和憲法のおかげで 70 年以上、私たちは戦争から守られてきました。今度は私たちが憲法を守らなければなりません」

「今、世界中で戦争や核兵器のない世界をめざしている時です。憲法前文で、『政府の行為によって再び戦争の惨禍が起こることのないようにすることを決意』した日本は、その先頭に立つ時でしょう」「主権者の国民がもっと声をあげなければいけません」

「赤旗日曜版」8. 13（日）（☆（14））

戦争を否定し、憲法に結集せよ。この２つのテーマをここまで見事に、完璧にうたいあげた文書を知りません。なかにし礼と加藤剛は、日本を代表する知性です。

　私たちは両氏が、「平和憲法国民円卓会議※」の座長（共同）になることを希望します。もう一人は吉永小百合です。

　　※　「訴状」P.8。

（以上、2017年8月24日（木）記）

第2節　戦争挑発「7．1閣議決定」を破棄し、9条・憲法をもって 東アジアの平和にあたれ

　この8月29日、9月15日、北朝鮮の「火星12号」が打ち上げられ、9月11日国連「制裁決議」、9月19日国連総会でこの問題が扱われた。トランプは「北朝鮮の完全破壊」の「選択肢」さえ示した。

　アベ首相は、「制裁と圧力」をくり返し、一方でイージス・アショアや無人偵察機グローバルホークなどの購入（総額1兆円余）※をアメリカに申し入れ、大軍拡路線に走り、他方で「スケジュールありきではない」（8月3日）と後退した憲法（9条）改悪をさらにもち出し、突如国会解散・総選挙（憲法69条違反）の動きを見せ、マスコミをあおって混乱をつくっている。※「東京」2017年8月19日（土）（23面）

　だが、国民は冷静である。

　志位和夫日本共産党委員長が、「危機打開のため米朝は無条件で直接対話を」と呼びかけた（「赤旗」2017年8月13日、☆（24））。

　その主張が、反響をよび、支持を広げている。

　「北朝鮮のミサイルに対抗するものは平和外交しかない。不安をあおるのではなく、対話で平和を。憲法はそのための武器だ」との訴えが国民運動から生まれている（「東京」2017年9月5日（火）1面）。

1. 世界とアメリカ

　メルケルドイツ首相と習近平中国国家主席は、9月7日電話会談し、「朝鮮半島問題は、最終的には対話と協議を含む平和的な方法を通じてのみ解決できる。国際社会の共同の努力が必要だ」、「政治的手段による平和解決を支持する。関係国が対話・交渉の軌道に戻るよう推進することに賛同する」と話し合った。（「赤旗」2017年9月9日（土））

　アメリカはどうか

　ペリー元国防長官ら6氏は、6月28日付でトランプに次の書簡を送った。

　「現在の危険は、北朝鮮の核奇襲攻撃ではない。金正恩は理性を失っておらず、体制の維持を重視している。最大の危険は、計算違いや誤解で戦争がおこることだ」

　「米政権は米国が北朝鮮に対し敵意をもたず、平和の道を模索していることを明確にすべきだ」

「米国の攻撃に対する北朝鮮の反撃は、韓国と日本を壊滅させる」

「外交努力がなければ、北朝鮮は長距離ミサイルを開発する。今が、それを阻止する最後のチャンスだ」（「赤旗」2017年8月26日（土））

米国ティラーソン国務長官とマティス国防長官は、9月14日付のウォールストリート・ジャーナル紙に連名で寄稿し、「米国は北朝鮮と交渉する意志がある」として、交渉の前提条件は核実験やミサイル発射の即時中止である、と述べた。（「赤旗」2017年8月16日（水））

世界もアメリカも平和的解決（対話、外交努力、交渉）を求めている。トランプの国連発言（先掲）は批判をうけている。

2. 北朝鮮

我々がこの間知ったところでは、北朝鮮は次のことを考えているようだ。

① 北朝鮮が米国と対等になること（核保有は生存権）。人民の生活向上

② 米朝平和条約の締結（朝鮮戦争終結）

③ 北朝鮮（朝鮮民主主義人民共和国）と韓国（大韓民国）の両国家を存続させたままの朝鮮半島統一連邦国家

このことがまちがっていないのならば、日本は核兵器禁止条約（本年7月7日、前述）の新たな世界の幕開けと9条・平和憲法を視野において、根本的な検討を加えることが求められる。

2002年平壌共同宣言も重要である。

（以上、2017年9月20日（水）午後7時記）

3. 日本がすべきこと

ーアベは一切の敵視・好戦政策をすて、裁判所はその根源「7．1閣議決定」を破棄する

トランプは、国連で北朝鮮の「完全破壊」を強調し、アベ内閣はこれを絶賛した（9月19日と20日）。

しかしこれは、おどろくべき時代錯誤の核脅迫、核恫喝である。人類史は、核兵器禁止条約（2017年7月7日）の新しい時代を迎えた。身震いして恐れ、これに最敬礼し、拝受すべき第一の人間は、唯一の被爆国の首相アベ晋三である。

トランプは次のことを世界に宣した。

「私は世界によびかける。アメリカはすべての国と協力する。紛争をおこすのではなく、敵対関係でなく、対等なパートナーだと考えている」（2016年11月9日、勝利演説、「訴状」P.12）

26

「われわれは世界の国々との友好、親善関係を求めていく」（2017年1月21日＝日本時間、大統領就任演説、「同」P.18）

原告長坂傳八上記引用「訴状」は、次のように述べた。

「『すべての米国人に対する忠誠の誓い』としてのトランプ大統領演説（宣誓）が、公約としてマドンナ（50万人大行進）の『愛の革命』と結合し、アメリカ民衆革命へのダイナミックな始まりとなることを期待します」

9. 19トランプ演説（国連、上掲）は、トランプ自身の宣誓（公約）＝上掲に反している。世界が受け入れない非平和的戦争挑発的な言動である。トランプはここで「米国はあらゆる交渉で見返りを求める」と奇異な補足をした。「圧力、圧力」で今も各国首脳に懇請して走りまわっているアベの、国民不在のトランプへの一兆円提供（先述P.25）と関係がないといえるのか。

先にみた、アメリカの基調にある「対話と交渉による外交的な解決の可能性※」の追求が、一転「完全破壊」「見返り」発言となったのはなぜなのか。これは、アベ－トランプ疑惑であり、重大な注目をしたい。

「米国の攻撃に対する北朝鮮の反撃は、韓国と日本を壊滅させる恐れ」を真剣に懸念するペリー6氏のトランプあて書簡（先掲、P.25－26）を、アベはまともに検討しているのか。マティスは「50万人の死者」を指摘している。

マクマスター大統領補佐官は、次のように述べたと伝えられる。

「軍事的な選択肢は存在する。（だが）それはわれわれが好んで行うことではない。われわれがしなければならないことは、この地球規模の問題を戦争に至らせないためにできることすべてにとりくむように、すべての国々によびかけることだ」

※「赤旗」2017年8月16日（水）3面＝先掲

NHK討論会は、一たん戦争になれば「朝鮮大戦争になる」と指摘した（9月17日（日））。

北朝鮮が、8月29日（1910年日韓併合条約公布日＝日本帝国主義による朝鮮植民地化の日）に「火星12号」を発射し、「日本を原爆で水没させる」と言うに至った事実について、分析せねばならない。

アベの単純な「圧力一辺倒」策は、上記のような知恵や考察があるのか。いたずらに国民に危機、脅威をあおり、当の北朝鮮に不要な挑発をしている。これはむき出しの敵視政策であり、世界で特異な好戦的非平和的態度である。

9条と平和憲法に反している。

9条が永久に放棄した「武力による威嚇」をしている。

日米軍事演習を行い、「存立危機事態」をほのめかし、イージス艦（米）への給油

と米艦防護訓練を行って、戦争法発動—米日一体の軍事行動（戦争）をねらっている。敵基地攻撃（先制攻撃）を願っている。

「政府の行為」で「再び戦争の惨禍」をおこそうとしている（憲法前文）。憲法への侵犯である。裁判所は、「憲法の侵犯」を裁くためにある（本「控訴理由書」P.2および「訴状」P.24）。

アベは朝鮮植民地支配を反省・謝罪した「村山談話」（1997年）をかなぐりすて、自ら出席した「平壌宣言」（2002年、上記「村山談話」の趣旨を基本としている）を忘れ去り、アベ「戦後70年談話」でアジア民衆への「反省と謝罪」（上記「村山談話」）を一切消し取った。

今日の異常な北朝鮮敵視と先制攻撃（上記）の政策と思想はアジアと世界からみれば、朝鮮植民地政策（日韓併合条約）正当論にならないか。

アベ帝国主義である。理論と説得力のないアベは、これをカネ（国民の血税）とアキエを連れまわる（国会に出さずに）外交という名の哀願オルグで粉飾している。

アベ帝国主義は、1兆円で（前述）トランプ帝国主義（先掲、9.19国連発言）を呼びこんだ。日米合作の政治マフィアである。

日本国憲法と世界平和世論はこれを阻止する。

4．アベは平壌へ飛び、日本の裁判所は「7.1閣議決定」違憲判決・無効確認を
　日本がなすべきことは明白である。以下①～⑤に示したい。

① 9条・日本国憲法に厳正に従い、北朝鮮・東アジア情勢の平和の構築にあたる。好戦政策を放棄する。東アジア平和共同体を追求する。

② 北朝鮮敵視・包囲政策を撤回し、2002年日朝共同平壌宣言を日朝両国が誠実に履行するよう率先して努力する。

③ まず、憲法違反・戦争挑発・武力威嚇の戦争法を即刻、無条件に破棄する。北朝鮮脅威論をつくり出し、自己の"権力"を維持（自己保身）するための国会解散・総選挙（憲法69条違反）など一切の陰謀、姑息な策略をすて去り、国の平和と国民生活のための首相の仕事に励む。

④ 以上①～③をすべて受け入れ、小泉純一郎元首相のあとを受けて、アベ首相が平壌に行き、金正恩と早期に会談する。
　　野党共闘をもって、北朝鮮・中国・韓国を訪問する。

⑤ 日本・アメリカがまず核兵器禁止条約に参加し、北朝鮮と世界によびかける。まやかしでなく真の非核、「核のない世界」をつくる。
　以上である。
　これを実行するために、日本の裁判所は本訴状および本控訴・控訴理由書が請求す

るとおり、今日の異常アベ政治の根源たる「7．1 閣議決定」に対し憲法違反判決・無効確認して破棄し、もって日本とアジア・世界の平和への寄与に先陣を切ることを期待したい。

　　日本の裁判所・裁判官は、主権者国民とともに。
　　日本の裁判所・裁判官は、日本国憲法とともに。

あとがき

　以上で、本年 6 月 1 日提訴以来の苦闘を終え、擱筆する。
　貴東京高等裁判所の名裁定を望む次第です。
　―ペンは、剣より強し―
　徳は、武を制す。政は、軍に優る。
　「9 条は、戦争の業火から生まれた永久の真理、いわば不死鳥だ」（チャールズ・オーバービー元米兵・オハイオ大名誉教授）、「東京」2017 年 10 月 6 日（金）夕刊、1 面。

（完）

（以上、2017 年 9 月 21 日（木）朝記）

（10 月 11 日（水）補筆・校正）

これは正本である。

平成２９年１１月９日

東京高等裁判所第１４民事部

裁判所書記官　　矢　　野　　正　人

その3　資料・最高裁判所関係

（1）上　告　状

2017年11月22日

最高裁判所　御中

上告人　　長坂傳八

（住所）

上告人　　長坂傳八

（電話・ファックス）

〒 100-8914　東京都千代田区永田町1丁目6番地1
　　　　　　総理府内閣府付

被上告人　　内閣総理大臣　安倍晋三

　上記当事者間の東京高等裁判所平成29年（行コ）第279号
憲法違反及び無効確認等請求事件について、平成29年11月9日
言い渡された判決は、「別紙 控訴理由書記載」（2頁）部分（5頁か
ら35頁）以外不服であるから上告する。

　　訴訟額の価格
　　貼用印紙額　　　金 13,000円
第1.　控訴審判決の表示
　1.　本件控訴を棄却する。
　2.　訴訟費用は 控訴人の負担とする．
第2.　上告の趣旨
　1.安倍晋三 内閣が行った 2014年7月1日の 集団的自衛権に関する閣議
　　決定（国の存立を全うし、国民を守るための切れ目のない安全保障法制の整備
　　について」、以下「7.1閣議決定」とする）は、日本国憲法前文・9条・99条
　　に違反する。
　　　よって当該閣議決定（「7.1閣議決定」）の憲法違反判決および
　無効確認を求める。　控訴審判決をとり消す。
　2.訴訟費用は 被上告人の負担とする。
第3.　上告の理由
　　追って主張する。

附属書類
　1. 上告状 副本　　　1通

（2）最高裁への上告理由書

2018 年 1 月 12 日

最高裁判所　御中

上告人　長坂　傳八

平成 29 年（行サ）第 170 号

行政上告提起事件

　　　　上告人　　長坂　傳八

　　　　被上告人　内閣総理大臣　安倍　晋三

目　次

ページ数

序 ………………………………………………………………………………………………… 1

第Ⅰ部　上告理由（Ⅰ）

　　　　控訴審判決（棄却）のとり消しを求める ………………………………… 2

第1．控訴審判決文（棄却）による原審判決文（却下）の修正（補正）

　　　（その1）―「第2　事案の概要」、「主張」の削除（1頁） …………………… 2

第2．控訴審判決文（棄却）による原審判決文（却下）の補正

　　　（その2）―「外部に効力を及ぼさない」の削除（2頁） ……………………… 2

　　（1）「昭和27年最大判」の追加（本文中、当小見出しはありません） ………… 3

　　（2）大きな変更（同上） ………………………………………………………………… 3

　　　①「外部に効力を及ぼさない」の削除・撤回 ……………………………………… 3

　　　　「外部に効力を及ぼさない」の淵源―日本の裁判の闇 ……………………… 5

　　　①の小括 ……………………………………………………………………………………… 7

　　　②「原告の」の削除・撤回（同上） …………………………………………………… 8

第3．控訴審判決文（棄却）による原審判決文（却下）の補正

　　　（その3）―「抽象的に無効であることの確認を求める」の削除（2頁） ……… 9

i

第4．控訴審判決（東京高裁）の判断―「法律上の争訴」と
　　　　「司法権の範囲内」（3〜4頁）—————————————————— 10
　　　（1）「法律上の争訴」ではない？ ———————————————— 10
　　　（2）「司法権の範囲内」ではない？ ——————————————— 11
　　　第4の小括 ——————————————————————————— 12

第5．控訴人・長坂傳八「控訴理由書」**全文**の記載（5—35頁）————————— 13

第Ⅱ部　上告理由（Ⅱ）
　　　「7.1閣議決定」の違憲判決・無効確認を求める
　　　9条・平和憲法を守りぬく —————————————————— 13

第1節　戦後裁判史に燦然と輝く判決・憲法を守るもの
　　　　—長沼ナイキ基地訴訟札幌地裁（1審）（福島重雄裁判長）の
　　　　自衛隊違憲判決―1973年9月7日（判決文全文より、以下も同じ）————— 13

第2節　戦後裁判の誤りの起点・憲法を侵犯するもの
　　　　—3つの最高裁判決と1人の人物 ——————————————— 14
　　（1）苫米地事件最高裁判決（最大判昭35．6．8、民集14・7・
　　　　1206）―1960年6月8日　1952年8月28日衆議院解散への違憲訴訟 —— 14
　　（2）警察予備隊違憲訴訟判決　昭和27（1952）年10月8日／
　　　　最高裁判所大法廷／判決／昭和27年（マ）23号 ———————————— 16
　　（3）砂川事件最高裁判所大法廷判決　裁判年月日
　　　　昭和34（1959）年12月16日　（砂川判決）———————————— 17
　　◇（1）〜（3）の小括（まとめ）———————————————— 19
　　（1）苫米地事件最高裁判決、最高裁長官　田中耕太郎 ———————— 19
　　（2）警察予備隊違憲訴訟最高裁判決　同　田中耕太郎 ———————— 21
　　（3）砂川事件最高裁判決　最高裁長官　田中耕太郎 ————————— 21
　　（4）砂川闘争と伊達判決（1959年3月30日）———————————— 22
　　（5）田中耕太郎と二つの事実―憲法公布（1946年11月3日）と解禁米外交
　　　　「極秘」文書（1959年4月1日）——————————————————— 23
　　（6）田中判決「日米安保条約合憲論」（「補足意見」）とベトナム戦争 ———— 25
　　◇（4）〜（6）の小括（まとめ）—————————————————— 26

◇第2節（1）〜（6）全体の小括（まとめ） ……………………………… 27

第3節　憲法における真理
　　　　―「9条こそ日本国の基本」― ……………………………………… 28
（1）憲法前文の「排除」 …………………………………………………… 28
（2）憲法は、アベ改憲と「7.1閣議決定」・戦争法（安全保障法）を
　　　「排除」する ……………………………………………………………… 31
（3）憲法における真理―「9条こそ日本国の基本」……………………… 33

第4節　9条が日本と東アジアの平和を守る―上告人私見―
　　　　「7.1閣議決定」の違憲判決・無効確認を ………………………… 35

第Ⅲ部　上告理由（Ⅲ）
　　　　「7.1閣議決定」の違憲判決・無効確認を求める
　　　　9条と安倍内閣の退陣 ……………………………………………… 40

1．2017.10.22（日）総選挙（第48回衆院選）と憲法 ……………………… 40
2．北朝鮮問題と戦争阻止と9条 …………………………………………… 41
（1）北朝鮮とトランプ・アベ、東アジアと国連 ………………………… 42
（2）アベと総選挙と平和の力・9条 ……………………………………… 43
（3）アベと「9条を守れ」。「7.1閣議決定」（違憲）破棄を
　　　安倍内閣は退陣を ……………………………………………………… 45

あとがき ………………………………………………………………………… 46

最高裁への上告理由書

2018 年 1 月 12 日

最高裁判所　御中

上告人　長坂　傳八

平成 29 年（行サ）第 170 号
　　　　上告人　　長坂　傳八
　　　　被上告人　内閣総理大臣　安倍　晋三

序

本上告理由書に至るまで、次の経過をみた。

本年（2017 年）6 月 1 日　　　横浜地方裁判所へ提訴・訴状提出
　　同日　　記者会見
　　8 月 23 日付　　同地裁より判決文（却下）（8 月 24 日送達）
　　9 月 4 日　　東京高等裁判所へ控訴状提出
　　10 月 17 日　　　　同　　控訴理由書提出
　　10 月 24 日　　　　同　　控訴理由書証拠方法及び証拠説明書提出
　　11 月 9 日付　　東京高等裁判所控訴審判決（棄却）（11 月 11 日送達）
　　11 月 22 日　　最高裁判所へ上告状提出
2018 年 1 月 18 日　　　同　本上告理由書提出

　　本件は、安倍晋三内閣が行った2014年 7 月 1 日付け「国の存立を全うし、国民を守るための切れ目のない安全保障法制の整備について」と題する閣議決定（以下、「7.1閣議決定」とする）は、日本国憲法前文・同 9 条・同99条に違反する。よって当該閣議決定（「7.1閣議決定」）の憲法違反判決および無効確認を求める、を請求の趣旨にしている。

　　憲法前文は、「日本国民は、国家の名誉にかけ、全力をあげてこの崇高な理想と目的を達成することを誓う」と宣した。

　　上告人長坂傳八は、日本国民＝主権者の一人として、**憲法32条**の裁判を受ける権利を享受・行使し上記請求の趣旨を達成するための本行動につき、深くよろこびと誇りを感じている。

　　貴最高裁判所をはじめ上記横浜地方裁判所ならびに東京高等裁判所のこのたびのご尽力に敬意と感謝の意を表明するものです。

1

第Ⅰ部　上告理由（Ⅰ）
　　　　控訴審判決（棄却）のとり消しを求める

第1　控訴審判決文（棄却）による原審判決文（却下）の修正（補正）（その1）
　　　―「第2　事案の概要」、「主張」の削除（1頁）

　控訴人長坂傳八は、横浜地裁原審判決（却下）が「第2　事案の概要」で「（『7.1閣議決定』が）憲法前文、9条および99条に違反している旨を**主張**して、本件閣議決定が無効であることの確認を求める事案である」としていることについて、原告長坂傳八訴状が「『『7.1閣議決定』の憲法違反**判決**および無効確認を求める」としている「請求の趣旨」とは異なり、**架空**のものに対する判決であるので、当原判決は「**失当かつ無効である**」とした（控訴理由書1頁）。

　「7.1閣議決定」の違憲判決の**根本命題**を違憲「主張」に**矮小化**し、違憲判決を審理の対象から**除外**するものであった。原告の違憲判決**請求**を違憲主張（**請求ではない**）と誤って「事案」にしたのは、基本的初歩的な過誤というだけでなく、「7.1閣議決定」の重大な違憲性への認識を原判決が欠いていることを示した。また上述のとおり、原告訴状と関係のない架空のものであるから、原判決を「**失当かつ無効**」と主張した。

　（同上）

　このたび控訴審判決は、この原判決の上記箇所を「（『7.1閣議決定』が）憲法前文、9条および99条に違反し無効であることの確認を求めている事案である」と**修正**した（控訴審判決「第2　事案の概要」1頁、下から5～4行目）。原告訴状は上述のとおり「憲法違反判決および無効確認」を求めているので、当該修正「憲法に違反し無効であることの確認を求めている」（上記）は、**ほぼ正確**になった。（傍点はいずれも、引用者）

　したがって、控訴理由書のいう「架空のものであり、失当かつ無効である」の主張は**解決**され、控訴審判決文にこれを適用する必要はなくなった。しかしながら、原判決「第2　事案の概要」がなぜこのような誤述をし、なぜ上記のような修正をしたのかについて説明はなく、いわば**なしくずし**の書きかえが行われているのは不適切でる。この同様の問題は後にもあらわれる。

第2　控訴審判決文（棄却）による原審判決文（却下）の補正（その2）
　　　―「外部に効力を及ぼさない」の削除（2頁）

　控訴審判決文は、原審判決文を上記（「違憲**主張**」を「違憲**確認**を求める」に修正）のほかに、次の3カ所の修正をした。

（1）「原判決1頁26行目の『783頁』の次に『（以下「昭和27年最大判」という）』を
　　加える」。
　　　これは、そのまま確認したい。（控訴審判決文2頁、「第3」の（1））
（2）次は**大きな変更**である。
　　　原判決の「**2頁21行目の『それ自体が』**から**同頁23行目末尾までを**」として
　　いるが、その箇所を明示したい。（同、（2））
　　　原判決「それ自体が<u>外部に効力を及ぼし</u>、<u>原告</u>の具体的な権利義務ないし法律
　　関係に影響を<u>及ぼすものではないというべきである。</u>」（上記「2頁21行目の『そ
　　れ自体が』から同頁23行目末まで」の該当箇所）
　　　これを以下のように全文補正した（「改める」）。
　　　控訴審判決「それ自体が<u>直ちに</u><u>国民</u>の具体的な権利義務ないし法律関係を形成
　　し、又は確定する<u>効力を有する</u>ものではない<u>というべきである。</u>」（「と改める」）

　　ふつう、文章や語句の訂正（修正）もしくは改定・改変の場合、原文（誤）と修正文
（正）を明記するのが日本社会の通例である。なぜ原文を記さず箇所のみを示したのか。
比較できないようになっている（している）のは判決文の厳正さに**欠陥**を与えている。
　　　上記のように両者を並記し、**何をどう変えたか**を明瞭にすべきである。補正箇所を
あいまいにしていることに加えて、補正の理由が全く述べられていない。むしろ不可解
である。（――線は引用者）

　　　この原判決→控訴審判決の「**補正**」について、上告人の解釈と考察を加えたい。主
な変更は次の点である。（上記参照）
　　　　　　　　原判決　　　　　　　　　　　　　　　　　控訴審判決
①　「<u>外部に効力を及ぼし</u>」　　→　　　　削除
②　「<u>原告</u>の具体的な権利義務」　→　　「<u>直ちに</u><u>国民</u>の具体的な権利義務
　　ないし法律関係」　　　　　　　　　ないし法律関係」

これを考察したい。
①　「**外部に効力を及ぼさない**」の削除・撤回
　　「外部に効力を及ぼし」の主語は、本件の核心となるところの「**7.1閣議決定**」で
ある。とすると、「『7.1閣議決定』は、外部に効力を及ぼさない」ことを**削除**し**撤回**し
たことになる。これは、本件原判決の原告訴状への**却下の根拠**が根底から崩壊すること
を意味する。「閣議決定」は「内閣**内部**の意志決定にすぎない」から「**外部に効力を及
ぼさない**」としてきた従来の裁判所の判決（判断）は**破綻**したことを意味する。
　　戦前から今日にいたるまでの豊富な事例をあげ、上記の「外部に効力を及ぼさな

い」とする判例が、**「閣議決定空中浮遊」**論、**「政府治外法権」**論であると批判した控訴人長坂傳八の控訴理由書の論陣を東京高等裁判所が控訴審判決において**認めた**ことになる。

　これは控訴の「棄却」でなく逆に、原判決の**「とり消し」**である。

　控訴審判決は、「控訴理由書」が言う上記「閣議決定空中浮遊」論を**是認**した。事実上の判例（「外部に効力を与えない」）変更、**実質的な判例破棄**である。

　①の考察は以上となる。

　「控訴理由書」は、原判決が「本件閣議決定は、（中略）それ自体が外部に効力を及ぼ」す「ものではないというべきである」とした（２頁）ことに対して、2014年７月１日の**「7.1閣議決定」**が、安全保障法（以下、戦争法とする）の国会**「成立」**を促し（2015年９月19日）、戦争法**施行**の閣議決定（2016年３月19日）、を経て、「かけつけ警護」の**新任務**を付与された第11次自衛隊（陸上自衛隊第９師団第５普通科連隊＝青森市）が**派遣**された（2017年５月25日、ジュバ撤退）という一連の**事実**を指摘して、「これでも『閣議決定は政府の外部に効力を及ぼさない』と言えるのか」と批判し**反証**した。（17～21頁）

　控訴審判決は、上記控訴人の反証を拒否、否定できず、これを**受け入れて**、先述したように「外部に効力を及ぼし」を**削除**し、**撤回**した。

　以後、日本の裁判所は「閣議決定は外部に効力を及ぼさない」との立場をとることが**不可能**となった。珍道世直氏の「7.1閣議決定」違憲訴訟の判決[1]以来の**悪しき判例**は、ここに**不採用**となり、**判例変更**（上述）の**注目すべき判決**が生まれた。

　そのことは、「7.1閣議決定」違憲訴訟の趨勢全体に**影響**を与えよう。

　　註（1）平成26年（2014年）12月12日判決、平成26年（ワ）第17722号憲法違反及び無効確認等請求事件（以下、珍道世直訴訟とする）。東京地裁。

　長坂傳八・控訴理由書は、閣議決定が「それ自体が外部に効力を及ぼし」ていると主張する根拠として次の事例をあげた。[2]

　（ア）2015年　６月　国家戦略特区への獣医学部新設の「４条件」
　（イ）　同　　６月　安倍首相とポツダム宣言
　（ウ）2016年　４月　核兵器の所有は憲法上禁止されていない。
　（エ）　同　　10月　安倍首相と「猛省」
　（オ）2017年　３月　安倍昭恵夫人は私人
　（カ）　同　　　　教育勅語の教材使用
　（キ）　同　　４月　安倍昭恵付職員と職務、行政文書
　（ク）　同　　　　ヒトラー「我が闘争」と教材使用

（ケ）　同　　　　　　　学習指導要領と銃剣道

（コ）　同　　５月　「そもそも」は「基本的に」

（サ）　同　　７月　原発再稼働と原子力委員会方針

（シ）2013年12月　イージス・アショア購入など2014〜2018年度の「防衛予算」

　　　　　　　　　　　　総額23兆9700億円

（ス）2001年　１月　大臣への業者からの供応の禁止

　以上は、いずれも閣議決定である。（控訴理由書、４〜８頁）

　控訴審判決は、これを採用した。

　控訴審判決は、控訴理由書の上記（ア）〜（ス）で立証した閣議決定「外部効力」論を否定する原判決について、「閣議決定国民効力不在論」「閣議決定空中浮遊論」さらに「閣議決定（政府）治外法権論」であるとした上告人・長坂傳八の見解を批判せず、引用記載した（後述）。

　控訴理由書は、上記（ア）〜（ス）につづけて①満州事変の公認（1931年９月21・22・24日）、②日本国憲法制定（1946年３月12日と４月５日）、③沖縄のデモ規制（2014年７月１日）、の３つの歴史的事実（カッコ内はいずれも閣議決定の年月日）をあげ、それらがすべて国民（もしくは原告長坂傳八）の「具体的な権利義務ないし法律関係」に影響を与えていることを明らかにした。

　珍道世直氏からは、「閣議決定が、歴史的なものをふまえていかに大きな影響を与えてきたかを実証した」との評価をいただいた。

「外部に効力を及ぼさない」の淵源——日本の裁判の闇

　ここで、表記の閣議決定は「外部に効力を及ぼさない」との判例について、それがどういう経過で生まれたか、その淵源について考えたい。

　まず、平成３（1991）年６月６日大阪高裁決定（判例時報1408号70ページ）は、「自衛隊掃海艇派遣指揮執行停止申立却下決定に対する即時抗告事件」で、「閣議決定は、一般的には、合議体の国家機関である内閣の意志決定であって、それ自体が外部に効力を及ぼして国民の権利義務ないし法的利益に直接影響を与えるものではない」とした。初見である。

　このころはしかし、今のように閣議決定がむやみやたらと（先述）やられているわけではない。節度があった。

　この1991.6.6大阪高裁判決は次の点が重要である。（要約）

　「行政機関の内部的な意志決定の段階にとどまっている場合には、これによって私人がその権利義務について直接法の効力を受けることは通常考えられない。」

　だが「内閣総理大臣による具体的な指揮監督の発動を待たずして閣議決定が、直接国民の権利義務ないし法的地位に影響を及ぼす効力を持つ場合があり得るかどうか、閣議

決定の内容いかんによって結論に相違の出る**余地**があるか等の点については、<u>なお掘り下げた議論</u>が必要ではないかと思われる」（下線部____とゴチックは引用者）

　当大阪高裁判決は、閣議決定が発動（首相による）を待たずして、効力をもつ場合がある、としている。発動以前でも（決定にとどまっていても）効力はある、といっている。

　今問題になっている7.1閣議決定は「**法制化**」され、**発動**され、人々がかの地に出動され、**命の危機**にさらされるほどの（控訴理由書、18頁、ジュバ）「直接国民の権利義務ないし法的地位に影響を及ぼす効力」を与えているのであるから、この大阪高裁判決を根拠判例にして、「7.1閣議決定」は**外部**に効力を及ぼしたので憲法違反であり無効である、とするのが今日の日本の裁判所（裁判官）の行うべき仕事である。

　しかるにどこかで曲がってきた。どこか。

　上告人・長坂傳八はそこをつきとめた。

　平成26（2014）年9月24日付国の答弁書（**内閣官房国家安全保障局長**）である。舞台は広島地裁。原告杉林晴行、被告国。

　珍道世直氏につづく「7.1閣議決定」違憲訴訟（平成26年（行ウ）第37号　憲法違反及び無効確認等請求事件）である。内閣（政府）ではなく、できたばかり（2013年）の「内閣官房国家安全保障局」が内閣をおしのけて答弁した。

　答弁書は威猛高に、しかし余裕なく言う。

　「一般に閣議決定は、合議体の国家機関である内閣の意志決定であって、それ自体が外部に影響を及ぼし、国民の権利義務ないし法的利益に直接影響を与えるものではない（大阪高裁　平成3（1991年＝長坂）年6月6日決定、判例時報1408号70ページ参照）。本閣議決定も（中略）国民の権利義務ないし法的利益に直接影響を**与えるものでないことは明らかである**」……！（ゴチックは長坂。）

　この答弁書は、1991.6.6大阪高裁決定（前述）を全く恣意的に援用、歪曲して悪用した。同大阪高裁判決が示した条件（先述—発動後は対象でない）を正しくみれば、この引用はひどく**不当**である。

　ところが、その後の日本の裁判はこの**2014.9.24局長答弁**の支配下におかれ「閣議決定は外部に効力を及ぼさない」を無批判にお題目のようにくり返すという**司法権独立の放棄**を現出することとなった。**（2）**

　「外部に効力を及ぼさない」判例を、すでにみたように「閣議決定国民効力不在論」、「閣議決定空中浮遊論」、「閣議決定（政府）治外法権論」であると規定した上告人・長坂傳八の控訴理由書は**全く正当**であることが判明した。

　それはもはや、裁判における違憲審査権の行使よりはるかに離れて「**違憲閣議決定屈服論**」と言わねばならない。

　日本の裁判の闇——それはアベ政治権力による違憲の司法支配である。憲法76条は、

この不正との生死を賭けた戦いを裁判所に命じている。主権者国民とともに。

　今日、窮地に立たされている森友・加計疑惑とともに、アベはこの**国家不正**を真摯に正すべきである。

　以上の出典資料はすべて珍道世直「上告理由書」2015.5.1による。記して感謝したい。

　　註（2）この「外部に効力を及ぼさない」の機械的教条的判決の事例は次のものである。(簡略化した。すべて上記珍道世直資料による)

	原告人				原告人所在地
①	珍道世直訴訟	一審判決	2014.12.12	（東京地裁）	三重県津市
②	須藤甚一郎訴訟	同	2014. 8.21	（　同　）	東京都目黒区
③	福岡英二訴訟	同	2014. 10.1	（　同　）	愛媛県松山市
④	平正和訴訟	同	2014.10.10	（　同　）	神奈川県川崎市
⑤	杉林晴行訴訟	同	2014.12.10	（広島地裁）	広島県広島市

これら勇気ある全国の人々に敬意と連帯の意を表したい。

　　　　　　　　　　　　　　　　　（2017年12月11日（月）午後7時15分記）

①の（小括）

　「外部に効力を及ぼさない」の淵源——**日本の裁判の闇**、と銘打った小稿のまとめ（小括）をしたい。

　閣議決定は「外部に効力を及ぼさない」、よって「本件訴えは不適法」であるとする日本の裁判の淵源は、1991年6月6日大阪地裁判決（自衛隊掃海艇派遣指揮執行停止申立却下決定に対する即時抗告事件）に判例上の**初見**が知られ、**2014年9月24日**国側答弁書（原告杉林晴行の「7.1閣議決定」違憲訴訟への**内閣官房国家安全保障局長**の「第1準備書面」＝広島地裁）がこれを援用して安倍内閣の「7.1閣議決定」の正当性を主張したことによって、広島地裁がこれを判決（同年12月10日）に**採用**したという事実経過にあったことが、以上によって明確になった。

　ときは2015年9月17日参院における戦争法決定の強行無効「採決」（訴状2頁参照）の1年前である。日本列島を「7.1閣議決定」反対・撤回、戦争法反対、9条を守れの声が覆い尽くした、そのさ中で政府はこれを反省・謝罪・撤回せず強引におし通し、翌2015年の戦争法国会提出に向かうのである。

　政府は、砂川事件（1959年）と1972年政府見解をゆがめて「集団的自衛権」を合憲化しようとした（訴状参照）。

　この同じ手法が上記2014.9.24答弁書で用いられていることが分かる。1991.6.6大阪高裁判決は、政府の内部に「とどまり」、「指揮監督の発動」**以前**でも外部への「効力」の可能性を認めていることを隠して引用し、自分の都合のよいように、同答弁書は**悪用**した。

　その後日本の裁判所は、2014.9.24答弁書の論理を批判的に検討することもなくその

ままこれに依拠して、全く同一の判決を下し、これを今日までくり返して、本控訴に及んだ。

だが、2014年7月から2017年6月の経過において、「7.1閣議決定」（2014年7月1日）──その発動（戦争法「成立」＝2015年9月、先述）──その実行（「新任務」の自衛隊のジュバ派遣・2016年12月と同撤退・2017年5月）の現実が進行し、1991.6.6大阪高裁判決にいう「政府内部にとどまり」「指揮監督発動以前」でなく、「**とどまらず**」、「**発動以降**」となったのである。同高裁判決において、これを**適用する条件**はなくなった。

この事態を見ずに、政治権力の圧力と介入（上記）に二重に屈した裁判所の判決の象徴が、この「外部に効力を及ぼさない」であった。三権の一つを構成する司法権の独立を投げ打ち、無礼で非論理的な**2014.9.24答弁書**に膝を折り曲げた日本の裁判所の象徴＝「外部に効力を及ぼさない」は、だがしかしこのたび**削除・撤回**することとなった。

司法の矜持を保った本控訴審判決を高く評価し、敬意を表するものである。当該東京高等裁判所（後藤博裁判長）との再対話を望み、本上告状を「上告の趣旨」「控訴審判決をとり消す」とした。[3]

原判決は、上述「外部に効力を及ぼさない」の文言と並んで「閣議決定の効力」の表現を用いているが、両者は同義である（2頁と3頁）。本控訴審判決は、後者も姿を消している。2つの**判例概念**を放棄し打ち消し削除して**撤回**した。

日本の裁判史上、**画期的な意義**を有する**貢献**となった。

> 註（3）上告人はかつて、「建築許可処分等取消請求控訴事件」（平成26年（行コ）第409号）で須藤典明裁判長に理解をいただいたことを記憶している（判決は棄却。2015年3月）。

① を、以上要するに「『**7.1閣議決定**』は外部に効力を及ぼした」が結論である。

② 2つめ変更は先掲のとおり「原告の」を「直ちに国民の」への修正である。分かりやすく言えば、「**原告の**」の**削除・撤回**である。

上告人は、沖縄のデモを規制した閣議決定（2014年7月1日）は、「沖縄に連帯する原告長坂傳八の言論・表現と思想の自由という『具体的な権利義務ないし法律関係』を侵害し、これに影響を与えている」とした（控訴理由書14頁）。

控訴審判決は、上記のように「**原告の**」を削除したことによって、上述の控訴人長坂傳八の主張を受け入れた。**高く評価したい**。沖縄のデモ規制に関する閣議決定が国民の一人である原告の権利を**侵害**したことを認めた。これも**裁判史上、重要なできごと**である。

原告の権利侵害を**肯定**すれば、**国民の権利侵害**を認めたことになる。とすれば、「直ちに国民の」に**修正（補正）**する必要もなく、控訴理由書を**全面的に受け入れる**べきで

ある。

第3　控訴審判決文（棄却）による原審判決文（却下）の補正（その3）
──「抽象的に無効であることの確認を求める」の削除（2頁）

　次に当該控訴審判決は、

　原判決「ある事実行為が<u>抽象的に無効であること</u>の確認を求めるものにすぎず」を（ここも引用を省いている）、

　当判決「それ自体が直ちに国民の具体的な権利義務関係ないし法律関係を形成し、又は確定する効力を有するものではない本件閣議決定について、それが憲法の規定に違反し無効であることの確認を求めるものであって」

　と「**改め**」た。（下線──は引用者）

　この**全文修正**の内容は、控訴人の「<u>ある事実行為を抽象的に無効である</u>」という「主張」を**削除**したことになる。（控訴審判決文）

　控訴理由書は、裁判所法第3条を根拠にして、

　「裁判所法第3条は、『裁判所の権限』として『一切の法律上の争訴を裁判し』とある（1頁）。『法律上の争訴』が『具体的でなくてはならない』とか『抽象的であってはならない』とは、一切規定していない。**原判決は、裁判所法違反である**」（ゴチックは長坂）

　とした。（14頁）これが、上記「控訴人」（長坂）の「主張」である。

　また、訴状では原告は「砂川判決」の「意見」と「補足意見」から引用して、「憲法76条、99条により特に憲法擁護の義務を課せられた裁判官の職責」から「国会や政府の行為によって憲法が侵犯されることのないように」、安保条約についても憲法9条に反するか否かは、「司法裁判所として**純法律的**に審査することが可能であ」る、とし「<u>抽象的な対象（法律など）への違憲審査権は日本の司法には存在しない</u>、との通説は、根本的に**再検討・批判**されねばならぬ」との見解を強調した（25─26頁）。（下線は引用者）

　「ある事実行為」（「7.1閣議決定」）を「抽象的」（純法律的）に「（違憲）無効」確認すべきだ、というのは本訴訟の**中心的な論点**である。控訴審判決文は上にみたようにこの部分を**削除**し、一般的な叙述にした。

　そのことによって当判決文は、「7.1閣議決定」を「抽象的」に違憲審査できるか否かの論戦を**回避**すると同時に、憲法81条および76条、99条にもとづく「**抽象的**」な「**法令審査権**」（違憲審査権）を求める原告・控訴人長坂傳八の立場を、**是認**した。これを**評価**し、**支持**したい（訴状26頁参照）。

原判決（却下）は、**憲法81条（法令審査権）違反**であり、**不当だ**（同上）。

（2017年12月12日（火）午後8時45分記）

第4　控訴審判決（東京高裁）の判断──「法律上の争訴」と「司法権の範囲内」

　以上の補正を原判決に加えた上で、控訴審判決（東京高裁）は「判断」へ向かう。

　その主要なものは、表記の「法律上の争訴」と「司法権の範囲内」の二つの判例概念である。（2頁～4頁）

（1）「法律上の争訴」ではない？

　まず、当該控訴審判決は、「自衛隊の南スーダンへの派遣など国民生活に重大な影響を与えた」から「7.1閣議決定」は「国民の具体的な権利義務ないし法律関係に影響を及ぼすものである」とし、「本件訴え」（その違憲・無効確認を求めるもの）は「法律上の争訴」にあたると控訴人は主張するが、これは**「法律上の争訴」ではない**、と述べる。

　なぜ「法律上の争訴」ではないか。

　長坂・控訴理由書は、自衛隊南スーダン（ジュバ）派遣で、「一発でも銃を撃てば死者が出た。これでも『閣議決定は政府の外部に効力を及ぼさない』と言えるのか」と主張した（17頁―18頁）。先述したように、当控訴審判決は、これを**受容**して「外部に効力を及ぼさない」の原判決を**削除**した。

　残ったのは「自衛隊のジュバ派遣は、政府の外部に効力を及ぼした」という結論である（本文4―11頁）。

　そこで当判決は、この言及をさけて、ジュバ撤退問題を「外部の効力」ではなく「法律上の争訴」論に**切りかえた**。つまり、上にみたように「控訴人は、ジュバ撤退問題を『法律上の争訴』にあたると主張する」と描いた。事実は、そうではなくて「外部に効力を及ぼした」の**例証**にジュバ問題をとり上げた（上述）。なぜ、それを素直に扱わずに「法律上の争訴」をもってきたのか。裁判所が**論破**されたことを認めるわけにはいかない。そこで退けられ解決され、御用ずみとなった「外部効力はない」論に**代えて**、**「法律上の争訴」論**を用いたわけである。あとはこの「法律上の争訴」論を否定する、という得意の独壇場のパターンに**もちこむ**のである。

　そこで当判決文は、これも試練ずみの「閣議決定合議制」論（「内閣法4条1項及び6条の規定に照らせば」）を用いた。この方法も2014.9.24内閣官房国家安全保障局長答弁書以来**常套化**し、その**依存度**を増した。

　しかしこの閣議決定合議制は、憲法65条「行政権は、内閣に属する」が、内閣を首相独裁制でなく合議体制をとっているという憲法の精神にもとづいて、内閣法1条、2

10

条、4条、6条が定められていることによる重要な原則である。「政府の外部への効力」、首相の「行政各部への指揮監督」が正しく機能するための**憲法秩序**である。

　政府のあり方を決めているのであって、政府の行為（行政）が正しく国民に届き、運営されるための規定である。国民主権（国民不在でなく）を十全ならしめることを目的とした内閣論である。合議制は、日本の歴史では古代・中世以来の伝統があることを歴史学は明らかにしたが、憲法はこれが今日の戦後日本近現代国家の姿としての**民主主義の一形態**であることを示した。

　これを「外部への効力」という珍妙な言い方で、「7.1閣議決定」の反国民性・反平和性・反民主性の重大な「効力」つまり影響を否認し、隠すことは反憲法的である。

　枢要な、**アベが守るべき内閣合議制**をもって、「法律上の争訴性」を否定するのは全くの**お門違い**であり、誤りである。「法律上の争訴性」がない、というのはまちがっている。

　控訴審判決はここで「7.1閣議決定」を、これに対して憲法違反・無効確認を求める「本件訴え」は、「当事者間の具体的な権利義務ないし法律関係の存否に関する紛争に当たらない」、つまり「法律上の争訴」ではない、といっている（3頁）。

　だが、控訴理由書は、アベ「7.1閣議決定」**それ自体**を憲法違反として訴えている原告・長坂傳八の訴訟そのものが、原告—被告安倍晋三首相の**当事者間の「法律上の争訴」**であると述べているので、これ以上の反論はしない。「具体的」な被害—加害の当事者関係、つまりけがや苦痛や損害があるかないかの次元で論じていないことはご理解いただけよう。（控訴理由書2頁　14頁）

　「7.1閣議決定」が憲法（前文・9条・99条）違反であることを「**純法律的**」に問うているのである。「具体的」な被害をまつのではなく、それを**防ぎ**、国民の生活と安全と平和を守るためにこそ裁判所は存在している。

　なお当判決文3頁2行目は「……効力を有するものではないと解され」としているが「解され」の消極的表現の根拠が示されていない。それが「合議制」を受けているのであれば成り立たないことはすでに論じた（本文10〜11頁）。

（2）「司法権の範囲内」ではない？

　以上みてきたように、原判決文と控訴審判決のいう「7.1閣議決定」は「政府の外部に効力を及ぼさない」、「閣議決定は内閣の合議制だから国民に影響はない」、「訴えは法律上の争訴ではない」などの有力な判例概念は、**いずれも成立せず、失当**であることが明らかになった。

　残るは表記の「司法権の範囲」論である。

　控訴審判決は、次のように述べた。

11

「憲法81条の定める違憲審査権も、司法権の範囲内に行使されるものであって、裁判所は、具体的な事件を離れて抽象的に法律命令等の合憲性を判断する権限を有するものではないと解される（昭和27年最大判参照）。」（3頁）

上掲「昭和27年最大判」は、1952（昭和27）年10月8日最高裁大法廷判決（警察予備隊違憲訴訟判決）である。これについては、訴状（25―27頁）で全面的に批判した。これへの**反論はなく**、上掲の見解がくり返された。

上告人の訴状内容は重ねないが、「昭和27年最大判」を精読してみると、最高裁は違憲審査権を有するが、「司法権の範囲内」に限られる、「**具体的事件をはなれて**、抽象的に法律命令等の合憲性を判断する（できる）」との見解は、「憲法上及び法律上何等の根拠も存しない」との断定が、その核心であることが分かる（訴状27頁）（ゴチックは長坂）。

この「司法権の範囲内」の判例は金科玉条となって、最高裁にとどまらず各級のすべての裁判所の鉄壁の陣を築いた。

戦後裁判所の金科玉条――「司法権の範囲内」概念の前にすべての裁判官だけでなく、すべての弁護士が畏怖し屈した。

かくて、日本政府の決定する行為（閣議決定、処分、命令、規則、国務に関する行為）と法律は、すべて「抽象的」で「具体的事件」を「離れ」ており、国民（あるいは原告）の「権利義務に直接の影響が生じていない」から、「司法権の範囲内」**外**であり「**違憲審査できない**」の判例が司法を支配した。

要するに政府のやる事に、裁判所は一切手出し、口出しできない、「**政府治外法権**」論（控訴理由書7－8頁）である。

しかし、この通説は根本的にまちがっている。

なぜか。憲法には「抽象的」に判断することを禁止していない。

違憲審査権が「司法権の範囲内」である、と憲法は**一言も言っていない**。憲法は、「抽象的」も「司法権の範囲」外も違憲審査権の行使を**認めている**。

この理解が**訴状（25～28頁）の立場**である。

原判決と控訴審判決は、これに応えていない。

原判決（却下）と控訴審判決（棄却）は、いずれもこれを**とり消すべき**である。本上告理由書は、最高裁に対してそのことを**求める**ものである。

第4の小括

以上の第1～第4（本文2～12頁）をふり返ってみると、本訴訟が裁判所の判断に

よって憲法82条および民事訴訟法140条に**違反**して口頭弁論を回避した（控訴理由書15—17頁）ために、原告・控訴人長坂傳八と被告人内閣総理大臣安倍晋三との**対話**が**排除**され、**不可能**となったことに起因して、「7.1閣議決定」の重大な違憲性が審理されるのでなく、裁判上の判例や法理技術に主として**終始**することになった。

　裁判官（裁判所）が、**憲法にもとづいて**どのようにゆたかな日本やゆるぎない平和を構想、考究するか、についての**夢と冒険心**にあふれた情熱的な論争や対話の様相が、貧しいまま半年余が推移した。過去の悪しき判例に縛られず、そこから**自由**であろうとする、**気概の片鱗**を垣間みることができたのは思わぬ発見であった。

　日本の裁判所（裁判官）が、判例主義や官僚主義に陥らず、正義を持って国民の負託にこたえ、**主権者とともに進む**ことを願ってやまない。**憲法はいじるのでなく、その思想と論理を内奥から謳いあげられる**ものだ。

（以上、2017年12月13日（水）午後6時45分記）

第5　控訴理由書全文の記載（同5～35頁）

　当該控訴審判決文（全36ページ、後藤博裁判長・藤岡淳裁判官・武田美和子裁判官）が、控訴人長坂傳八の控訴理由書全文（31ページ分）で「別紙控訴理由書記載のとおり」として「当審における控訴人の主張」を紹介したことについて、予期せぬ感慨を受け、熱烈なる対話と胸の思いならびに魂の交換ができたことに満腔のよろこびと敬意を表明し、謝意を表す次第です。

（同2017年12月13日（水）午後7時15分記）

第Ⅱ部　上告理由(Ⅱ)

「7.1閣議決定」の違憲判決・無効確認を求める
9条・平和憲法を守りぬく

第1節　戦後裁判史に燦然と輝く判決　　憲法を守るもの
―長沼ナイキ基地訴訟札幌地裁（1審）（福島重雄裁判長）の自衛隊違憲判決―1973年9月7日（判決文全文より）

　私たちは表記のように、「7.1閣議決定」の違憲判決・無効確認を求め、9条・平和憲法を守りぬく。

　戦後の歴史の渦にかき消され、忘れ去られてしまった（かのように見える）、だが戦後裁判史に燦然と輝く判決がある。1973年（昭和48年）9月7日長沼ナイキ基地訴訟札幌地裁（1審）判決―福島重雄裁判長・稲守孝夫裁判官・稲田龍樹裁判官）である。

13

　当裁判は北海道長沼において自衛隊のミサイル基地設置にともなう保安林伐採をめぐって、その計画が「憲法に違反するか否かが中心的争点となる」（上記判決文4頁）というものであった。

　同判決文は、膨大な資料を渉猟し長文から成る（104ページ）ものである。末尾の結論部分（103〜104頁）は次のように述べる。

　　「1．以上認定した自衛隊の編成、規模、装備、能力からすると、**自衛隊**は明らかに『外敵に対する実力的な戦闘行動を目的とする人物、物的手段としての組織体』と認められるので、**軍隊**であり、それゆえに陸、海、空各自衛隊は、憲法第9条第二項によってその保持を禁ぜられている『陸海空軍』という『戦力』に該当するものといわなければならない。そしてこのような各自衛隊の組織、編成、装備、行動などを規定している防衛庁設置法（昭和二九年六月九日法律第一六四号）、自衛隊法（同年同月同日法律第一六五号）その他これに関連する法規は、いずれも同様に、憲法の右条項に**違反**し、憲法九八条により**その効力を有しえないものである**」（引用文中のゴチックは長坂）

　上にみたとおり、福島判決は明確に自衛隊を憲法違反（9条2項違反）と判決し、防衛庁設置法、自衛隊法の違憲・無効を宣した。当時大々的に注目され、話題にされたことを現在の人々が知る日がくるだろう。

第2節　戦後裁判の誤りの起点・憲法を侵犯するもの
　　　　─3つの最高裁判決と1人の人物

　戦後裁判史において憲法を侵犯し、その誤りの起点となったものは次の3つの最高裁判決と1人の人物であることが、この間の私たちのとりくみで明らかになった。

（1）苫米地事件最高裁判決（最大判昭35・6・8民集14・7.1206）
　　─1960年6月8日
　　　1952年8月28日の衆議院解散への違憲訴訟

最高裁長官　田中耕太郎
　「要旨
　1．衆議院の解散は極めて政治性の高い国家統治の基本に関する行為であるから、それが法律上無効であるかどうかは、**裁判所の審査権の外にある**」（以下略）
　「主文
　本件上告を棄却する」（以下略）
　「理由

（前略）直接国家統治の基本に関する高度に政治性のある国家行為のごときはた
とえそれが法律上の争訴となり、これに対する有効無効の判断が法律上可能であ
る場合であっても、かかる国家行為は裁判所の審査権の外にあり、その判断は
（中略）政府、国会等の政治部門の判断に委され、最終的には国民の政治判断に
委ねられている（後略）」（以下略）（ゴチックは長坂）

　国家行為（高度な）に裁判所は、口出しできない……アリのはい出る隙間もない、堅
固なる城砦である。といいながら、それにつづいて当判決文は、憲法７条に依拠して行
われたこの衆院解散は政府の見解を「憲法上無効」とすることはできない、として解散
を支持した。いわゆる「７条解散」のはじまりである。[1]

　ところが、裁判官河村大助は「意見」を述べ、「**憲法81条**は裁判所に一切の法律、命
令、規則、処分が憲法に適合するか否かを決定する権限を与え」、**裁判所法三条**は特別
の場合を除き、「裁判所に一切の法律上の争訴を**裁判する権限**を付与している」ので
あって、「所謂統治行為なるものを司法審査の対象から除外する旨の**明文の存しないこ
とは明らかである**」と明快に論じている。上記判決の「理由」の「裁判所の審査権の
外」論に対して「審査権の内」を主張していることは注目に値する（「意見」も「判決
文」の一部である）。（ゴチックは長坂）

　河村大助は己れの立場から、判断を出し、当件衆院解散（1952.8.28前掲）を「合憲」
であるとした点は問題があるが、[1]紹介したとおり「**統治行為論**」を**否定**しているこ
とは重要である。

　　ここで裁判長田中耕太郎は統治行為論をもち出して憲法判断を拒否した。戦後裁判
史上の誤りの**起点**である。だが、ここで本質的批判が提起された。

　　註（1）この「７条解散」合憲論については、別のところで論じた（本上告理由書20頁）。
　　　　　ここでは批判を割愛し、そちらにゆずる。

（以上、2017年12月14日（木）午後６時40分記）

　当判決で田中耕太郎はまずもって、統治行為論を口実にした憲法判断の**放棄**（「裁判
所の審査権の外」論）ではなく、上掲河村大助裁判官の「意見」をとり入れて、この
1952（昭和27）年衆院解散の事実について**憲法審査**をすべきであった。

　田中耕太郎は、上に示したとおり「できない」と言いながら解散を支持した。潔しと
せぬ優柔不断の態度である。「裁判所は審査権の内にあると考える。解散は合憲だ」と
すればよかった。それで戦後の裁判史は変わった。つまりは、すべてを司法権行使の対
象とし、**すべてを憲法判断する**、そうすればよかった。裁判官河村大助は法理論上、法
廷技術上それが可能であることを証明している。

　では、なぜ田中耕太郎はそれをしなかったのか。

　それは、「裁判所の審査権の外」の**判例**を残したかった、という以外にない。ならばなぜ、その判例を残したかったのか。

　その問題を提起して、次へすすみたい。

　なお、一審判決が「憲法判断できる」としていることはきわめて重要である。（昭和28年＝1953年10月19日、東京地裁）。

　同一審判決は次のように言う。（裁判長毛利野富治郎・東京地裁）

　「衆議院解散行為のような政治性の強い行為であっても、<u>その法律的判断が可能であり、</u>かつ、その結果が個人の権利義務に影響を及ぼすものである以上、裁判所は、右解散の効力について<u>審判する権限を有する</u>」[2]

　　　註（2）「苫米地事件一審判決（東京地裁昭 28.10.19 判時 11.3）」より。

　　　　　　下線は引用者。

　この一審判決（1953.10.19）から、上掲最高裁判決（1960.6.8）まで 7 年の歳月を浪費して、「審判する権限を**有する**」とした 1 審の論理を180度転換・断絶させて「審査権の**外**にある」と結論した。

　つまり「できる」としたものを、「できない」とした。

　憲法上「法律的判断が可能」とした 1 審の立場からしたら、「審査権の外」として法律的判断を停止した最高裁判決は、**憲法違反**である。（控訴理由書 2 ― 3 頁参照）

　1 審は衆院解散に関する「閣議決定」の「効力」を重視している（後述）。

（2）警察予備隊違憲訴訟判決

昭和 27（1952）年 10 月 8 日／最高裁判所大法廷／判決／昭和 27 年（マ）23 号

　同判決は訴状26－28頁で詳論したが、「具体的な争訴事件」と関係なく違憲審査をして「抽象的な判断を下す権限を行いうるものではない」として憲法判断を全面的に**拒否**した。（「司法権の範囲」外論）

　敗戦後の占領下で、朝鮮戦争開始（1950年 6 月25日）の直後（同年 7 月 8 日）にマッカーサーによって新設を命ぜられた警察予備隊 7 万5000人（と海上保安隊8000人の増員）は、再軍備と逆コースを象徴するものとして、当然憲法 9 条に違反するか否かを最高裁は違憲審査するべきであった。

　ところが、田中耕太郎裁判長は、わずか 2 頁（A 4）の判決文で片付け、警察予備隊

16

の「け」の字にもふれることなく、上掲「司法権の範囲内では**ない**」（「司法権の範囲」外論とする）一点ばりできわめて冷淡かつ形式的に判決を下した。これでは無判決である。

　世は「平和四原則」（全面講和・中立・基地反対・再軍備反対）の運動がわきおこっていた。国民の声を聞かず、世間に一歩も出ない、この閉じこもりの最高裁判決は、**憲法81条**に規定する「法令審査権」（違憲審査権）の権限を行使し、**憲法99条**の憲法を擁護・尊重する裁判官の義務に**違反**している（訴状27頁参照）。

　最高裁はこのときから、口実をならべて憲法に背を向けてきた。

　裁判長田中耕太郎の責任は重い。

　前記（1）の苫米地事件最高裁判決は、この8年後に裁判長田中耕太郎によってなされた。

　警察予備隊は、明確な**憲法9条違反**である。

（3）砂川事件最高裁判所大法廷判決

裁判年月日　昭和34（1959）年12月16日（砂川判決）

　この砂川判決についても、上記（2）警察予備隊違憲判決と並べて訴状25―26頁で全体を論じた。くり返しをさけて、中心点のみを次にみたい。

　「判決主文　原判決を**破棄**する。本件を東京地裁にさしもどす」

　「判決文」「（高度の政治性を有するものは）、一見きわめて**明白に違憲無効**であると認められない**限り**は、裁判所の司法審査権の範囲**外**のもので（ある）」（ゴチックは長坂）

　原判決は、戦後裁判史に、前節の福島判決に先んじて出され、もう一つ珠玉の光彩を放つ名判決として知られる“**伊達判決**”である（訴状25頁参照）。次に示す。

　　　　　　　　　　　　　　　　　　（以上、2017年12月16日（土）午後8時10分記）

　同判決文は、上掲「主文」につづく「理由」冒頭で、

　「原判決は要するに、アメリカ合衆国軍隊の駐留が、憲法九条二項前段の戦力を保持しない旨の規定に違反し許すべからざるものであるということを前提として、日本国とアメリカ合衆国との間の安全保障条約三条に基く行政協定に伴う刑事特別法二条が、憲法三一条に違反し無効であるというのである」

　として、上記「主文　原判決を破棄する」の「理由」を述べる。

　以下、要点のみ挙げる。

　一、「憲法九条は、わが国がその平和と安全を維持するために他国に安全保障を求めることを何ら禁ずるものではないのである。」

　　　「外国の軍隊は、たとえそれがわが国に駐留するとしても、ここにいう戦力には該当しないと解すべきである。」

二、「本件安全保障条約は、前述のごとく、主権国としてのわが国の存立の基礎に極めて重大な関係をもつ高度の政治性を有するものというべきであって（中略）一見極めて明白に違憲無効であると認められない限りは、裁判所の司法審査権の範囲外のものであって（後略）」、内閣や国会の判断に従い、「国民の政治的批判に委ねられるべきもの」である。

三、「かようなアメリカ合衆国の軍隊は、憲法九条、九八条二項および前文の趣旨に適合こそすれ、これらの条章に反して違憲無効であることが一見極めて明白であるとは到底認められない。」（以上、下線＿＿＿とゴチックはすべて引用者。以下同じ）

これを要すれば、

「原判決を破棄し、東京地裁にさしもどす」（判決主文）としたのは、

一、　他国（アメリカ）に安全保障を求めるのは9条違反ではない。米軍は、戦力ではない。

二、　高度の政治性をもつものは、裁判所の司法審査権の範囲外のものである。

三、　アメリカ合衆国の軍隊は憲法に適合している。」

からである。

読めば読むほど、複雑怪奇である。

原判決（"伊達判決"）は、在日米軍が9条違反というが、外国の軍隊は戦力ではない。在日米軍は9条に適合している。しかし高度に政治性があることなので違憲審査できない。だから破棄する。

Aは、Bのことを悪いと言ったけど、Bは悪くはない。だけどBを良いとは言えない。だからAをなきものにする、ということになる。

Bは良い、だけど、良いと言えない。Bを良いといわないAは破棄する。

Bは在日米軍で、Aは伊達判決。

こうなると、「良いけど良いといえない」というのは、Aを否決する（良いといってないから）ための手段で、「良いといえない」（「司法審査権の範囲外」）というのは、「良いといえ」「悪いというな」とAに迫っている、という図式になる。

「お前も良いといえ」とするために、Aに「さしもどし」た。

Aに「良い」を言わせるために、「悪い」を一方的に破棄した。

104頁に及ぶ、科学的に論証した「Bは悪い」説を、わずか4頁余（100分の1）の文章で、さしたる反論もなしに、事実や資料も示さずに「Bは良い」説をおしつけた。

理由は「良いと言えないから」（「司法審査権の範囲外」で言ってはいけないから）だ。

「Bは悪い」といった伊達秋雄一審裁判長に対して、「Bは良いといえ」とさすがに言

18

えないので「Bを悪いといってはいけないしくみがある」という理屈をつくり上げた。つまり「司法審査の範囲」である。

　在日米軍基地は憲法9条違反、を正面切って**否定できない**ので「違憲審査はできない（司法審査できない＝**範囲外**）」とした。しかしそれだけでは消極的なので日米安保条約も在日米軍も合憲であるという威嚇、恫喝を与えて**威圧**した。

　ときは、岸信介首相とアイゼンハワー米大統領との間に、日米安保条約の改定交渉がつづけられ、安保反対の一大国民運動が空前の安保闘争（1960年）に向かう前夜である。伊達判決に心底恐怖を抱いた日米支配層は、田中耕太郎最高裁長官に手をまわし、マッカーサーⅡ世駐日米大使に密談させ、これを地上から抹殺するための工作に走った（訴状25頁参照）。

　「司法審査権の範囲外」の判例**造出**はこうして生まれた。一見、「司法権の放棄」にみえる、この憲法判断（違憲判決回避）は、そうではなく、最も悪質で、反憲法的な「在日米軍（日米安保条約）違憲判決」**圧殺**のための司法権（司法審査権）の**発動**（執行）の強行そのものだ。

　これに対して、裁判官から「違憲審査権は及ばない」とすることに「**反対**」するとの「意見」（小谷勝重裁判官）や安保約を9条に反しないか否かを「**純法律的**に審査することは可能」であり「統治行為としてその審査判断を回避する理由はない」（奥野健一、高橋潔 同）の意見が出された。

　小谷は「**憲法の護持擁護は不抜たれ**」と強調し、奥野、高橋は、安保条約は合憲である、とした（砂川判決25頁～35頁より）

（以上、2017年12月17日（日）午後7時23分記）

◇（1）～（3）の小括（まとめ）

　以上、「戦後裁判の誤りの起点・憲法を侵犯するもの——3つの最高裁判決と1人の人物」について論じた。

　これをまとめたい。（補足を兼ねる）

（1）苫米地事件最高裁判決　1960年6月8日　最高裁長官田中耕太郎

　衆議院の解散（1952年8月28日）について、「極めて政治性の高い国家統治の基本に関する行為」（統治行為）であるので、**憲法判断できない**（「裁判所の審査権の外」にある）。

　当判決は、一審判決「解散の効力について審判する権限を有する」（と統治行為論を退けた）を棄却して、統治行為論をおし通した。

　衆院解散そのものについて、最高裁は「憲法上無効なものとすることはできない」

（「憲法判断できない」と言いながら）とし、東京地裁（一審）は「憲法に違反するものとは言えない」と判示した。

　ここで一審判決の2つの重大（もしくは重要）な問題に注目したい。
　1つは、「本件解散は**憲法7条**のみをもってなされた」、「**天皇が衆議院を解散する権限を有する**」として憲法69条内閣不信任決議を重んじていないこと。（先掲一審判決8－9頁）
　2つは、上記衆院解散にあたって内閣の助言と承認は「二つながらなければならない」として、助言と承認の「閣議決定」の有効性を検討し、助言の「閣議決定」が閣僚13名中4、5名の閣僚の賛成署名が「なされただけ」であるため「適法な閣議決定があったものと言うことができず」、「本件の解散については**内閣の助言があったものとは言えない**」ので、「**憲法7条に違反する**ものと言わなくてはならない」と判示したこと。（同上9－10頁）
　「閣議決定は外部に効力を及ぼさない」どころか、閣議決定が「外部」（衆院解散）に「効力」（内閣の助言と承認）を「及ぼ」したかどうかを「検討」して、「二つながら（助言と承認＝引用者）なければならないもの」とした。閣議決定を重視し、「外部への効力」（衆院解散、7条発動）が発生するかどうかを問題にした。結果、内閣の「助言」は「効力」を発生せず「**憲法7条違反**」を明示する、という重大なことになった。当解散はもともと内閣不信任決議（憲法69条）がないままの行使であるから、唯一のたのみの「内閣の助言と承認により」三項「衆議院を解散すること」とした「天皇の国事行為」（憲法7条）自体が、実行不可能である。
　当一審判決（1953年10月9日）は、1952年8月28日の**衆院解散**は、憲法上、7条と69条いずれにも基づかず、いずれをも根拠としていない、と宣したことになる。つまり、文句なしの**憲法違反**の無効解散である。
　がしかし、同一審判決は、先掲のとおり、これを「憲法に違反していない」（同8－9頁）とした。
　これは公正な裁判ではなく、**判決そのものが成立しない**。

　しからば最高裁長官田中耕太郎は、これを見逃したのか。この一審判決を田中耕太郎は、「裁判所の審査権の外」の一言で地上から消すという**司法権（審査権）の行使**をした。
　「**天皇が衆議院を解散する権限を有する**」は、著しい憲法（7条、69条）違反である。その理由は後述する（本上告理由書39頁）。
　判決文全文は稲田恭明氏から提供いただいた。（2）、（3）も同じ。記して感謝したい。

20

（2）警察予備隊違憲訴訟最高裁判決　1952年10月8日　　最高裁長官田中耕太郎

　最高裁長官田中耕太郎は、戦後日本の再軍備——警察予備隊が憲法9条違反であるという問題から逃げた。

　田中耕太郎は、憲法判断の土俵にのることを恐れて、「司法権の範囲内ではない」（「司法権範囲外」論、本上告理由書16頁）の判例をつくり出し、警察予備隊違憲論を地上に存在しないものにした。

　そもそも**審査をしない**という司法権の行使をした。

（3）砂川事件最高裁判決　1959年12月16日　　最高裁長官田中耕太郎

　日米安保条約にもとづく在日駐留米軍は、憲法9条違反ではない。外国の軍隊は9条の「戦力」ではない。日米安保条約は「裁判所の**司法審査権の範囲外**」である。

　原判決（在日米軍は違憲）を**破棄**する。（以上、判決の中心点）

　田中耕太郎は、「裁判官」として「補足意見」を述べた（同判決文5―8頁）。

　比較的長い文章であるが、国家はその存立のために自衛権をもっている、自衛は「他衛」、他衛はすなわち自衛である、侵略の脅威のもとで「力の均衡」が必要である、真の自衛は正義の要請、日米安保条約は9条の平和主義と相容れる。原判決の「米軍駐留は9条2項違反」は、誤っている、というのが主な論旨である。

　　　　　　　　　　　　　　　　　　（以上、2017年12月18日（月）午後8時記）

　日米安保条約（および在日駐留米軍）は、「裁判所の司法権の対象外」であるのに、ここから「逸脱」してこれを**9条違反**と「判断」したのは「誤った」もので、「失当」である、よってこの原判決（**伊達判決**）は「破棄を免れない」、というものである。

　お前はやるな、といったのにやった、だから許さん。なぜ私の言うことを聞かんのか。みられるとおり、反旗をひるがえした者にろこつな敵意を示している。

　だが、本心は、良いものをなぜ悪いという、日米安保は合憲なのになぜ違憲というのか、けしからん。

　これはもう、憲法論や法律論ではなく、言うことを聞け、というやくざのやり方であり、法廷でなく官僚の上下関係そのものである。

　田中耕太郎は、それでも気が晴れずに自ら「補足意見」を記し（上掲）、**裁判官小谷勝重**の「憲法の護持擁護は不抜たれ」（「理由」には「反対」＝先掲）の豪毅な見解（「意見」＝同）を尻目にして、おどろくほど素朴な「日本は日米安保条約によってアメリカに守られている。それは9条の平和主義である」との主張を見せた。であるなら「言っ

21

ちゃダメだ」（「司法権の対象外」だ）とせずに、全面的に伊達秋雄一審裁判長と、国民の前に見えるように堂々と法廷で論争すべきであった（ある）。さっさと決めつけて、逃亡した。

　裁判所における真理は、下級から上級に向かうにしたがって接近する。その道程はただ一つ「憲法の護持擁護に不抜たれ」である。国民を代表して、憲法における真理は何か、どこにあるかの問に答えるべきだ。伊達秋雄は正面からとりくんだ。田中耕太郎は後ろから逃げ去った。

　「安保条約も米軍基地も、憲法9条の平和主義だ」とすごんだところで何の説得力もない。だから言い訳に終始した。**安保は違憲**の原判決を1ミリも反論できず、していない。

　かれこれ、60年がこのときから過ぎようとしている。もう一度争わるべきだ。

　田中耕太郎はなぜ、こうまでして、このような行動をとったのか。後述したい。

　なお、刑事特別法問題は割愛した。

（以上、2017年12月19日（火）午後3時記）

（4）砂川闘争と伊達判決　（1959年3月30日）

　上告人長坂傳八は、川崎に1970年以来居住し、砂川闘争に参加して逮捕され（1957年9月22日の「基地内侵入」で）、起訴され、被告人となった坂田茂さんから『写真集　米軍基地を返還させた砂川闘争』（2010年12月15日、159ページ建て、星紀市編　砂川を記録する会発行）の秀作を恵贈いただいた。坂田茂さんは、日本鋼管労働者として加わり、のち川崎市議会議員（共産党）を務め、生涯を「伊達判決を生かす会」の活動に費やした。坂田さんは7人の被告の一人として裁判を闘い抜いた。

　砂川闘争は、1955年米軍立川町基地拡張計画に対して砂川町議会が「基地拡張反対」を決議したところからはじまった。

　地元農民、住民をはじめ全国から労働者、市民、学生が支援にかけつけ、社会党浅沼稲次郎（のち暗殺される）をはじめ国会議員や学者、文化人も現地に参加した。割烹着、もんぺ姿の農民婦人の明るい表情を写真集は伝えた。「土地に杭は打たれても、心に杭は打たれない」の名句と「桑畑」「赤とんぼ」の歌で彩られた砂川闘争は、伊達判決に励まされ、砂川判決にくじけず、小牧・横田、伊丹など全国各地の米軍基地反対闘争に連帯した。基地拡張計画は中止され（1968年）、基地が返還（1976年）され、昭和記念公園開設（1983年）につながり、砂川闘争は大きな成果をあげ勝利した。

　伊達判決は砂川判決によって破棄されたが、「その精神（憲法9条こそが日本国の基本である）は、永遠に不滅である」と当時学生として現地で行動した森田実（政治評論家）は評した（同写真集146頁）。

22

　東京地裁八王子支部伊達秋雄裁判長は、日本を揺るがした砂川の人々の闘いの思い、「土地に杭は打たれても、心に杭は打たれない」に日本人として魂が揺さぶられた。土地を守る砂川町民の総意が、米軍基地は日本国憲法違反である、の判決を生んだ。

　大地と住民から遊離し、最高裁の法廷内にこもった田中耕太郎は、現地に赴くこともなく、現地の叫びを聞くこともなく、「司法権の範囲外」の一片の言葉で、この現実から逃避した。

　そのいずれが日本の未来を担うのか、おのずと明らかであろう。

（以上、2017年12月19日（火）午後8時すぎ記）

（5）田中耕太郎と二つの事実
　　一憲法公布（1946年11月3日）と解禁米外交「極秘」文書（1959.4.1）

　3つの最高裁判決―戦後裁判の誤りの起点と一人の人物の本題材は表記の田中耕太郎にたどりついた。

　長いトンネルをぬける針の穴、一条の光は田中耕太郎にあった。暗黒の裁判史は、すべて田中耕太郎に解明の鍵があった。

　田中耕太郎がなぜ暗黒の裁判史をつくり上げたか。重要な事実は二つある。

　一つ、田中耕太郎は現行日本国憲法の公布（1946年11月3日）の際、天皇裕仁につづいて、内閣総理大臣吉田茂、国務大臣男爵幣原喜重郎、司法大臣木村篤太郎、内務大臣大村清一ら全閣僚13名が墨書直筆している連署の一人として「文部大臣田中耕太郎」と自らの名を書した。その末尾には「大蔵大臣石橋湛山」、「国務大臣金森徳次郎」の名がみられる。

　現行日本国憲法公布の内閣の一角に文部大臣田中耕太郎はいた。田中は憲法の普及運動（1945年10月〜1946年10月）と憲法擁護尊重（憲法99条）の先頭・中心に立つべき立場にあった。

　この知られていない重要な事実を『誕生日本国憲法』国立公文書館2017年4月7日、37ページ（長坂傳八「控訴理由書」2017年10月17日、10頁参照）が伝えている。田中耕太郎は、この責任と使命をどう果たすのか。

　今一つは、当**最高裁判決**（**1959年12月16日**、以下田中判決とする）実現のために、一審判決（**伊達判決＝1959年3月30日**）の「（安保条約と）在日駐留米軍は**憲法9条違反である**」の判決に衝撃を受けた日米支配層が憲法に違反する画策を行っていたことが、約50年後の**2008年4月10日**、新原昭治氏によってアメリカ国立公文書館の解禁米外交文書から明らかになった。

　当時駐日米大使ダグラス・マッカーサー2世（GHQ総司令官マッカーサーの甥）が、藤山愛一郎外相および田中耕太郎最高裁長官（いずれも当時）と何度かにわたって

秘密会談を行い、伊達判決を早期に破棄させるため、マッカーサー大使が自ら最高裁への跳躍上告を秘かに「勧告」したというおどろくべき事実である。

　「（安保条約と）在日米軍は憲法9条違反」の伊達判決を抹殺するための上記3者の行動が、50年の地下からあぶり出され、お天道様の下にさらされた。アメリカによる日本の主権侵害、司法権の独立の侵犯、憲法（前文国家主権）違反の歴史的な重大事件である。

　（以上、先掲『写真集　米軍基地を返還させた砂川闘争』145―149ページ、157ページ）および2013年4月9日朝日新聞記事による）

　解禁米外交文書の一つは、「四月一日（1959年＝引用者）藤山大臣、在京米大使会談録」として、次の議事録がある（右上に「極秘」）。タテ書き、直筆。

　　　「日時　昭和三十四年四月一日午後三時半―五時五十分於帝国ホテル第一二五五〇〇室

　　　出席者　藤山大臣　山田次官　森米局長　米係長

　　　　　　マッカーサー大使　レンハート公使　ハーフ書記官

　　　大臣　先ず一言申上げ度いが、砂川事件に関する東京地裁判決は御承知の通りであるが、政府は安保条約改訂交渉は勿論引続き継続して行く。

　　　　　　目下最高裁に〇〇控訴するや否や検討中で、検事総長帰京を待って（以下略）」（〇〇は判読不明）

　　　（以上、先掲『写真集　砂川闘争』（略称）、145ページ）

　「極秘」会談は、伊達判決のわずか2日後の**1959年4月1日**に、出席者は藤山愛一郎外相、マッカーサー米大使。話題は最高裁「〇〇控訴」（跳躍上告のことか＝引用者）、場所は東京・帝国ホテルで行われた。

　これが、当時600万人をこえるゼネストで闘われた（1960年6月22日）安保闘争に知られたら、日米安保条約不成立と岸信介内閣倒壊に至るほどの、日本の一裁判を転覆させる一大謀略であった。

　最高裁長官田中耕太郎は、その実行役となった。

　早期の跳躍上告の手法による「**一審破棄、さしもどし**」は、田中耕太郎がこれを**拒否**をしておれば、不可能であった。

　田中耕太郎はこれを受け、結託し、先にみた「**統治行為**」論を捏造して、戦後史が到達した国民的財産、伊達判決を葬り去った。

　「高度に政治性を有するもの」は「司法権の範囲外」という発明をして最も政治的な**司法権の行使**＝最高裁判決を行った。

　ために田中は、「日米安保条約は憲法9条の平和主義である」という「補足意見」を

出したが（先掲）、その論証性と説得性の不在を埋める能力をもち合わせていなかった。

田中判決は、**憲法９条違反**と**売国**の所業である。

先にみた、文部大臣田中耕太郎の現行日本国憲法公布署名者の誇りと情熱は投げすてたのか、はたまた変質か。

田中判決は**不当**、**無効**であり、**再審**を一からやるべきだ。

坂田茂さん（2013年２月逝去）の娘さんたちの**再審運動**を支持する。

（6）田中判決「日米安保条約合憲論」（田中耕太郎「補足意見」）とベトナム戦争

本節の最後にベトナム戦争に言及しなければならない。

田中判決「補足意見」は、「日本は日米安保条約によってアメリカに守られている」と言った（先掲33頁）。これはその後の現実で、根本的に否定された。

ベトナム戦争である。

ここに一冊の本がある。『日本の黒書　われわれは告発する』日本平和委員会1967年の名著である。

ベトナム侵略戦争は、1960年ケネディがはじめ、ジョンソンが一気に40万人～50万人の大軍を投入して全世界からベトナム人民支援10.21国際統一行動（日）がわきおこった。"ベトコン"はベトナム解放民族戦線となり、アメリカの正義の戦争は汚い戦争となった。ジョン・バエズやモハメド・アリのよびかけは全米を包んだ。アメリカは核兵器（使用できず）以外のすべての殺傷兵器を使った。200万人のベトナム人民が犠牲にされた。英雄的な民族解放のベトナム人民の戦いは世界最強のアメリカ帝国主義を敗北させた（1975年）。

"北爆"のトンキン湾事件に早朝の抗議集会を開き、連日のようにデモをくり広げた私たち学生は、「ベトナム戦争に加担・共犯するな」「平和憲法を守れ」と青春をかけた。相模原補給廠で修理された米軍戦車を「ベトナムに送るな」と横浜・村雨橋に夜半阻止戦をはったときは高校教師になっていた。我々の世代はベトナム戦争を阻止した。

日本は「トイレットペーパーからナパーム弾まで」ベトナム戦争に加担・協力させられ、「沖縄なくしてベトナム戦争なし」といわれるほど深く戦争基地にされ、国鉄南部線の列車は米軍立川基地への物資輸送に夜間まで利用され、日本を代表する独占資本は「ベトナム特需」でうるおう"死の商人"となった。

この日本の、アメリカのベトナム戦争に軍事・政治・経済・国民生活のあらゆる分野にまきこまれた実態は、日米安保条約を根源としていた。安保条約を破棄し、平和・中立の日本になることは国民の願いであった。

その事実が、先掲『ベトナム黒書』（略記）によってあますところなく詳細な調査で明らかにされた。上告人長坂傳八は、この文献を示し、ベトナム戦争と安保条約と日本の真実を伝えた。授業で生徒に。

　日米安保条約は、日本を守るのではなく、日本を基地にして日本国民を共犯者にして、日本をベトナム戦争にひきづりこんだ。沖縄をはじめ在日米軍基地の米兵の犯罪の背景は、「きのうベトナムで人を殺した」人間であった。[1]

　この現実は今もつづく。沖縄普天間飛行場周辺の小学校に部品をおとしたＣＭ53型Ｅヘリコプターは、どこへ飛んだのか。

　　　註（1）このことは今もつづく。イラク戦争（2003年3月に在日米軍基地から1000人
　　　　　　の米兵が派兵され、イラクの子ども、市民を殺した。（伊勢崎賢治『DAYS
　　　　　　JAPAN』2018.1　P.17）。

　田中判決は、「日米安保条約は日本を守る」（先掲、田中耕太郎「補足意見」）と言った。根本的に間違っている。

　田中判決は、破棄し、はじめからやりなおすべきだ。

　「（戦争の基地）**在日米軍は憲法９条違反である**」の**伊達判決**こそ日本の**国是**とし、日米安保条約を**廃棄**して、米軍基地を全面撤去し（砂川闘争が米軍立川（砂川）基地を返還したように）、日本列島を文字どおり**平和憲法（９条）**の島にすべきである。

　そのことは今日の「北朝鮮」問題・東アジア情勢危機のあおり方ではなく、逆に９条の思想と論理で**根本から組み立てなおす**ことの重要性を伝えている。

　それが新しい時代の要請である。

　砂川判決（田中判決）は、古い時代の古い**対米従属と軍の論理**である。

　アメリカはベトナムに敗北した歴史の真実を深く学び、中東や北朝鮮への「力による平和」のまちがった軍事優先思想を止めるべきだ。

◇（４）〜（６）の小括（まとめ）

　以上、第2節　戦後裁判の誤りの起点・憲法を侵犯するもの―3つの最高裁判決と1人の人物について（1）〜（6）にわたって論じた。

　「3つの判決と1人の人物」は田中耕太郎最高裁長官をさぐりあて（（1）〜（3））、これが必然的に（4）砂川闘争と伊達判決（1959年3月30日）、（5）田中耕太郎と二つの事実―憲法と解禁米外交「極秘」文書（1959年4月1日）、（6）田中判決「補足意見」「日米安保条約合憲論」（1959年12月16日）とベトナム戦争、に論点が展開することとなった。

　「在日米軍は戦力ではなく、日米安保条約は合憲」を実体的内容とし、「日米安保条約の憲法判断はしない」（統治行為論もしくは「司法審査権の範囲外」論）の形式をとった砂川判決（田中判決）は、まちがっており、**憲法違反**であり、**とり消す**べきであるこ

26

とを（4）〜（6）をもって論じた。

◇第2節（1）〜（6）全体の小括（まとめ）

次に、第2節全体をまとめ、整理したい。（1）〜（3）の順序をかえる。

① 1952年10月8日　警察予備隊違憲訴訟は、最も早い田中耕太郎裁判長による判決である（田中判決（甲）とする）。

　　田中判決（甲）は、「司法権の範囲外」論を用いて、警察予備隊を違憲判決とする（原告請求）ことができなかった。（本節（2））

② 1959年12月16日　砂川判決は、「統治行為論」もしくは「司法権の範囲外」論をもちこんで、伊達判決「在日米軍は9条違反」を破棄した（田中判決（乙））。田中判決（乙）は、「在日米軍は、9条に適合する」（田中「補足意見」＝前述）を一方で判決し判例とした（本節（3））。

　　田中判決（乙）は、マッカーサーⅡ世駐日米大使の直接の内政干渉と国家主権ならびに司法権の侵害に屈服した田中耕太郎によってもたらされた（本節（5））。

　　田中耕太郎は、憲法公布への自己の署名を裏切った。田中判決（乙）「在日米軍は日本の平和と安全を守る」が誤りであることは、ベトナム戦争に日本を加担・共犯させた現実で証明された（同（6））。

③ 1960年6月8日　苫米地事件判決は、統治行為論を用いて、憲法判断は「審査権の外」として回避した（田中判決（丙））。

　　一方で政府の「7条解散」を支持した（同（1））。

　　以上、①〜③を整理すると、「司法権の範囲外」論（①と②）もしくは統治行為論（②と③）を田中判決（（甲）（乙）（丙）とも）の手段にして、実体的判決（②在日米軍は合憲、③7条解散は合憲）をした。そのいずれ（手段と実体）も判例にした。むしろねらいは後者である。①田中判決（甲）は実体的判決をさけた。それを②（乙）と③（丙）で攻勢に転じた。②（乙）が最大の山場で、アメリカの直接の支配・介入が、実体的判決を強制した（在日米軍は9条適合）。

④ 砂川闘争と伊達判決は、アジア・日本の平和と憲法9条への最も大きな貢献となり、これに誠実に応えることなく脅威を覚えて敵対し、田中判決（乙）②をでっち上げて「破棄」したのは日米合作の国家謀略である。悪虐を働かず、平和裏に憲法・国民とともに前進すればよい。

　　しかし、伊達判決の精神「憲法9条こそが国の基本である」は「永遠に不滅」である（本節（4）、森田実）。

　　砂川闘争と伊達判決は、日本戦後史における「憲法体制と安保体制」の構造的対抗を現実に示した。しかしながら、この現実の歴史運動の真理は、「9条こそが

国の基本」にある。

　「9条こそが国の基本」—この真理と法則こそが、歴史の方向を規定していくであろう。（①～④の文中下線と波線は長坂による）

　我々は、ここで再び「憲法を守るものと憲法を侵犯するもの」のテーマを総括するところにすすんだ。

　その意味するところは、どちらをとるか、どちらがよいかではない。上述にて判明したとおり、憲法を守る—いかに守るかに唯一の方向があるのであって、これを侵犯する邪道は排除されるのである。

　このことを次に考えよう。

　結論　**田中判決**　甲・乙・丙はいずれもまちがった判決であり、**憲法違反**である。したがって、このすべてを破棄し、裁判をやり直すべきだ。それによってゆがめられた戦後裁判（史）を正し、憲法を守りぬく道を、裁判所・裁判官は主権者国民とともに歩む。そのことが明確となった。

　以上が、本第2節の結論である。

　田中耕太郎は、1946年11月3日文部大臣田中耕太郎の憲法公布の署名の初心を忘れず、生涯これを貫くべきであった。そのことは日本そのものにも言える。

第3節　憲法における真理　—「9条こそ日本国の基本」—

　本第Ⅱ部の終節に入った。表題「憲法における真理—「9条こそ日本国の基本」—」をまとめにしたい。「9条こそ日本国の基本」は、政治評論家森田実が、砂川闘争と伊達判決によせた至言である（本上告理由書22頁）。

　本第Ⅱ部を閉じるにあたって、上記表題を二つの問題で考える。一つは憲法前文の「**排除**」、今一つはアベ改憲と「7.1閣議決定」である。

(1) 憲法前文の「排除」

　このところ憲法への関心が高まり、いたるところで学習会が行われている。憲法前文になぜ「排除」の文言があるのか、ほとんど注目されていない。しかし、ここに憲法における真理がある。長坂傳八「控訴理由書」10—11頁をうけて再論したい。私たちの相談会でも要請があった。

　憲法前文は言う。

　　「これは人類普遍の原理であり、この憲法は、かかる原理に基くものである。われらは、これに反する一切の<u>憲法</u>、法令及び詔勅を<u>排除</u>する」

　控訴理由書（上掲）が述べたように、この箇所で重要な修正がなされた（1946年10月
6日貴族院で修正可決。これを10月7日衆議院が可決し、10月29日枢密院が可決し、同
日その公布を閣議決定した）。

　修正は、「**憲法**」をあらたに挿入したことと、「**廃止**」を「**排除**」に改めた、この2カ
所である（いずれも上記下線部）。

　まず、「**憲法**」をなぜ挿入したのか。

　上告人長坂傳八は以前も書いたように（上掲控訴理由書10―11頁）、授業で長く憲法
を生徒に教えてきたが、これについて全く問題意識がなかった。「憲法が憲法を排除す
る」。自己矛盾である。

　ところが、自民党が2012年自民党憲法改正草案を世に出したためにこれが一挙に現実
問題となった。「これに反する一切の憲法」。2012年自民党改憲案（以下、このように略
す）は、おどろくべき内容で、天皇元首化、国防軍、基本的人権の「公の秩序」による
制限を明記し、国民主権・平和主義（戦力の不保持）・基本的人権を全面的体系的根本
的に否定した、事実上の「新憲法」である。

　日本国憲法作定者（修正者）は、帝国議会可決の直前に「憲法」を入れた。戦前日本
の支配層が、「国体護持」と日本資本主義（帝国主義と軍国主義）を守るために、大日
本帝国憲法とさして変わらぬ松本蒸治案を提出した（1946年2月8日）ことを思えば、
新憲法（現行憲法）が発足し、新日本の平和・民主の建設が、これに逆行する新「新憲
法」が出てくることを予想し、これを警戒した。「**憲法**」を土壇場でくみ入れた意図は
そこにあった。新憲法への強い自負と愛着である。これをだれが、なぜ、そうしたの
か、研究課題としたい。

　さらに重要なのは、「**排除**」の語句である。

　ふつう、日本人の感覚からすると原案の「廃止」が最大限の表現であろう。

　最近も小池百合子の安易な「排除」発言が、いかに世間の批判を受けたか、人を自分
たちの仲間や職場、社会や共同体からそれを行うことは相当の摩擦が生ずる、ときには
対立や敵対関係も生まれる。

　それをあえて、「廃止」に代えて導入した。

　憲法前文の「排除」は、憲法学者の間では憲法保障の制度だと理解されているが、
「廃止」を「排除」に修正したことについては一言もふれられず、「排除」は一般的に説
明されている（たとえば芦部信喜『憲法第三版』、岩波書店、2002年9月、36ページ）。

　上告人長坂傳八は本違憲訴訟にとりくみ、調査・研究・討論・相談の3年に及ぶ過程
で、「**排除**」概念に特別な意味が付与されているところに思いが至り、いろいろな場で
発言してきた。

8.15革命（8月革命）と「排除」概念・憲法革命

　1945年8月15日、日本の敗戦（終戦）を画期として日本国憲法が生まれたことを8.15革命（8月革命）という。最近は歴史学で戦前戦後の連続性を強調する見解があるが、それは決定的にまちがっている。なぜなら、大日本帝国憲法を廃棄して現日本国憲法を成立させた歴史事象は、天皇制国家（天皇主権）を否定して国民主権国家（国民主権）に移行した真実の表現であり、日本史上における明治維新につづく根本的変革に他ならない。それは植木枝盛、人民主権の自由民権以来の脈々と流れる人民の運動を継承した（訴状27、35—37頁参照）。若者は、「勝手に決めるな」、**「決めるのはオレたちだ」** と主張した（同52—54頁）。

　8.15革命（8月革命）はまた、310万人の日本人、2000万人のアジアの民衆の命をうばい、広島・長崎の核戦争で都市消滅（各都市爆撃も同様に）をもたらしたアジア・太平洋戦争への反省として、戦争と戦力、武力を否定する9条・平和主義を生み出した。世界史上の先駆となる変革である。控訴理由書20—25頁で述べ、訴状52—54頁で考えたように、今日戦争を拒み、平和を願う人々の思いは、日本列島を包み、世界と地球に及び人類的なものになった。

　サーロー節子の「すべての人間に原爆を二度と落としてはならない」の魂の叫びは、世界の心をゆり動かした。8.15革命（8月革命）がつくり出した9条・平和主義は人類史になった。戦争と憲法は現代史そのものである。

　長時間・低賃金の劣悪な労働条件と小作人制度に苦しむ戦前の労働者・農民と絶対主義的天皇制と戦争・ファシズムに反対して治安維持法で捕らえられた人々の人間としての人権を8.15（8月革命）は確立した。今、労働者の尊厳は守らなければならない。

　日本国憲法は、こうした歴史的到達とその人類普遍の原理に示された「崇高な理想と目的」を「達成」することを日本国民に「誓う」ことをさせた。

　「排除」とは、この**「不断の努力」**に反する動きを最大級の言葉で否定している。

　憲法は文字ではない。人間によって意志化・意識化され、ある意味で人格化された生命体であり、自らを擁護・実現しようとする価値をもった運動体である。

　国民主権と平和主義と基本的人権主義に反するものを自ら排除し克服してゆく。人間（主権者）の意志化された運動体である。大事なことは人間（主権者国民）の意志を憲法に結集し、憲法の価値・実体をつねに高めることである。自らを憲法に組織せよ。

　その意味で憲法は不磨の大典であり、聖域であり、聖典である。我々主権者国民にとって、憲法はそれを守り、実現することが仕事であって、野党（一部）の、憲法のどこを変えるかというアベに迎合した安易な姿勢は上述した憲法の何たるかの根本原則を知らないまちがった態度である。上記日本国民の「誓い」とは、そういうことだ。

　このことを一から勉強しなおさなければならない。

　「アベ改憲への対案は現行憲法だ」という言葉が聞こえるが、それは逆である。この

憲法に対して、アベ改憲を出してきたという構図である。消極的受身的でなく、出す前に**排除**し、封じこめることが課題である。

　以上で憲法「排除」概念は、**憲法の擁護・実現のための不可欠のもの**であることが明らかになった。それは、**憲法革命**だ。

　2012年自民党改憲案と7.1閣議決定は「排除」されるべきものである。

　日本の裁判所は、この**「排除」の論理**をまだ一度も用いていないが、これを**判例**に適用すべきである。

　ここに憲法における真理がある。我々は「9条こそ、日本国の基本」の思想と実態をつくり出す「不断の努力」をせねばならない。

　アベ改憲を正当に「排除」し、この道を歩もう。

（以上、2017年12月22日（金）午後7時50分記）

（2）憲法は、アベ改憲と「7.1閣議決定」・戦争法（安全保障法）を「排除」する

　安倍首相（以下、アベとするときもある）は「2020年までに憲法を改正する」と言った（2017年1月20日（金）衆院本会議での施政方針演説）。

　憲法を守らねばならない。

　アベの上記発言は、2つの問題がある。訴状19—21頁でも言及した。本上告理由書で展開した主張も受けて、論じたい。

　第1、アベは憲法上、「憲法改正」（以下、改憲ともよぶ）を、話題にしたり、提案したりすることはできない。これを第1の原則とする。

　かつて戒能通孝（都立大学教授）は、1956年3月16日（金）の第24回国会衆議院内閣委員会公聴会で次の発言をした。

　「憲法の改正は、ご承知のとおり内閣の提案すべき次項ではございません。内閣は、憲法の忠実な執行者であり、また憲法のもとにおいて法規をまじめに実行するところの行政機関であります。したがって、内閣が各種の法律を審査いたしまして、憲法に違反するかどうかを調査することは十分できます。

　しかし憲法を批判し、憲法を検討して、そして憲法を変えるような提案をすることは、内閣にはなんらの権限がないのであります」（下線は引用者）

　（保坂正康監修／解説『50年前の憲法大論争』講談社現代新書2007年P.73）

　内閣は憲法の改正を提案できない。内閣は、憲法を批判し、検討し、憲法を変える提案をすることはできない。（上記下線部）

　つづいて戒能はいう。（『同前』P.74）

　「内閣に憲法改正案の提出権がないということは、内閣が憲法を忠実に実行すべき機

関である、憲法を否定したり、あるいはまた批判したりすべき機関ではないという趣旨をあらわしているのだと思うのであります。」

「内閣が国民を指導して憲法改正を企図するということは、むしろ憲法が禁じているところであります。」（下線は同前）

内閣は憲法を忠実に実行せよ、憲法を否定するな、批判するな、憲法改正を企図して国民を指導するな、と明快に述べた。

内閣は、内閣総理大臣（首相）に置き代えられる。つまり首相は、改憲を提案できない、憲法を否定・批判できない、改憲の国民運動の指導を禁じている……これらすべては、「アベは」におきかえられる。

アベは、先述のとおり、本年1月20日以来くり返し、改憲の「提案」と憲法「否定」・「批判」と改憲国民運動の「指導」をしている。[1]

すべて**憲法違反**だ。

「首相でなく自民党総裁だ」などとごまかしても「首相」である。

内閣（首相）・アベは憲法の批判・否定と改憲の指導はできない（禁止している）。三権分立を、戒能は分かりやすく言った。

これは憲法の真理である。

この戒能道孝の見識は、戦後史を貫く国民共通の財産である。

これを知った人は、知らない人に知らせよう。

アベは、「スケジュールありきではない」（本年8月3日）と言ったかと思うと（控訴理由書25頁）、今度は改憲について、「憲法調査会に各党がもちよっ」て、「国民的な理解を得られるようにしていきたい」（同11月1日、記者会見）と述べた。

註（1）本年（2017年12月20日、外務省が公開した外交文書によると、米国務長官ダレスが、1956年3月来日し重光葵外相、岸信介自民党幹事長に「憲法改正」を支持した（「しんぶん赤旗」同12月21日）。

アベは、「憲法改正を企図」して、「国民を指導」し、「憲法が禁じているところ」を犯している。アベは、日々現役首相として改憲の憲法違反をしている。

「アベ改憲」に対して、反対といってそのペースにのってはいけない。アベはそれをねらっている。「アベ改憲」はそれを一言いった瞬間に**憲法違反**が成立している。「アベ改憲」は「反対」ではなく、それは違憲であるとアベを糾弾し、その発言、姿勢を**謝罪・撤回**させ、**主権者**が憲法の「崇高な理想と目的」を「達成」する立場から、アベに直ちに迫るべきである。野党や運動の指導者は、戒能道孝の**憲法の真理**に従うことだ。

戦争法が強行「採決」されたことで「憲法が破壊された」とするのは敗北主義である。「次は改憲阻止だ」との意見もある。（訴状11頁参照）

そうではない。憲法は主権者とともにあり、「7.1閣議決定」―戦争法の発動を阻止し（2017.5ジュバ撤退＝控訴理由書17―20頁）、北朝鮮問題での米日軍事行動―戦争を阻止し（当上告理由書43頁）て、**平和憲法を守りぬいている。**

そこには、**憲法主体と主権者主体**が非戦（反戦）と平和を、歴史運動の基底で支えている。長く日本列島の地の底に閉じこめられてきたかに見える民衆が、上から圧する力をけやぶって、憲法誕生とともに主権者の地位に立った。**憲法―主権者主体**は、戦後70年余の「**不断の努力**」を経て、今歴史の舞台に登場した。「長いものにはまかれろ」「出る杭は打たれる」の重い風圧をしのいで「長いものにまかれるな」、「出る杭を打たせるな」となるか。

日本における憲法社会の成立と主権者の形成を積極的にとらえ、正当に評価し、権力を過大評価せず、運動論を再構築する時代にきている。

アベは、憲法と主権者を恐れている。

アベ改憲は予防治安維持法である。アベ改憲を未然に阻止すること、アベ改憲を憲法をもって**封じ込め**、「**排除**」の論理をもって排除し、もってアベをして憲法に結集させ、**憲法99条**擁護尊重義務を忠実に果たさせること、今日の課題は「アベ改憲」阻止ではなく、**壮大なる憲法擁護・実現運動**である。

日本の裁判所は、この憲法の命ずる使命に従わなければならない。

日本の裁判所は、憲法とともに、

日本の裁判所は、主権者国民とともに。

そして、アベは「アベ改憲」を廃棄し、**心をあらためて憲法とともに**、主権者国民とともに。アベよ、こっちへこい。あっちへ行くな。

無論、「7.1閣議決定」と戦争法は、**憲法陣地・大地**によって空中に吹き飛ばされる。裁判所はその違憲判決・無効確認をすべきである。

なお、9条に「自衛隊」を加えるなどというのは、論外であり、小稿でみた、分かりやすい「排除」の**対象**である。そして**国会議員**も、99条憲法の尊重擁護の「**義務**」を忘れてはならない。

（3）**憲法における真理―「9条こそ日本国の基本」**

政治評論家**森田実**は、「伊達判決の精神（**日本国憲法第九条**こそが**日本国の基本**であるとの精神）は永遠に不滅だと思います」と綴った（当上告理由書21頁、先掲『写真集米軍基地を返還させた砂川闘争』2010年12月15日）。簡潔にして**憲法の真理**を表す至言である。これを第二の原則とする。

今、9条への注目と再発見が波濤を呼んでいる。

本資料（訴状・控訴理由書）にみたい。

① はじめは、**古賀茂明元経産省官僚**である。（訴状45頁）

「日本は平和憲法の国だ。どの国とも平和にやってきた。イスラム国を敵とした
ことはない。安倍さんは逆を言った。我々はアイアムノット安倍だ。**憲法が原点**
だ。日本人はもう一度そこへ立ち返り、世界にアピールすべきだ」2015年1月23
日（金）「報道ステーション」。上告人長坂傳八は古舘伊知郎に賛成のファックスを
送った。

② **山崎拓元自民党幹事長**（同前46頁）

「安保政策（戦争法のこと＝引用者）のこの大転換を止めていかねばならない。
マスコミも努力すべきだ。（野党も）総力戦で日本の軍国主義化を防がねばならな
い。みなさんも**平和国家を守ろう**。今の日本が積極的平和主義だ（大拍手）。」2015
年6月12日（金）連合会館、早野透との対談

③ **寺田ともか**（学生）（同前53―54頁）

「国家の名のもとに人の命が消費されるような未来を絶対に止めたい。やられた
らやるぞと威嚇するのではなく、そもそも**敵をつくらない努力**をあきらめない国で
いたい。**平和憲法に根ざした新しい安全保障**のあり方を示しつづける国でありた
い。」

「いつの日か、ここから、今日、一見、絶望的な状況から始まったこの国の民主
主義が、人間の尊厳のために立ち上がるすべての人々を勇気づけ、**世界的な戦争放
棄**に向けてのうねりになることを信じ、2015年8月30日、私は戦争法案に反対しま
す」「しんぶん赤旗」2015年9月3日（木）3面、8.30集会で。

④ **広島市長**「広島平和宣言」　　　　　　　　（控訴理由書22頁）

「**絶対悪**である原爆がもたらした地獄は、過去のものではない。『核兵器のない世
界』に向け、日本政府は、平和主義の達成を誓う**憲法を体現**し橋渡しに本気でとり
くんでほしい」（2017年8月6日）

⑤ **田中夏芽**（16歳）

「戦争は単純に『恐い』と思っていた。学校の『平和学習』で『もっと知りたい』
と思うようになった。戦争はいかに残虐で人の心をどれだけ傷つけるものかを**後世
に伝えたい**」「東京新聞」2017年8月17日（木）

⑥ **なかにし礼**（作家、作詞家）　　　　　　　　（同24頁）

「あの戦争でアジア全体で2000万人以上が亡くなった。大変な犠牲を払い、つい
に手に入れた最高の憲法ですよ。

米国の押しつけといいますけどね。けれど、これは**戦後日本の再出発の宣言書**な
んです。（中略）世界が希望する国の形を与えてくれたとも、われわれが選んだと
も言えます。大きな歴史のうねりの中で生まれた。本当に奇跡的な、最高の芸術作

223

品だと思います」

　「自民党は改憲を言うとき、『対案を出してくれ』と求めます。それには各党が『反対なんだから対案なんて出す必要はない』と言えばおしまいなんです。もともと改正の必要がないわけだから。そうすれば国民の目も覚めます」「東京」2017年8月15日、「平和の理想　まだこれから」。

　ここに**日本国民の心の最も高い峰**をみる。すべてがある。

⑦　**加藤　剛**（俳優）　　　　　　　（同前25頁）

　「平和憲法のおかげで70年以上、私たちは戦争から**守られてきました**。今度は私たちが憲法を**守らなければなりません**」「赤旗日曜版」2017年8月13日（日）。

　すべてがこめられた名言である。

⑧　**菱山南帆子**（運動家）　　　　　　（同前26頁）

　「北朝鮮のミサイルに対抗するものは平和外交しかない。不安をあおるのではなく、**対話で平和**を。憲法はそのための武器だ」「東京」2017年9月5日（火）1面。

以上、①～⑧を紹介した。

元官僚、元自民党幹部、学生、市長、高校生、作家、俳優、運動家……日本を横断する各界各層のわずか8人の人々の思いに、日本のこれまでとこれからが描かれている。

　憲法の真理――「**9条こそが日本国の基本**」

に収斂される、と整理したい。

　9条に違反する「7.1閣議決定」・戦争法は、憲法によって「排除」される。

　　　　　　　　　　　　　　　（以上、2017年12月23日（土）午後8時45分記）

第4節　9条が日本と東アジアの平和を守る―上告人私見―
　　　　「7.1閣議決定」の違憲判決・無効確認を

　本節Ⅱ部「上告理由（Ⅱ）『7.1閣議決定』の違憲判決・無効確認を―9条・平和憲法を守りぬく」のまとめに入りたい。第4節とする。

　9条は、9条のみ、9条こそが、緊迫するあるいは緊迫をあおっている東アジアと日本の平和を守る。そのことをまとめて、閉じたい。すでに控訴理由書25―30頁で考察したが再論したい。本上告理由書では後述している（第Ⅲ部　2「北朝鮮問題と戦争阻止と9条」）が、執筆日時が本稿より1カ月余早いので、現時点の考えを述べたい。

　前節（1）～（3）において述べた同節表題「憲法の真理―9条こそ日本国の基本」のまとめは、当表題のとおりである。

　　　　　　　　　　　　35

テレビは連日、「いつ戦争がおきるか」という無責任で興味本位なニュース（番組）を流している。上告人・長坂傳八は本「第Ⅲ部　2」においてトランプ東アジア歴訪期間（本年11月5日―12日）の8日間は、「**戦争を阻止した**」と評価した。

今、またテレビは「戦争の危機」を強調している。この群集心理こそが、反作用となって、戦争をひきおこす可能性をみなければいけない。

アベは、2018年防衛費の増額を「**閣議決定**」した（12月22日）。北朝鮮を利用した軍事大国化の批判をうけている（「閣議決定」の効力である）。アベは「**最大限の北朝鮮への圧力**」を言いつづけ、「圧力一辺倒」の批判が出ると「対話に引っ張り出すための圧力」と粉飾した。しかし「対話のための圧力」ではない。[2]

北朝鮮が「対話」に屈服するか。追い込まれての軍事行動に出ることをねらっているのか。後者の場合、「数百万人にのぼる死者」[3]が出、かつていわれた「核の冬」が地球をおおうことを分かっているのか。その見通しは全く、アベにはない。アベにあるのは北朝鮮への敵視と蔑視である。

> 註（2）2018年度予算案（12月22日閣議決定＝前出）は、対北で膨らむ防衛費、米国製武器を続々購入、社会保障費抑制、弱者しわよせと批判されている。
>
> 註（3）アメリカが北朝鮮への全面戦争（地上侵攻）に入れば、最初の数日だけで、数百万人の死者が出る、とアメリカの連邦議員16名が共同声明を出した（2017年11月4日）。「しんぶん赤旗」11月7日（火）6面

「北朝鮮が攻めてきたらどうする」、「9条（を変えるな）だけで日本を守れるのか」、「専守防衛のギリギリまで自衛隊の装備を増やせ」、などの声がある。

上告人長坂傳八は、北朝鮮、東アジア情勢の平和的解決について当面の政策をすでに述べた（控訴理由書29頁①〜⑤）。また、「ペンは剣より強し」、「徳は、武を制す。政は、軍に優る」とした。チャールズ・オーバービーの「9条は、戦争の業火から生まれた永久の真理、いわば不死鳥だ」の言葉を記した（同30頁）。

かつて**石橋湛山**は、「大日本主義」を批判し「小日本主義」（非帝国主義）を唱えて「朝鮮・台湾・満州を棄てよ」「支那から手を引く、樺太もシベリアもいらない」あるいは「一切を棄てよ」と、植民地の放棄を主張した。そのことによって日本は、「戦争は絶対に起こらない」「九地の底より九天の上に昇せ」、「世界における**道徳的地位**（国際的地位）」を得て、「我が国は救われる」と説いた（大正10年（1921）年7月〜8月、『東洋経済新報』）。

湛山は、「**新憲法**」（**現行憲法**）について、あの憲法は「**幣原喜重郎によって打ち出され**」た、「幣原憲法は香気の高い理想」だが、「今日では、**世界唯一のこの憲法**が、**最も現実的な意義をもって**」いる、「安保条約と憲法は明らかに矛盾している」が、「いさぎ

よく憲法を守るのが正当な態度である」と述べた（1960年8月8日・9日「朝日」）。

　（以上は、『石橋湛山評論集』松尾尊兊編、岩波書店、1984年発行より）

　石橋湛山は、戦前の帝国主義・植民地主義を否定し、現憲法を守れと平和主義の立場をとった。湛山は、鳩山一郎首相のあと首相の座についた（1956年12月。2カ月間のみ）。**平和憲法維持は湛山の終生の政治姿勢であった**（『同前』松尾尊兊「解説」）。

　大正デモクラシー（1912—13、1924—25年）のただ中の石橋湛山の向こう側に、社会主義者幸徳秋水の「軍備全廃」論（1901年社会民主党「行動綱領」「理想」）が見える。

　日本近代史はそのうちに帝国主義と戦争に反対する血脈を宿していた。9条は、**内から生まれた。**

9条が、日本と東アジアの平和を守る。

　最後に、上告人長坂の見解を述べたい。9条に違反する「7.1閣議決定」の違憲判決・無効確認を求める根本理由である。

　1970年代ベトナム戦争なお激しきころ、日本の将来について「非武装中立」を主張する兄・長坂秀佳と論争になった。ベトナム戦争におけるベトナム人民は民族解放のための正しい戦争（正当防衛）であることを強調して、それに反対した。その後、**平和憲法は、日本が歴史的に選択したものだ、**という見識に出会った。日米安保条約については、ずい分討論してきたが、ソ連脅威論、中国脅威論の「攻められたらどうする」にしばしばぶつかりながら、憲法体制と安保体制の対立を深く感じ、安保破棄と中立・平和の日本を生徒にも伝えてきた。

　9条で日本を守る、というテーマは本「7.1閣議決定」に反対する一大国民運動に、自らの違憲訴訟をもって参加するようになって直面した。「憲法破壊」「改憲阻止」の言葉にふれ、そのたびに「ちがうな」と思った。運動の主体がない。1950—60年代の階級闘争、革命運動型ならあるいは、それでよい。暴露戦術だ。古い人に聞いてみると、ブルジョア憲法に、「護憲」はナンセンスだ、人民（もしくは社会主義）憲法をめざすのだ、という意見が一部にあったらしい。

　一方で、自民党の「憲法改正」は、岸—中曽根以来あった。しかし現実のものにはならなかった。それが、アベになって、本格的になり、その動きは無批判に草木もなびくようになった。だが、河野洋平や古賀誠のような「自主憲法は党是ではない」という識見がある。上述の石橋湛山以来の流れをそこに確認できる。

　果たして、アベは自民党を真に代表しているのか。平和憲法国民戦線をつくることによって、アベを包囲、孤立させることは可能だ、その考えを訴状に述べた（訴状8頁、および控訴理由書）。

　原告長坂は、「7.1閣議決定」が「日本国憲法への反革命クーデター」である、と規定した。許されざる憲法違反であり、憲法32条裁判を受ける権利と同81条司法審査権（違

憲審査権）にもとづいて違憲訴訟をしようと友と語らい、生徒に触発されて３年目に本訴訟を敢行した。継続的な勉強・相談会が支えとなった。特異な「アベ政治」の打破と憲法擁護のたたかいで、自己の中心は絶えず理論武装であった。多くの人に教えられ、勉強した。

　「**この憲法で、この平和を。ともに**」。そこにスローガンが定まった。2016年３月５日（土）法政二高卒業式で、「卒業おめでとう」「時計塔よ、永遠なれ」の間に、この文句を墨書した看板をもって、校門に立った。生徒（卒業生）から歓声と拍手がわきおこった。「これだ」と意を強くした。

「この憲法（９条）で、この平和を」

　９条が、日本と東アジアの平和を守る、本当か。９条が自動的に守るのか。そんなことはない。文字は動かない。文字は文字である。９条にあるのは、「戦争」「武力」「戦力」「交戦権」だけである。

　憲法前文にあるのは、「政府の行為」で二度と戦争をするな、である。あとは考えるしかない。川崎、東京、千葉の各地をまわり、大家の話を聞き発言した。野党や学者に手紙を出し、ぶつかり稽古をした。正直に言うが、この裁判に賛成した人はほとんどいない。「やめた方がよい」と。珍道世直さんの変わらぬ激励は勇気をくれた。「損害賠償請求」が必要だとの多くの助言には、納得できなかった。友も去ったが、「7.1閣議決定」の違憲判決・無効確認**一本**にしぼった。

　理論武装の成果のすべてをぶつけた。訴状・控訴理由書、そして当上告理由書は、思いのほか大部となった。

　被告人安倍晋三内閣総理大臣との口頭弁論は実現していないのでなお要求するが、結果的に日本の裁判所（裁判官）と憲法にもとづいて、ここまですがすがしく所見を述べ、論争できるなどとは思いもよらなかった。裁判所は雲のかなたにあった。重ねて感謝したい。

さて、「９条が平和を守る」
　　　「９条が、日本とアジアの平和を守る」

の答である。

　上告人・長坂傳八の所論は先述したように控訴理由書26—29頁に開陳した。これがすべてである。ここでは、くり返さない。

　答はだれも出してくれない。自分でみつけるしかない。それが主権者だ。

　アベの描くものは、日本を戦争国家に仕立て、日本国民と東アジア（あるいは世界）に重大な惨禍と犠牲をもたらす。過去の歴史が証明している。アベは一切の反省ができず、日本がどういう過ちを犯したのか、なお分かっていない。訴状50頁、53頁と控訴理

227

由書28頁などでみたように、アベの特異な中国脅威論や北朝鮮敵視政策の無反省な呼号は、かつての中国民衆への“討匪戦争”論や植民地支配正当化の延長上にある、思想と論理の単純な再生産ではないのか。アベは無自覚を装っても、日本国民と中国、朝鮮半島、アジアの民衆は見ている。人間の怒りと憎しみと報復の心を認識できていないとしたら、あまりに無知無能である。札束をバラまいておいて、「未来志向」のコトバを買いとり、それで安心できるというのか。その同じことを今の沖縄県民に対して行っている。

　日本国民は断じて、このアベの道を許さず、認めない。

　しからば何か。9条である。

　9条に手を加える、専守防衛を明記するというのは根本的にまちがいである。この誤謬は野党にもある。「自衛」は帝国主義侵略戦争を正当化するための言葉であったことは歴史の真実である。ごまかしてはいけない。「戦争」「武力」の放棄、「戦力」の不保持、「交戦権」の否認以外、一語一句つけ足さずに**平和を守る（つくる）論理と政策**を見つけ出すことが政党、国会議員の**憲法99条**の義務である。そこから逃げてはいけない。国民はテレビを見てゲームを見るように“戦争”を軽く考えてはいけない。新聞・テレビは根本から己れの平和への貢献と**憲法を守る責務と方途**を考求しなければならぬ。それが戦争への反省だ。それが憲法だ。

　99条の憲法の「尊重・擁護」義務は、まず政府（首相・閣僚）、与党国会議員にあることを忘れるな。96条の「憲法の改正」があるのをいつも逃げ口上にしているが、根本的にまちがっている。96条の「改正」が許すのは、当理由書本3節（1）、（2）が解明した前文「排除」が対象にしているもの**以外**であることを知っているのか。つまり「排除」の対象になる原理・原則には**一切手を出すな**、というのが憲法の真理である。

　いつの間にか、憲法がゆがめられ、軽んぜられている。実は「7.1閣議決定」による反憲法反革命憲法のねらいはここにあった。だから「憲法は破壊された」などと嘆くのはアベの思うつぼだけではない。アベへの加担に他ならない。その安易さを自ら断たねばならない。アベは、すでに国民にのりこえられている。

「**9条で平和を守る**」

　以上で、この命題からはだれも**逃れられない**ことが判明した。

　憲法はいかに守るか、にしか**争点**はないのだ。

　このことを裁判所におかれてもきびしくご理解いただきたい。

　今日の日本は、あまりに知性と論理のない、迎合主義が横行している。それが戦争を許すのだ。混迷、低迷するアベ自身が何をたよりにしていいのか分からず、漂流している。改心するか、退陣するか、しか与えられていない。

　我々は胸を張って9条の道を進もう。その答をこそ、真剣に考え、勉強し、討論し、

さがし出すのだ。上告人長坂傳八はすでにはじめた。

「7.1閣議決定」の違憲判決・無効確認を。

（以上、2017年12月24日（日）午後7時50分記）

第Ⅲ部　上告理由（Ⅲ）
　　　　「7.1閣議決定」の違憲判決・無効確認を求める
　　　　9条と安倍内閣の退陣

1．2017.10.22（日）総選挙（第48回衆院選）と憲法

表記総選挙は次の結果となった。　数字は各党議席数。

定数　475　　　　　　　　（　）内は公示前

自民	284（290）		共産	12（21）
公明	29（35）		維新	10（14）
			社民	1（2）
立民	55（16）		諸派・無所属	26（37）
希望	49（57）			

安倍晋三首相は、2017年9月17日（日）突如国会解散を言い出し、9月28日（木）臨時国会冒頭で衆院解散を強行した。「森友・加計疑惑隠し」の党利党略、アベの個利個略解散と批判されるこの解散は、何よりもまずそれ以前に**憲法（69条）違反**である。

　解散は、**閣議決定**され（9月25日）、第4次安倍内閣発足に先立って、第3次安倍内閣の総辞職が閣議決定された（11月5日）。

　閣議決定が「外部（国民）に効力を与えな」くて、解散・総選挙や内閣の発足ができると言うのであれば、それは独善である。**閣議決定**が即、国会解散（国会停止）、総選挙（**620億円の税金**を乱費し、有権者の投票行動を強制する）および政府の成立・不成立（国民の税金の運用のすべてを独占する権限をもつ行政権力の確定・不確定）に機能し、主権者・国民に決定的な権利・義務・法律関係の「効力」を与えているのに、「内閣内部の意志決定にすぎない」とするのは無茶苦茶な暴論であり、噴飯ものであり、粗雑な強弁である。

　日本の裁判が、なおこのような空理空論に陥っているのは信じがたい。

　とくに「国権の最高機関」（憲法41条）たる国会を、国会によって指名される内閣総理大臣が解散・停止することは、「国会における代表者」を選挙で選んでいる主権者・国民の権利を根底から奪うものである。

　だから**憲法**は、**69条**内閣不信任可決の場合のみ、解散を認めた。**7条**は、69条を**前提条件**にしている。

　戦後の首相の伝家の宝刀解散は憲法違反であり、これを「受けて立つ」とした**野党**も

憲法違反を犯している。

　日本の裁判は、この重大な**憲法違反の判断**を「苫米地事件」裁判（1960年6月8日最高裁田中耕太郎裁判長）以来、逃げつづけている。つまり合憲判断をしていない。にもかかわらず、上記「首相解散権」が大手を振って強行されているのは、何ら合憲の保障なく、**異常な違憲**そのものである。

　「閣議決定」はその安全弁にされてきた。※

　国会解散（これまで24回）のほとんど（20回）は違憲である。**日本の政治を、憲法にもとづいてこれを守る政治に根本からたて直すべきである。**※※　この問題は、控訴理由書でも一部論じた（13ページ）。後述したい。

　　※　福島瑞穂参議院議員は、野田佳彦民主党内閣の国会解散の閣議決定に反対し（当時厚生労働大臣、2012年12月）、辞任した。
　　※※　かつて、控訴人・長坂傳八は2005年8月8日の小泉純一郎首相の「郵政解散」を、憲法違反であると規定した（長坂、2007年3月「今日的ファシズムとしての小泉政治 (現代権力論Ⅰ)─2005年8.8衆院解散と憲法・市民社会─」法政二高『研究と評論』第72号）。

　政党・政派や与党・野党に関係なく、だれもが、**憲法に厳正に従う政治**をつくるだけで、日本の政治・社会・国民生活はよくなる。

　20回の違憲解散・総選挙で600億×20回＝1兆2000億円の国民の税金をムダ使いしただけではない。選挙至上主義に走り、よき政治のための選挙ではなく、選挙（票）のための政治に堕落した。そのことと今日の政治の腐敗（アベに代表される）は、無関係ではない。

　憲法違反の国会解散・総選挙（首相専断）と道具にされた「**閣議決定**」、そしてこれに隷属し裁判権（違憲審査権）を放棄した裁判所は、**憲法侵犯**という点で**同罪**である。

　アベの今回の解散は、これを批判せず、そこにつけ込んだ悪質な政治謀略だ。

２．北朝鮮問題と戦争阻止と９条

　北朝鮮問題でアベは異常なまでに"脅威"をあおり、異様なまでに「圧力」、「圧力」と来る日も来る日も朝から晩まで叫び、安易なマスコミがこれに追随し、迎合し、朝から晩までアベの顔と声をたれ流した。

　トランプの東アジア歴訪では、あたかもアベが国際社会をリードしているかのようなアベ自身の喧伝に、これまたマスコミの多くが、無批判に、興味本位に流した。きわめつけは"イバンカのホスト"アベのあわれな姿である。

　トランプは鳴り物入りで旅に出た。

　2017年11月５・６・７日日本、11月７・８日韓国、11月８・９・10日中国、11月10・11・12日ベトナム、11月12・13・14日フィリピン、この間ＡＳＥＡＮ（11月14・15・16日）とＡＰＥＣ（11月12・13日）に出席、まことに精力的である。

　アベは、目に余るほど北朝鮮への「圧力」を腰をふってさわぎ立てた。画面一ぱいに出る余裕のない、つかれた表情は人々をうんざりさせた。

（１）北朝鮮とトランプ・アベ、東アジアと国連

　2017年９月15日、北朝鮮は２度目の「火星12号」を発射し、遠く太平洋洋上に落とした。日本の上空を超えた。アメリカをねらったら、戦争か、がしきりに流された。日本中が戦争の恐怖にふるえた。

　９月16日、北朝鮮は、「核戦力強国化」の目標はほぼ達成した、との声明を出した。

　９月19日、トランプは国連で「北朝鮮を完全に破壊することもある」と演説した。アベはこれを「全面的に支持する」として世界をおどろかせた。しかしトランプは「あらゆる選択肢がテーブルにある」。

　９月25日　北朝鮮は、トランプ上記演説は「我が国への宣戦布告である」と声明した。同日米サンダース報道官は「宣戦布告」はしていないと応えた（北朝鮮李外相は、「太平洋に水爆を落とす」と発言し、世界は震撼した）。他方で「戦争するな」「９条守れ」の声が広がった。

　トランプは連日あぶない言葉を流し、北朝鮮は応酬した。

　しかし、冷厳な事実は、次の点にある。つまり、上記9.16北朝鮮声明と同じく9.26サンダース記者会見の応答は、米朝関係が軍事的な緊張関係の局面から、政治的な関係の局面に移行したことを示した、ということである。

　テレビは委細かまわず「北」が「北」が、トランプがトランプが、とくり返し、アベはこの重要な情勢変化に気付かず、察知できず、対話じゃダメ、圧力、圧力と言い続けた。だれかれかまわず叫んだ。

　トランプ訪問がきた。

　トランプとアベは「北」への「最大限の圧力で完全に一致した」と、アベは小躍りした。４回の首脳会談と16回の電話をしても不安がぬぐえない。

　トランプは日本に「兵器を買え」、アベは「もっと買います」。だれのカネだ、だれの許可だ、１兆2000億出し、まだよろこんで出すのか（一部控訴理由書で論じた＝アベとトランプの「日米合作の政治マフィア」＝28ページ）。

　トランプは意気揚々、韓国へ飛んだ。韓国国会で、「北」非難が圧した。

　しかし、文在寅大統領が、「**私の同意のない北朝鮮への軍事攻撃（戦争）は認めない**」

と宣し、トランプを面くらわせた。

　習近平が第19回共産党大会の成功を背景に、故宮（紫禁城）へトランプを迎え、北朝鮮問題の平和的解決を主張し、トランプ—アベの北「圧力」路線を退けた。

　トランプは、ドゥテルテの笑顔とともに「中国中心に」の発言を受けた（フィリピン）。

　トランプは失敗していない。戦争兵器の売りこみ（中国以外）に成功し満足した。

　アベの突出した「圧力」戦争挑発路線は、国際的に支持されず、孤立し破綻した。**戦争は阻止された**。歴史的な8日間である（11月7日～11月14日）。

　北朝鮮（慈国連大使）は、「米韓軍事演習は、核戦争演習だ。人類に壊滅的惨事をもたらす。自衛権をもつ北朝鮮への挑発だ。国連憲章に適合するのか」と国連のグテーレス事務総長に書簡を送った（11月13日）。

　日本に対しては、日本の圧力は「再侵略」の準備だとし、日米合同演習は「わが民族に対する耐え難い挑戦」とのべ、「（日本は）日本列島を飛び越えたミサイルの意味を理解していない」、との談話を出した（10月22日、朝鮮アジア太平洋平和委員会）。

　（以上、控訴理由書、25—29ページとの重複はさけた）

　国連グテーレス事務総長は、米朝の政治的解決の必要性を強調した（9月19日）。

　　　　　　　　　　　　　　　　（以上、2017年11月15日（水）午後9時記）

（2）アベと総選挙と平和の力・9条

　安倍首相は、閣議決定ののち（前述）、国会解散についての記者会見を行い、「**国難**」「**北朝鮮の脅威**」を強調した（9月25日）。その後総選挙前の8党首討論会が開かれ、「北朝鮮への圧力」をくり返し、記者団（読売・橋本五郎）から「**圧力の先に何がくるのか**」と質問され、答弁できなかった。

　アベのこの「脅威」と「圧力」で大人から子どもまで不安を抱いた。緊急避難やシェルターまでまことしやかに話題にされた。

　「戦争になったら何十万、何百万人の死者が出る」、「韓国や日本は破滅する」という類のものが流されても、アベは「脅威」と「圧力」をつづけた。一国の宰相たるもの、国民の心配に対して「大丈夫ですよ」の言葉もかけず、そのつくられた雰囲気に悦に入っているかの様子さえ見せ、総選挙で金切り声をあげた。

　予期せぬ国会解散をぬき打ち、「加計・森友」を隠したまま、「戦争の危機」をあおり、「日本を守るのは自公政権だ」との図式をおしつけ、憲法違反を省みず、自民284議席をかすめとった（一部前述）。

　前回、2014年12月総選挙の自民290議席と同様、「砂上の楼閣」（訴状2017年6月1日、7ページ）である。

　日本中を「北」への恐怖に陥れ、国会を停止して「緊急事態」条項の予行演習を行

い、自己への求心力を最大にして「圧勝」することをねらったが、アベは議席減（自民290→284議席）で失敗と後退を喫した。アベに「笑顔がないですね」（テレビニュース）。

　総選挙中、街頭演説でアベは「**9条が平和を守ってきたのです。それをどうして変えるのですか。どうして安倍総理──**。新潟には原発もあるし」の**一人の女性**の叫びを受けた（10月12日（木）**新潟市内**）。☆「しんぶん赤旗」2017.10.14（土）２面。

　毎週行われるＮＨＫテレビ日曜討論会。変化が生まれた。
　10月29日（日）総選挙さ中。政府よりと見られる岡本行夫（元外務官僚）が次の発言をした。
　「安倍首相は『圧力』を言うのはいいけど、トランプに（来日のときに）**戦争やるな**と交渉するべきだ。北朝鮮は、偽りのモラトリアムをしても核の路線を変えない。しかし話し合うべきだ。北朝鮮はアメリカに軍事演習やめろといっている。核を使わせないレジュームをつくればよい」
　注目すべきだ。
　他に、「**米朝は、対話・交渉せよ**」（植木千可子早稲田大教授）、「条件は核実験中止で、モラトリアムせよ」（同）、「安保法でどうするのか、日本は戦域に入る。自分たちが何をするか、だ」（渡辺恒雄）、「日本が中心になれ。話し合いをすてるな」（宮本雄二元駐中大使）、「北はきのう声明を出した。核・ミサイルの完全遂行の最終目標を達成した、と」（平岩俊司東大教授）
　司会者（太田真嗣）は、「話し合いの条件は、核凍結でよい」
　アベの戦争誘導（？本当に戦争する覚悟をしているのか、それとも国民操作なのか）の意図とは別に、**日本の世論**は明確に平和へ向かった。この傾向はさらに、次の週につづいた。紹介したい、これも。
　宮家邦彦元外務官僚。「**米朝対話が始まったときには……**」と出そうもない言葉が出そうもない人物から出され、久保文明東大教授は「トランプとアベのどちらが上になるか」と大変興味深い指摘をし（控訴理由書28ページ参照、前出）、李鐘元早稲田大教授は「米国のエスタブリッシュメント（支配的体制）は**戦争をやりたくない**。リスクが多すぎる」と述べた。
　国分良成防衛大学長。「トランプは、北朝鮮でなく、中国に関心を持っている。アベがトランプに**働きかけている**。日本が提起しアメリカがのっている」というと、パックン（アメリカ芸人）は「ヨーロッパはトランプを批判すると支持があるが、アベは逆に**ごほうび**をいろいろ出してくれる」と応じた。司会者（太田真嗣）は、「トランプとアベは16回も電話をしている」と補足した。
　ひたすら「圧力」を言うアベが必死にトランプを抱き込もうとしている（カネで買お

うとしている＝前出・控訴25・28ページ参照）。その様態を出席諸氏が批判している。

（以上、2017年11月5日（日）ＮＨＫテレビ討論会）

　世は、アベの「圧力」偏重路線への批判・拒絶と**戦争否定**、平和への思いを一斉に語りはじめた。アベは見ているのか。

　この線上に、先（43ページ）のアベの戦争挑発路線の国際的孤立・破綻の**戦争阻止**の「**歴史的な8日間**」が東アジア世界に出現した。

　横田めぐみさんの拉致から40年、母親横田早紀江さんは、「**戦争はしないでほしい**。40年の間、政府は救えなかった。国家とはそういうものか」と訴えた（昨11月15日（水））。

　アベは、2002年小泉純一郎首相（当時）のうしろに立ち、金正日委員長（同）の前に対座し、**平壌宣言**の調印に参加した。飯島勲首相秘書官は「金正日のやさしい目に接し思わず後ずさりした」（本人の後日談）。

　アベは逆に、このときのトラウマをして、この信じがたい北朝鮮敵視思想からぬけ出せずにいるのか。

　世界中が対話と平和を求めているとき（控訴理由書25ページ参照）、一人アベだけが危険な道を妄想している根源は、この2002年恐怖なのか。

　しかし、それはアベの独善と主観にすぎない。世界は、**平和**に向かってまちがいなく進んでいる。アベはこれに従え。

　トランプは「力による平和」を語っているが、根本的にまちがっている。「力による平和」でなく、「**平和による力**」である。

　これは我が日本の9条・平和憲法の思想である。これを理論化したい。

（3）アベと「9条を守れ」。「7.1 閣議決定」（違憲）破棄を

　総選挙で、日本国中に「9条を守れ」「9条で平和を」の声が高まった。

　川崎市会社員高橋秀貴さん（49）は言う。

　「戦後70年以上、守ってきた平和憲法を今さら変える必要はないと思い、小選挙区制は共産・比例は立憲民主党に入れた。戦争放棄したのだから北朝鮮にも**武力以外**の方法、対話で対処すべきだ。自民には逆に**今の9条で問題があったのか**と聞きたい」

（「東京新聞」2017年10月23日（月）14面）

　公明党は「改憲」への「慎重姿勢」をはじめた（「同」同11月14日（火）1面）。

　アベは9条・平和憲法を守り、憲法違反の「7.1閣議決定」および戦争法を破棄せよ。**9条を守りぬけ**。さもなくば安倍内閣は**退陣**せよ。

　☆　参考資料を次に挙げたい（主なもの、一部。追って加えたい）

①「東京」2017.10．23（月）「自公3分の2維持」（1面、以下数字のみ）
②「同」9．16（土）（夕）「正恩氏『核戦力完成　ほぼ終着点』」（1）
③「同」9．25（月）（夕）「米『宣戦布告』否定」（1）
④「しんぶん赤旗」11．5（日）「米大統領来日、問われる北朝鮮対応、**強硬姿勢の背景に安倍首相の助言**」（3）
⑤「同」11．2（木）「**武力衝突あってはならぬ　韓国大統領**」（1）
⑥「東京新聞」10．23（月）「改憲勢力3分の2　有権者の思いは」（14）
⑦「同」11．14（火）（夕）「米韓演習は『核戦争演習』」（2）

（以上のゴチックは、すべて長坂による）

（以上、2017年11月16日（木）記）

あとがき

　以上で、訴状（2017年6月1日）・記者会見以来の、安倍晋三内閣総理大臣被告人・長坂傳八原告人とする違憲訴訟の長きにわたるとりくみを終える。訴状（2017年6月1日）56頁、控訴状・控訴理由書（2017年9月4日・10月17日・10月24日）1・31頁、上告状・上告理由書（2017年11月22日・2018年1月12日）1・45頁にのぼる予想外の大部なものになった。

　横浜地方裁判所・東京高等裁判所・最高裁判所のみなさまにお世話になった。

　福田玲三さん、川村茂樹さんはじめ月々の相談会にご参加いただいたみなさんに感謝したい。稲田恭明さんの資料提供・ご教示に深くお礼を言いたい。3年余に及ぶ期間の初期に友人木村匡志と討論できた。

　珍道世直さんには、はじめからご指導いただいた。

　また、思いがけずご協力いただいた坂田明さん（故人・仮名）、佐藤秀裕さんに感謝したい。

　当初からの、広渡清吾東京大学名誉教授、小林節慶応大学名誉教授、栗田禎子千葉大学教授、小西洋之参議院議員、千葉眞国際基督教大学教授、馬渕貞利東京学芸大学名誉教授、ならびに西村汎子白梅短期大学名誉教授のご指導、ご助言、ご支援に心から感謝したい。

　大学の友人、元職場の友人、故郷三河の友人、親戚そして妻陽子と家族（3人の娘と6人の孫・老犬）の励まし、協力に感謝したい。カンパもいただいた。

　本上告理由書では、安倍首相による国家犯罪・疑惑事件である森友・加計学園問題についても言及したかったが、時間の制約でできなかった。毎日の新聞の切り抜きとテレビの録画は各種にわたって膨大なものとなった。

46

　すべてにおいて、本訴訟が、今日まで無事、充実して進行できたことについて、天に感謝したい。大いなる発見と勉強であった。
　執筆時期は各所に記した。

（2017年12月24日（日）午後9時20分記）

（3）上告理由書理由要旨

2018年1月18日

最高裁判所 御中

上告人　長坂傳八

平成29年（行サ）第170号
行政上告提起事件
　　　上告人　　　長坂傳八
　　　被上告人　　内閣総理大臣　安倍晋三

序　　略
第I部　上告理由（I）
　　控訴審判決（棄却）のとり消しを求める　　　（上告理由書1頁.以下同）
　第1　控訴審判決（棄却）による原判決文（却下）の修正（補正）（その1）
　　原判決は「失当かつ無効」と主張した控訴人長坂傳八の指摘につき、
　控訴審判決はこれを受け入れ、補正した（以下、控訴審判決を当判決とする）。（2頁）
　第2.　同上（その2）　（主として①について。②は略）
　　原判決の'核心'部分 —「閣議決定は外部に効力を及ぼさない」につき、
　控訴人はそれが、歴史的にも現実的にも成立しない（「閣議決定室中浮遊」論）
　ことを主張した。控訴審判決は、これを受け入れ、上記文言を削除・撤回した。
　　これは、事実上の判例変更、実質的な判例破棄であり、注目すべき判決である。
　　2014年9月24日国側答弁書を淵源とする上記誤ちを退けた当判決は、日本
　の裁判史上、画期的な意義を有し、これを高く評価し支持する。原判決の'とり消'に等しい。
　　　　　　　　　　　　　　（4,8頁）　　　　　　　　　　　　（4頁）
　第3.　同上（その3）
　　原判決の、同じく、その中心的論点 — 控訴人の「（「7.1閣議決定」は）
　抽象的に無効で'ある'」との主張部分を削除した。そのことによって、原告・控
　訴人長坂傳八の「抽象的」な「法令審査権」（違憲審査権）を求める立場
　を、当判決文は是認した。。これを評価し、支持する。　　　　（9頁）
　第4.　控訴審判決（東京高裁）の判断 —「法律上の争訟」と「司法権の範囲内」
　　(1)法律上の争訟 — 原告・控訴人長坂傳八が「7.1閣議決定」を憲法
　　違反として被告・被控訴人内閣総理大臣安倍晋三を訴えている本訴訟
　　自体が、「法律上の争訟」である。　　　　　　　　　　（11頁）
　　(2)「司法権の範囲内」 — 最高裁の違憲審査権は、「具体的事件をはな
　　れて「抽象的に判断できない」すべて「司法権の範囲内」に限られるとの「昭和
　　27年最大判」、この戦後裁判所の金科玉条は、憲法81条違反である(12頁)
　第5.　長坂傳八 控訴理由書全文の記載（当判決 5-35頁）
　　表記の方法をもって、「控訴人の主張」を紹介した当判決につき、満腔のよろこ
　びと敬意、および謝意を表明したい。　　　　　　　　　　　　　（13頁）

1

第Ⅱ部　上告理由（Ⅱ）
　　「7.1閣議決定」の違憲判決・無効確認を求める
　　9条・平和憲法を守りぬく　　　　　　　　　　　　（13頁）

第1節　戦後裁判史に燦然と光輝く判決・憲法を守るもの　　　（略）
　　― 長沼ナイキ基地訴訟札幌地裁（1審）の自衛隊違憲判決（1973.9.7）（13頁）

第2節　戦後裁判の誤りの起点・憲法を侵犯するもの
　　― 3つの最高裁判決と1人の人物　　　　　　　　　　　　　　（14頁）
　　表記誤りの起点は3つの表記判決（苫米地事件（丙）・警察予備隊違憲訴訟（甲）・砂川
　　事件（乙））と1人の人物（田中耕太郎最高裁長官）にあった。これを田中判決甲・乙・丙
　　とする。これらは田中耕太郎によって仕立てられ、いずれもまちがった判決であり、
　　憲法違反である。したがって、このすべてを破棄し、裁判をやり直すべきだ。（27頁）
　　田中判決乙は、アメリカの直接の支配・介入と日米合作の国家謀略である。（26頁）

第3節　憲法における真理
　　― 「9条こそ日本国の基本」―　　　　　　　　　　　　（27頁）
　　(1)　憲法前文の「排除」　　　「排除」概念の特別な意味、それは8.15革命
　　（8月革命）によって生まれた。　　　　　　　　　　　　（28頁）
　　　憲法は、人間（主権者国民）によって意志化・意識化され、自らを擁護・実現
　　（もしくは防衛・実行）しようとする価値をもった運動体である。憲法は、国民主権と平和
　　主義と基本的人権主義に反するものは排除する。それは、憲法革命である。（29頁）
　　　2012年自民改憲案と「7.1閣議決定」を、憲法は排除する。
　　日本の裁判所は、まだ一度も用いていないこの「排除」の論理をもって判決
　　にあたるべきだ。ここに憲法における真理がある。　　　（30頁）
　　(2)　憲法は、アベ改憲と「7.1閣議決定」・戦争法（安全保障法）を「排除」
　　する。　　　　　　　　　　　略　　　　　　　　　　　（30頁）
　　(3)　憲法における真理 ―「9条こそ日本国の基本」　森田実（政治評論家）が斬る。
　　　　　　　　　　　　　　　　　　　　　　　　　　　　（32頁）
第4節　9条が日本と東アジアの平和を守る ― 上告人私見 ―
　　　「7.1閣議決定」の違憲判決・無効確認を　　　　略　　（34頁）

第Ⅲ部　上告理由（Ⅲ）
　　「7.1閣議決定」の違憲判決・無効確認を求める
　　9条と安倍内閣の退陣　　（小見出し略。以下要旨）　　（38頁）
　　2017年10月22日（日）第48回衆院選と同8月25日（月）閣議決定（国会解散）は、
　　憲法（7条・69条）違反である。　　　　　　　　　　　（39頁）
　　トランプ東アジア歴訪は、朝鮮半島をめぐる戦争を阻止する「歴史的な8日間」となった（41頁）。
　　「平和憲法で戦争放棄したのだから、北朝鮮にも武力以外の方法、対話で対処すべき
　　だ」（川崎市民）。　　　　　　　　　　　　　　　　　（44頁）
　　「9条を守れ」「9条で平和を」
　　アベは、憲法（前文・9条）違反の敵視・戦争挑発を中止し、9条・平和憲法で日本と東アジア
　　の平和につくせ。憲法違反の「7.1閣議決定」と戦争法を破棄せよ。（44頁）

2　　　　　　　　　　　　　　　　　　　　　　　　　　　　以上

（4）

東京高等裁判所
　第14民部事
　書記官　矢野正人　様

　　　　　　　　　　　　　　2018年1月19日（金）

　　　　送　付　状　　　　　　　　長坂傳八

おせわになっています。
昨日は、ありがとうございました。
上告理由書につき、別紙「正誤表」をお送りいたします。

お言葉に甘えまして、ファクスの方法をとらせていただきます。

　　　　　　　　　　　　　　　　　　　　敬具

上告理由書 正誤表

2018年1月19日

上告人　　長坂傳八

平成29年（行サ）第170号
行政上告提起事件
　　上告人　　長坂傳八
　　被上告人　内閣総理大臣 安倍晋三

　　表記の件につき、以下のとおり報告します。

　訂正は次の3ヶ所。　　　　　　　　（誤）　　　　　　　（正）

(1) P.26. 下から14行目　　「後者である①田中判決…」　　　　→　　○

(2) P.29. 上から2行目　　「真実であり⑬、日本史上に…」　　→　　トル

(3) P.35. 下から10行目および　「松尾尊兊」　→　「松尾尊兊」
　　同7行目　　　　　　　　　　　　　　　　　　　（まつおたかよし）

以上です。
よろしく おねがいいたします。

　　　　　　　　　　　　　　　　　　　　　　以上

※本書では訂正しています。

裁判長
認 印

調 書 （決定）	
事 件 の 表 示	平 成 ３ ０ 年 （行 ツ） 第 ４ １ 号
決 定 日	平 成 ３ ０ 年 ３ 月 ２ ２ 日
裁 判 所	最 高 裁 判 所 第 一 小 法 廷
裁 判 長 裁 判 官 裁 判 官 裁 判 官 裁 判 官 裁 判 官	木 澤 克 之 池 上 政 幸 小 池 裕 山 口 厚 深 山 卓 也
当 事 者 等	別紙当事者目録記載のとおり
原 判 決 の 表 示	東京高等裁判所平成２９年（行コ）第２７９号（平成２９年１１月９日判決）

裁判官全員一致の意見で，次のとおり決定。
第１ 主文
　１ 本件上告を棄却する。
　２ 上告費用は上告人の負担とする。
第２ 理由
　　民事事件について最高裁判所に上告をすることが許されるのは民訴法３１２条１項又は２項所定の場合に限られるところ，本件上告の理由は，明らかに上記各項に規定する事由に該当しない。
　　　　　　　平成３０年３月２２日
　　　　　　　　最高裁判所第一小法廷
　　　　　　　　　裁判所書記官　宮　治　利　幸　印

（6）意 見 書

2018年（平成30年）4月5日

最高裁判所第一小法廷
裁判長　木澤克之殿

上告人　長坂傳八

　　上告人　　長坂傳八
　　被上告人　内閣総理大臣 安倍晋三

事件の表示　平成30年（行ツ）第41号
決定日　　　平成30年3月22日
裁判所　　　最高裁判所第一小法廷
裁判長 裁判官　木澤克之
　　　　裁判官　池上政幸
　　　　裁判官　小池裕
　　　　裁判官　山口厚
　　　　裁判官　深山卓也
決定の体容　第1.主文 棄却
　　　　　　第2.理由 本件上告の理由は、明きらかに 民訴法
　　　　　　第312条1項又は2項に 該当しない。（要旨）

意 見 書

上記 最高裁 第一小法廷 における決定につき、次の意見を申し述べます。

　原告人 長坂傳八 訴状（横浜地裁 2017年6月1日）、および 控訴人
同 控訴理由書（東京高裁 2017年10月17日）※ を経た、上告人 同
上告理由書（最高裁 2018年1月12日）は、
　民訴法第312条1項又は2項六に 該当している。
　よって、上記 最高裁第一小法廷 決定は まちがっている。
　かつ、憲法81条および 裁判所法3条等に 違反する。
　上告人 長坂傳八 は、これに 承服できない。
　上記 最高裁第一小法廷 は、上告人 長坂傳八 上告理由書を採用
し、これを可とする決定をすべきで であった。

　右 抗議し、本意見書を提出する次第である。

　※　横浜地裁判決　2017年8月23日 却下
　　　東京高裁判決　2017年11月9日 棄却

以上

242

第2章　長坂伝八「7.1違憲訴訟」の とりくみの報告と資料
－新聞記事・レジュメ・案内ちらし等－

目　次

１．2015年９月30日（水）「東京新聞メトロポリタン（27面）山本哲正記者
　　　「平和憲法守りたい」「川崎の長坂さん訴訟準備」………………………… 244

２．2015年10月10日（土）「11月20日（金）『7.1閣議決定』違憲訴訟のための
　　　　相談会へのご案内」木村匡志、長坂伝八（Ａ４・１枚）……………… 245

３．2017年５月28日（日）「ご案内　いよいよ6.1（木）『7.1閣議決定』
　　　　違憲訴訟」長坂伝八（Ａ４・１枚）…………………………………… 246

４．2017年６月１日（木）「記者会見レジュメ」（Ｂ４・１枚）長坂伝八 ………… 247

５．同６月17日（土）「神奈川新聞 かながわ人」（19面）（コラム）
　　　「建造物の価値伝える　法政時計塔校舎存続（保存）運動協議会
　　　長坂伝八」…………………………………………………………………… 249

６．2017年９月22日（金）「9.22（金）第22回『7.1閣議決定』違憲訴訟のための
　　　　勉強・相談会　9.4控訴（6.1提訴－8.23却下への）と控訴理由書
　　　（本日報告）について」（レジュメ）長坂伝八（Ｂ４・１枚）…………… 250

７．2018年４月20日（金）「［ご案内］第28回『7.1閣議決定』違憲訴訟のための
　　　　勉強・相談会」「Ⅰ部　栗田禎子千葉大学教授講演三たび　『転換期の
　　　世界をどうとらえるか』―平和憲法を守るたたかいの世界史的意味」
　　　　　2018年４月７日（土）長坂伝八（Ａ４・１枚）………………… 252

８．同上　「レジュメ」（Ｂ４・３枚、p.1～6）
　　　報告　長坂伝八「『7.1閣議決定』違憲訴訟（2017.6.1 横浜地裁・
　　　2017.9.4 東京高裁・2017.11.22最高裁）と今後について
　　　―①経過、②報告、③考察―問題提起として」…………………………… 253

９．同上　栗田禎子千葉大学教授講演（上記7）レジュメ、
　　　「転換期の世界をどう捉えるか―『平和憲法革命の意義』」
　　　（演題は、上記７を一部修正）（Ａ４・１枚）………………………… 259

10．2021年６月11日（金）「東京新聞 川崎版」（16面）山本哲正記者（A4・１枚）
　　　「高津の長坂伝八さん」「コロナ対策『戦前型の反憲法思考だ』」
　　　「あす１周年『一人会』」…………………………………………………… 260

1.

新聞　「東京」2015年9月30日（水）メトロポリタン（27面）（第3種郵便物認可）

集団的自衛権行使容認「閣議決定は違憲」

「平和憲法 守りたい」

川崎の長坂さん 訴訟準備

「従軍苦しむ 父の思いを」

集団的自衛権の行使容認へと憲法解釈を変えた昨年七月の閣議決定は憲法に違反するとして、無効確認を求める訴訟の準備を、川崎市高津区の元高校社会科教諭、長坂伝八さん（六九）が進めている。同種訴訟は各地で事実上の「門前払い」が相次ぐが、太平洋戦争に従軍した父親の思いや、勤務先だった高校の生徒の声を受けて「平和憲法を守りたい」と決意した。

（山本哲正）

違憲訴訟の準備を進める長坂伝八さん＝川崎市高津区で

「憲法がないがしろにされている」。長坂さんはこう憤る。「戦争体験者は今も戦時中のことを思い出し、夜も眠れないはずだ」と語気を強める。

愛知県豊川市出身。子供の頃、徴兵されて中国南部に行った父親から、銃剣で人を刺し殺し、血がほとばしった話を、腕を動かすしぐさを交えて繰り返し聞かされた。父親はそれを思い出すのか、寝ていてもうなされ夜中に目を覚ました。

戦後は戦犯にならないよう何らかの書類を焼く姿を母親が見掛けた。一九七〇年に五十三歳で、脳出血で亡くなった。「戦争で早死に

したようなものです」

長坂さんは静岡大文理学部で史学を学び、正しい歴史を伝えたくて教論に。法政第二中学・高校（川崎市中原区）に勤務し、高校で

日本史を教える際は権力者による戦争を防ぐ憲法の大切さに力を入れた。教壇に数十冊の文献を持ち込むこともあった。

同校では、学徒出陣を前に書いたとみられる「皇国の為には何も惜しまず身は砲弾に砕けるとも」という文字が壁にある旧時計塔が取り壊されることになり、退職していた長坂さんは昨年、通学路でチラシを配り保存を呼び掛けた。

その際、ある生徒から「時計塔を壊すのは原爆ドームを壊すのと同じ。集団的自衛権の行使容認が平和を壊すのと同じだ」と言われ、提訴への思いが芽吹い

たという。かつて教壇に立った長坂さんは「この閣議決定は、戦争になるのでは、という不安を若者に与える」と危ぶする。

訴状案では、この閣議決定が戦争を可能にし、武力の行使を禁じた憲法前文や九条に反すると指摘。国務大臣らに憲法の尊重・擁護を義務付ける同九九条違反とし「裁判所はその無効を宣言しなければならない」と訴える。長坂さんの友人などが原告に名を連ねる予定。準備が整い次第、東京地裁に提訴するという。

「憲法にその横暴を縛られるべき安倍首相を裁きたい」。長坂さんは言葉に力を込める。

📓 **集団的自衛権の行使を容認した閣議決定をめぐる違憲訴訟**　安倍晋三首相は2014年7月、集団的自衛権の行使容認を閣議決定した。これを憲法違反として元三重県職員の珍道世直（ちんどう・ときなお）さんが同月、安倍首相と閣僚を相手取り、閣議決定の違憲確認と無効を求め東京地裁に提訴。しかし地裁は「閣議決定は内閣の意思決定で、ただちに原告に義務を課したり権利を制限したりするわけではない」などと却下。最高裁が今年7月、珍道さんの上告を退けて敗訴が確定した。他に広島市の男性が広島地裁に提訴するなど全国で少なくとも4人が地裁に提訴したが、いずれも却下されている。

東京新聞川崎支局 山本哲正記者に感謝します

2．

11月20日（金）「7.1閣議決定」違憲訴訟のための相談会へのご案内

2015年10月10日

木村匡志
048(624)7267

長坂伝八
電 044(755)3280

ぜひ、おこし下さい。遠いですが……

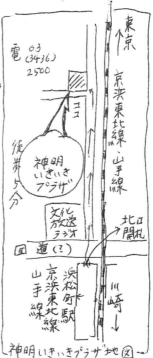

8.30　12万人のデモ。
国会議事堂。1936年(昭和11年)築。現役。国民・主権者に。

法政時計塔校舎。1936年築。平和のシンボル。7,453人の署名。2014年夏、石段壊強行。

2人の空襲体験と〈熊谷〉幼児期の父親の"戦地"(中国)の話 ─ 私たちの出発点。

反憲法の戦争法 ─ 安倍晋三首相を裁きましょう。

つつしんで、みなさまにご案内いたします。

はじめての方も、旧交あたためる方も、湧きたつ討論をしましょう。昼から夜まで。

戦争法廃止・憲法擁護・安倍内閣打倒の国民戦線・国民運動を。平和と日本の新しい時代を。

記

1．2015年11月20日(金)午後1時受付、午後1時半開始 ～ 8時まで。(和室と洋室)

2．浜松町・港区立「神明いきいきプラザ」(右の図)名称「憲法研究会」

3．お話（未定）
・報告
・自己紹介
・討論
の予定です。
お待ちいたします。

電 03(3436)2500

ココ　神明いきいきプラザ

証券 5分

東京
京浜東北線・山手線

文化放送ラジオ

国道(1)

北口改札

浜松町駅

川崎→

山手線
京浜東北線

神明いきいきプラザ地図

「東京」2015年9月30日(水)メトロポリタン(27面)

「平和憲法 守りたい」

川崎の長坂さん 訴訟準備

「従軍苦しむ父の思いを」

集団的自衛権の行使を容認した閣議決定をめぐる違憲訴訟。安倍晋三首相は2014年7月、集団的自衛権の行使容認を閣議決定した。これも憲法違反だとして元三重県護興の珍道世義（ちんどう・ときよし）さんが同月、安倍首相と閣議を相手取り、閣議決定の違憲確認と無効を求め東京地裁に提訴。しかし地裁は「閣議決定は内閣の意思決定で、ただちに原告に権限を付与したり権利を制限したりするわけではない」などと却下。義興さんが今年7月、珍道さんの上告を退けて敗訴が確定した。他にも同市の男性が広島地裁に提訴するなど全国で少なくとも4人が地裁に提訴したが、いずれも却下されている。

集団的自衛権の行使容認へと憲法解釈を変更した昨年10月の閣議決定をめぐるものとして、同裁判所松さんは元東京都立高校社会科教員、川崎市高津区に新聞とりくんでいる。「平和憲法を守りたい」と決意した。

「憲法はないがしろにされている」。長坂さんは専門は歴史学で、正しい憲法（中学・高校）（川崎市高津区）に勤むで〈戦争体験のことをきっかけに、「戦争法」が相次ぐ。父の反戦の思いや、勤務先での経験を受けて「平和憲法を守りたい」と決意した。（山本晃）

日本を教える高校教師による集団的自衛権解釈の内容などに疑問を唱える権力の大きさに気づかされた。教育の場での「戦争法」の到来を許さない思いが背景にある。同じ授業で、学園内の風潮を育み、「戦争反対の思いや、勤務先での経験を受けて「平和憲法を守りたい」と抱いた。愛知県豊川市の子供、かつて幼少期に戦時中、従軍苦しむ父の思いを知った。だったか、かつて戦時中、従軍した父の思いや、勤務先での思いを受けて「平和憲法を守りたい」と抱いた。

（「東京新聞」2015年9月30日(水)メトロポリタン 27面）

3.

＜ご案内＞ ぜひ、お気軽におこし下さい。
ファクス、郵送、手交いずれかでお届けします。

2017. 5. 28 (日) 長坂伝八
「7.1閣議決定」違憲訴訟相談会

いよいよ
6.1 (木)「7.1閣議決定」違憲訴訟

提訴
横浜地裁川崎支部 (下図参照)
午前11時 (10時55分集合)
川崎駅より 徒歩13〜15分。

と

記者会見
川崎市役所第3庁舎4階
（右図参照）
川崎駅より徒歩8・10分。

川崎市役所記者クラブ
室、午後3時 (2時が変更です)
（2時45分集合）

みなさまへ

2014年秋以来の準備（研究会）
と18回の勉強・相談会を経て、たくさん
の難題や困難を経験しながら、多く
の人々の協力をいただいて、ここまできました。

5月25日（木）に、横浜地裁川崎支部
と市役所記者クラブ（毎日 太田記者 幹事）
に伺い、打ち合わせと下見を行いました。

記者クラブ室（仮）は、以前の3〜4倍
の広さで大きいです。

みなさん、一生に一度あるかないかの
経験です。ぜひ、おこし下さい。見物
でもかまいません。（後の方でも。右図）
すべて、長坂伝八が責任負います。

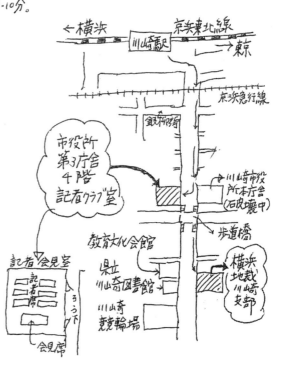

← 横浜　川崎駅　京浜東北線　→ 東京

京浜急行線

銀柳街

市役所
第3庁舎
4階
記者クラブ室

← 川崎市役所本庁舎（石破壊中）

歩道橋

教育文化会館

県立川崎図書館

記者会見室
記者席
ろう下
会見席

川崎競輪場

横浜地裁川崎支部

4.

6.1(木) 記者会見レジュメ

於：川崎市役所記者クラブ記者会見室（市役所第3庁舎4階）
2017. 6. 1（木）
「7.1閣議決定」違憲訴訟相談会　長坂伝八

本日は、よろしくおねがいいたします。
本日の記者会見は、次の資料です。②と③は手書きです。お断りします。
　① 訴状（全55ページ）
　② 「5.20(土) 第18回『7.1閣議決定』違憲訴訟のための勉強
　・相談会 レジュメ　6.1(木)提訴出発式　　5.20(土)長坂伝八」
　③ 本レジュメ　　　　　　　　　　　　以上です。
この場を設けていただいたことに、深く感謝申し上げます。

はじめに
自己紹介　昭和20(1945)年12月生まれ。戦後日本とともに生きてきた。
　法政二高 日本史・社会科教諭（1970年3月～2011年3月の41年間。
定年退職）を経て、法政旧時計塔校舎存続（保存）運動を行う（2011
年7月から現在にいたる）。その節のお世話に感謝いたします。

なぜ、この違憲訴訟をはじめたか
　2014年7月1日の「集団的自衛権」容認の「閣議決定」が、憲法
前文・9条・99条に違反していること。その違憲判決・無効確認を求める。
　上記法政時計塔校舎存続（保存）運動では、7,453人の署名、市長・
市議会・市役所・新聞各社の大きなご理解とご協力をいただきました。
まちの人、生徒の「残してほしい」の強い思いを受けました。
　生徒が、「あの時計塔校舎は、富岡製糸場の世界遺産と同じです。あれ
を壊したら原爆ドームを壊すのと同じです。集団的自衛権と同じです。
残して下さい」と、真剣に訴えてきました（2014年5月、中学1年生）。
　"時計塔"と平和を守ろう、と心に決めました。生徒から、今でも声がかかります。
　川崎市長（前・現）が「景観重要建造物」指定と「文化財」指定の意
向を示した（文書）。歴史的建造物を守ること、景観法19条「意見をきく」
の意味、を深く考えました。歴史と法をどう考えるか－。では、憲法は？
　はじめて裁判を経験し（横浜地裁と東京高裁）、判決文の杜撰さとりっぱ
な裁判長を知りました。（2014年2月～2015年3月）

　2014年秋　大学時代の友人と50年ぶりに会い、意気投合してこのとりくみ
の準備を開始し、勉強・相談会（別紙、資料③）を経て現在に到りました。

1

とりくみをはじめ、多くの人に訴え、よびかけてみると予想外の声にぶつかりました。「閣議決定で訴訟をやるのはむずかしい」(P.31)、「具体的な争訟事件(被害)がないとむずかしい」(P.24)、「日本には統治行為論があり、むずかしい」などです。実際の訴状の作成にあたっては、訴状の形式や文章の内容で、討論や意見がありました（別紙、同前）（ページ数は、訴状の反論）

　　思ったよりはるかに困難なカベに、くり返しくり返しぶつかりましたが、本年2月に、やっと見とおしが出ました。（訴状執筆は、2015年3月〜本年4月）訴状作成実務にあたっては、訴状「あとがき」(P.51〜52)のたくさんの人々のお力をいただきました。心から感謝申し上げる次第です。

　　緊張の連続できましたが、本日6月1日(木)午前11時すぎ、横浜地裁川崎支部への別紙「訴状」の提訴を無事終えることができました。ふつう東京地裁で扱うようですが、法政時計塔校舎存続(保存)運動の前述の事情をお話し、川崎の生徒やみなさんへの恩返しで、ぜひこの川崎の地でことを起こしたいとの当方のたっての希望を了解し、お受けいただいた上記川崎支部にお礼申し上げます。
　　以上を　まずはじめに報告いたします。

1. 本訴状の構成と特徴
　　序章　(P.2〜12)　　　　　　　　　　　　今日の時代状況と本訴状
　　序章追加 −その1−〜−その3−　(P.12〜27)　　の関係を論じた（問題意識）。
　　　上記執筆は、2016年3月〜2017年4月
　　第1章〜終章 (P.27〜P.52)　　　　本論として、違憲判決（「7.1 閣議決定」）
　　　　　　　　　　　　　　　　　　　　の必要を論じた。

　　あとがき　(P.51〜52)　　　各方面への感謝と本訴状の構成を述べた。
　　　上記執筆は、2015年3月〜9月および本年4月。

2. 本訴訟の環境と意義、目的　　—　勝訴をめざして　—
　　安倍晋三首相の一連の疑惑　森友学園問題と加計学園問題で「アベ」(以下アベとする)の深い「関係」が次々に明かるみに出され(5月25日(木)前川喜平科省前事務次官の記者会見「文科省記録文書はあった」)た。その説明を逃げている。
　　アベは、それをすりかえて共謀罪と「新憲法」を出し、なお憲法違反を重ねている(同、P.19)。
　　一分一秒、日本国憲法を擁護・実現する政治（憲法政治）を。(同、P.12, 27など)
　　南スーダンの自衛隊が無事帰国し(5月25日)、戦争法の発動を阻止しました。

おわりに　　　　　　　　　　　　　　　　　　　　　　　　　　　　以上

2

5.

かながわ人　＠高津

建造物の価値伝える

法政二高（川崎市中原区）で日本史・社会科教諭を41年務め、定年退職後から時計塔校舎の存続運動を始めた。老朽化などを理由に解体されたが、「空襲に耐え、地域のシンボルだった歴史的建造物の価値を後世に伝えたい」。報告集作成に向け、活動を続ける。

ある生徒の「校舎解体は原爆ドームを壊すことと同じ。集団的自衛権と同じ」との言葉にも突き動かされた。個人として、集団的自衛権の行使を容認する閣議決定の違憲判決を求め、２年かけて訴状を書いた。「主権者として内閣の憲法違反を訴えたい」。高津区。

法政時計塔校舎存続（保存）運動協議会代表

長坂　伝八さん（71）

神奈川新聞2019年6月17日（土）「川崎版」より。横山麻美記者に感謝します。

6.

DATE

9.22(金) 第22回「7.1 閣議決定」違憲訴訟のための

勉強・相談会
9.4控訴（6.1提訴-8.23却下への）と控訴理由書（本日報告）について

2017. 9. 22　　　　　長坂伝八

目次

1、はじめに と 経過報告

2、報告「第Ⅱ部 控訴理由（Ⅱ）第2節戦争挑発「7.1閣議決定」を破棄
し、9条・憲法をもって 東アジアの平和にあたれ（P.31～36）」

3、「控訴理由書」（P.1～36）

（大久保正道 裁判長）

以資料 1、「控訴状」2017.9.4付　　2.判決文、横浜地裁2017.8.23付（前回）

3、「控訴理由書Ⅰ部・Ⅱ部」

はじめに

控訴しました（9月4日）。いよいよ、次の本番です。よろしく
おねがいします。

Ⅰ、経過報告

◎ 8.25（金）第21回相談会（略称）（出24人 福田、川村、長坂（陽）、長坂
レジュメB4、5枚（1～10ページ）

○討論　ヒンデンブルグとナチス、反共、IBMの関与。○アベは経済優先、憲法変
えてビジネスチャンス。○インパール、人肉。○戦争は絶対しちゃいけない。○満
州からのひき上げ、関東軍にげた。○樺太で8.15のあと5000人の死。○もうかるから
戦争やるのか。○モダ4作戦で訴え、300億。○核禁止条約、なかにし
礼で討論を。○憲法かえてそんなに戦争したいのか、「理想論」、
「現実分かってない」。○アベが「北」へいっても意味がない、アベに
行ってほしくない、支持率上がる。○アベが国会解散するのはおか
しい、マスコミが批判してない。○国会解散とめるべき。○青井枠
は反対だ。○新聞にも反対出てきた。○「7条解散」「不信任」

250

っ「北」は、アベが原因をつくっている。。アベに求める。支持率ではない。
。裁判所のあり方からみる。統治行為論 おかしい。。裁判所は憲法
を守っていない。。珍道の司法改革の意見表明 正しい。。控訴どうするか
◆◆ 8.25レジュメの「Ⅱ.論考(主張)」を、本日の「控訴理由書 Ⅱ部 第1節」
　　に修正していれる（P.30）

② 8.27(日)「完全護憲の会」に参加。水沢寿郎「『米国の原爆投下の責任を
　問う会』設立総会について」

③ 9.4(月) 横浜地裁へ「控訴状」提出（PM.2:40〜3:20）
　同日。横浜地裁 司法記者クラブ・監事社(記者)産経・王美憲記者に取材
　の要請。上記「控訴状」手交。王記者「手紙つけて、他社(12社)にまわします」。
　関心示す。(他に TVK記者(山本記者)にあいさつ)（PM.3:50〜4:04）

④ 9.7(木)『週刊金曜日』(土井さん)に「9.22(金)22相談会」の件修正。
　「怒りの控訴をしました」「ああ、怒りの控訴をしましたか」

⑤ 9.9(土) 平和創造研究会に参加。花岡蔚(楽団ひとり)「2020年までに
　自衛隊廃止する。究極は世界連邦政府 ── 先ず北東アジア共同体の創設。
　日本はその旗降りを 」レジュメ、本資料、山田太郎「原発を並べて自衛戦争などできない」

Ⅱ. 議題
1. 報告「第Ⅱ部 控訴理由(Ⅱ) 第2節」(目次、2参照)、通常のレジュメを転用。
2.「控訴理由書(第Ⅰ部)」の検討　　　手書き(このまま)か、活字にするか。費用
3. 今後のとりくみ
　(1) 控訴理由書 提出メ切 50日以内＝10月24日(火)まで。→10月17日(火)提出(横
　　浜地裁)。次回 相談会(10.20(金)第23回)で報告。
　(2) 東京高裁 却下の場合 どうするか　　最高裁への上告するかどうか。
　(3) 本日 9.22(金)第22回相談会をもって、本会を発足させる(正式に)。
　　　名称、役員、組織、申し合わせ事項 などは次回 決める。
　(4) 役員 代表、顧問(および名誉顧問)、事務局の打診をすすめる
　(5) 一定の時期に 講演会をもつ。毎月の相談会(定例)を行う(10.22, 11.17)
　(6) 訴状・控訴状‥‥の発行を検討する。(7) 財政(現在まで 約 円)。
　　　　　　　　　　　　2　　　　　　　　　　　　　以上。

7.

〔ご案内〕

ぜひ、おこし下さい。

4.20(金) 第28回「7.1閣議決定」違憲訴訟のための勉強・相談会

I部 栗田禎子 千葉大学教授 講演ふたび

「転換期の世界をどうとらえるか」— 平和憲法を守るたたかいの世界史的意味 —

中東現代史研究者・中東学会前会長
・歴史学研究会元編集長

(田沼洋一氏撮影)

2018年4月7日(土) 表記相談会代表 長坂伝八

長『週刊金曜日』4月13日号末尾「きんようびのはらっぱで」にて紹介。

I部
◇3度目の栗田講演、好評につき

　栗田教授の三たびの講演が実現しました。感謝いたします。

　本年幕明けの平昌オリンピック(冬季)、南北会談(4月27日)と米朝会談(5月)開催の決定。そして中朝会談(3/26)。

　あれほど、アベとテレビが連日火扇った"戦争の危機"を阻止して、朝鮮半島・東アジアの平和構築の道は、民族の願いを受けて、劇的に進んでいます。韓国100万キャンドル革命(2016年秋)から。

　日本では、森友・加計・労働裁量制に加えて自衛隊と改竄・隠蔽・湮滅・捏造の国家犯罪が構造的に行われ、憲法違反を重ねている連日の国会デモで国民の怒りが広がり元官僚現場公務員労働者と記者の奮起が相まって、アベを追いつめています。将棋の詰みです。

　戦後日本の現在において、憲法の価値が高まっています。アベ改憲は、憲法に排除される。アメリカは、高校生の呼びかけで100万人の「命のデモ」。銃を自ら捨てる市民。

　世界は、"否戦"の新しい時代に入りました。

　憲法・主権者論、情勢論、運動論のあり方が、研究課題です。

　アベ即時退陣を。平和憲法国民戦線を。政府を

表題のテーマで栗田教授にご講演いただき活発な質疑・討論をしましょう。

II部
◇最高裁から「調書」(決定)=棄却 届く — 2018年3月22日付 (上告理由書1月18日)

　私たちの表記違憲訴訟(2017年6月1日横浜地裁提訴 — 同10月17日 東京高裁控訴理由書)は、上記のように 最高裁決定(棄却)を迎えました。原告(上告)人長坂伝八は「意見書」を提出しました(4月5日付)。

　この間のみなさまに感謝いたします。

　これまでのとりくみをふり返り、これからどうするのか、話し合いましょう。

ところ (右図) 浜松町駅北口から徒歩4分
港区立神明いきいきプラザ 集会室D室(和室)4階
(電) 03(3436)2500

とき 2018年4月20日(金) 午後1時半〜4時半

参加費 200円

すすめ方 I部 講演と質疑・討論、II部 報告(長坂伝八)と討論・まとめ。

↑東京
京浜東北線
浜松町駅
東京タワー (神明)
川崎↓

252

8. DATE

4.20 (金) 第28回「7.1閣議決定」違憲訴訟のための 勉強・相談会 (レジュメ)

I部　講演　栗田禎子　千葉大学教授 (中東・現代史)
「転換期の世界をどうとらえるか」
ー 平和憲法を守るたたかいの世界史的意味 ー

II部　報告　長坂伝八
「7.1閣議決定」違憲訴訟 (横浜地裁 2017.6.1・東京高裁 3.9・最高裁 11.22)
と今後について　(レジュメ)−II 経過、回報告、回考察 (P.1〜6)

2018年4月20日 (金) 相談会代表　長坂伝八

※ 本会は、『週刊金曜日』4月13日号, P.65で紹介されています。

※ 資料

◇ 当『4.20』ご案内」2018.4.7 (土)

I (1) 小林節慶大名誉教授への手紙 (ファクス) 2018.3.20 (火)

(2) 小西洋之参院議員への手紙 (ファクス) 2018.4.9 (月)

II (1) 「東京」2018.4.16 (月) 1面「『加計』愛媛県文書…」

(2) 「赤旗」2018.4.13 (金)、(3)「追いこまれた首相」「主な動き」(加計)

(3) 「同」2018.3.28 (水)、(3) 森友「主な経緯」

(4) 「新婦人しんぶん」「森友」決裁文書「削除部分」2018.3.22 (木)

(5) 「赤旗」2018.4.14 (土)「史上最大の抑止力。9条!」「憲法のすばらしさ」

III (1) 「上告理由書 要旨」2018.1.18　上告人 長坂傳八

(2) 最高裁「調書 (決定)」2018.3.22　裁判長 木澤克之

(3) 「意見書」2018.4.5　上告人 長坂傳八

IV (1) 「赤旗」2018.4.1 (日)「ふところ冷える 新年度」「ねとげ…」(口頭)

※ (追) II (6) 「東京」2018.4.4 (水)「野党『組織的隠蔽』」。南スーダンPKO (1面トップ)

− 1 −

253

① 経過

1、2、16（金）第27回 相談会　長坂インフルエンザのため、文書によるものとしました。
　　◆レジュメ、B4・4枚、8ページ　と　◆資料。(1) 最高裁「記録到着通知書」平30.2.13。
　　15人の方に 送付しました。※　※「15人の方」は割愛します。

2、3.5（月）川村茂樹さんより手紙。「閣議決定が国民に対して、何の影響も
　　与えないとする主張は司法自らが撤回した。」「外土屋が出里ました。」

3、3.10（土）栗田禎子教授より手紙。講師の応諾と演題について。

4、3.20（火）小林節名誉教授に手紙（ファクス）。◆資料 Ⅰ. No.1

5、3.22（木）馬渕貞利名誉教授と長時間討論（朝鮮半島の歴史的激変と味）大学の友人。
　　　　　　　（次回は8/30（木）。研究会。）

6、3.30（金）原秀三郎名誉教授（恩師）より手紙。師心受く。

7、4.4（水）最高裁への「意見書」作成（4/5付）。投函（4/5（木））。◆資料 Ⅲ. (3)

8、4.6（金）本日「4.20」第28回 相談会（略称）「ご案内」（4/7（土）付）作成。

9、4.7（土）上記「ご案内」を栗田教授に送付

10、4.6（金）〜 4.15（日）「同上」をファクス　（29人の方）
　　4.10（火）「同上」を手紙で送付（4/10付メモ記す）（5人の方）
　　4.11（水）「同上」を直接渡す（〜4/16（火））（12人の方）
　　以上、当「4.20」ご案内を 46人の方に 届けました。
　　㊗ この中には、小林節（上記）、小西洋之参院議員、望月衣塑子記者、畑野きみえ衆院議員、
　　君嶋県議、むねた市議、岩村・畑谷・岡田各弁護士、土井伸一郎（『週刊金曜日』）
　　原秀三郎（先掲）各氏もふくまれています。♡

11、4.10（火）参院会館にて講演会に行く。（前川喜平、中野晃一、大西笑子、望月衣塑子）

12、4.11（水）望月衣塑子講演会。望月記者に取材要請（著作・サイン、名刺交換して）。
　　（2月8日のまちがい）「東京」
　　「2月9日付」で 訴状三部作を記者あてに送付したことを話す。「あ、そうでしたか。調べます。」
　　4.12（木）郵便局に問い合わせ。「2月9日、午前8時0分に先方に届いています」。（レターパック）
　　すぐ、東京新聞 望月記者に その旨伝える（ファクス）。返事なし。軽関係は？

13、4.9（月）参院決算姿で 小西議員（上記）質問。すぐ同議員にファクス（◆Ⅰ.No.2）

14、4.13（金）川崎合同法律事務所50周年記念祝賀会。多くの人に会う（上記10）。

15、4.16（月）より、本レジュメ作成に入る。それまで連日、ウンザリするきりぬき（『東京』『赤旗』）

（補）16、4.19（木）PM.1:20、川崎市役所記者クラブ室にファクス。「掲示します」。「4.20」案内。

ー2ー

② 報告
　—「7.1閣議決定」違憲訴訟（2017.6.1 横浜地裁・9.4東京高裁
　・11.22 最高裁）と今後について —

1. 経緯
私たちは、4年がかりで表記のとりくみをしました。
2014年10月より、本訴訟の相談（準備会 同11月より2015年10月）林樹匡志
2015年11月　第1回相談会 ～ 本日、2018年4月20日(金) 第28回。
を経て、
2017年6月1日（木）横浜地裁へ提訴。「訴状」全55ページ。※
　　　　記者会見　　　　6月17日(土)「神奈川新聞」報道
　　　※ 証拠方法甲1号　昭和47年10月14日 内閣法制局 見解
　　　　　　甲2号　2015.10.6、小西洋之 参院議員 声明文
　8月24日（木）横浜地裁判決文「却下」「特別送達」(8.23付)
　9月4日（月）横浜地裁へ「控訴状」提出（9.4付）
　10月17日（火）東京高裁へ「控訴理由書」全31ページ提出
　　　　証拠方法甲3号　長坂傳八「日中戦争はなぜおきたか」2017.6.15
　　　　　　甲4号　稲田恭明「沖縄と憲法」2016.9.22
　11月11日（土）東京高裁より判決文「棄却」着（11月9日付）
　11月22日（水）東京高裁へ「上告状」提出（11月22日付）
　2018年 1月12日（金）同上へ「上告理由書」全48ページを提出(1月12日付)
　1月18日（木）「上告理由書要旨」を同上へ提出(同日付)其Ⅲ(1)
　3月23日（金）最高裁 より「調書（決定）」送達（3月22日付）
　4月 5日（木）最高裁へ「意見書」送付(同日付)
　　　　　其 Ⅲ (2) と (3)

の裁判（違憲訴訟）がとりくまれました。
多くのみなさんに 感謝いたします。

2、結果（成果）

　私たちがとりくんだ表記違憲訴訟は、予想外に順調に無事すすみ、予期せぬ貴重な成果をうみました。

　　(1) 裁判所は、口頭弁論を行わず、したがって被告人安倍晋三の反論のないまま進展し、「7.1閣議決定」を合憲にはできなかった。

　(2) 原判決（横浜地裁）2017.8.23の判決「却下」の中心的論拠である「『閣議決定』は外部に法的効力を与えない」の判例を、控訴審判決（東京高裁）が削除、撤回し、「判例破棄」をした。判決は「棄却」。

　　原告（控訴）人長坂傳八の主張を認めた。「実質的な勝訴である」。

　　くわしくは、※資料Ⅲ(1) を参照して下さい（「上告理由書」P.4：cf）

　(3) 最高裁の「調書（決定）」に対して、それが憲法81条および裁判所法3条に違反し、まちがっているとの「意見書」を出しました。(2018.4.5)

　　くわしくは、※同Ⅲ(2)、(3) をご参照下さい。

　3、今後のとりくみ

　(1) 本相談会をどうするか。

　(2) 当面は、次を予定します。（前回2.16(金)第27回レジュメで予定）

　　6.15(金) もしくは 6.16(土)　　　会場の予約次第です。

　　　会場「神明いきいきプラザ」（予定）。PM.1:30〜4:00

　　　報告者 1.〈氏名、略〉さん　　「私にとっての戦争」(仮)

　　　　　　 2.〈氏名、略〉さん　　「安倍晋三を考える」(仮)

　　　　　　 3.〈氏名、略〉さん　　「憲法9条の意味」(仮)

　　　　　　 4.長坂伝八　　　　　 通例報告

　　9月21日(金) もしくは 9月22日(土)　　　　同上

　4、その他。

　　長坂が、法政時計塔校舎存続（保存）運動「報告集」作成で1年間要します。

－ 4 －

　　　上記3の（2）は、諸事情で実施できませんでした。関係各位におわびいたします。

　　　　　　　　　　　　　　　　　　　　2022.10.30（日）午後4時15分記

③ 考察 － 問題提起として －

　東アジア平和共同体と日本
　　－ アベの無為および国家犯罪をただして、(平和)国家のあり方を考える
　　　　　　　　　　　　　　　　　　　　　　(憲法を前提に) －

1. 朝鮮半島と東アジアと日本 － 東アジア平和共同体

　2018年が明けて、地底からエネルギーが噴出したように、朝鮮半島の南北の統一への動きが一挙にすすんでいます。前回(2.16(金)第27回)レジュメでは、平和革命の進展としてよろこびました。これを動かしているものとして、南北統一、民族の尊厳、国家主権の3つの根元念を考えました(P.8)。

　朝鮮現代史の専門家(馬渕貞利氏・先掲P.2)と長時間(2回目)の討論で教示をうけ、認識を深めました。トランプー金正恩会談開催決定(3月8日。「5月に」)が世界を驚かせました。その3日前の3月5日南北会談(文特使と金正恩)が画期的な文・金南北会談開催(4月末。のち4月27日に)を決めていました。

　朝鮮半島の対話に人々の耳目があつまる中、突如 中朝会談(周近平・金恩会談)が北京で開かれました。東アジアのこの巨大な波に立ちすくみました。※

　「一体今、何がおきているのか」と。

　「3月にトランプが北朝鮮を攻撃する」などの無責任なビラさえありました(1月)。

　朝鮮半島・東アジアにわき立つ平和のうねり。朝鮮半島の民族と民衆が何を求めているのか。文韓国大統領夏は、済州島を訪れ「済州島四・三事件」追悼式典に参加し、1948年4月3日武装蜂起(南部だけの総選挙実施による分断反対で)への数万人の虐殺を「国家暴力」として謝罪しました(「赤旗」4月6日(金)6面)。

　日本帝国主義による半直民地支配からの解放(1945.8.15。日本の敗戦)で独立をとりもどした朝鮮民族が、新たな南北分断(上記の1948年)と朝鮮戦争を経て統一を願いつづけて今日に至っている歴史を私たち日本(国民)は知る責任があります。日本の未来へ平昌オリンピックで抱き合った、南北代表の姿の思いと背景を私たちは知っているのか。60万(かつては1000万人!)の家族の分断。

　ある政治家は、北朝鮮は中国によびつけられ、トランプにおどされた、と言った(4/9(火)文化放送)。アベは「圧力、圧力」を言いつづけ、「カヤの外」のアベは、またトランプに哀願頁外交をしている(4/18～19。アベ・トランプ会談)。世界で特異な北朝鮮敵視

　　　　　　　　　　　　　　　－ 5 －

※ 「周近平」(誤)は、「習近平」(正)のまちがいでした。おわびし訂正します。

2022.10.30(日)午後2時40分　記

※（下から3行目）"国会解散" など「論外である」（小沢一郎、伊藤敦夫）2018. 4. 19（木）朝、補。
4. 18　　　　　4. 19

政策は、「平和を愛する諸国民の公正と信義に信頼」する憲法前文に違反
している。アベは憲法に従い、9条にもとづき、敵視をすて善隣・友好の政策をせよ。
　朝鮮半島の今日の歴史的な激変は、平和共存と民族自決権にもとづく
変革の過程なのか。平和憲法をもつ日本国民は主権者として、祖国の変革のために連帯する。
それこそが、21世紀における東アジア平和共同体への根源的な道である。
（☆Ⅱ. NO. 5）

2. 日報・加計・森友・労働裁量制 とアベ ── 国家とは何か。
(1) 南スーダン（ジュバ）とイラクの「日報隠蔽」（☆資料Ⅱ. NO. 6）、cf.「控訴理由書」P. 17-19.
　南スーダン（ジュバ）の日報の「組織的隠蔽」は、2016年7月、現地PKO自衛隊
員に「死の恐怖」を与えた「戦闘発生」の実態をかくした。だが破綻し、撤退した（2017
　　　　　　　　　　　　　　　　　　　　　　　　　　　　　　　　　　　　　　　年5月）
(2) 加計と「首相案件」　　　（☆Ⅱ. NO. 1～2）「戦闘」をかくしたのは、だれだ。
　加計学園（加計孝太郎理事長）は、アベと加計が「腹心の友」であるが故
に、あるいはそれのみを理由として、「国家戦略特区」に指定され、愛媛県・国の
　　　　　　　　　　　　アベノミクスの柱
私学助成金（200数十億円）と今治市の土地（94億円）を取得し、開学した（2018,
　　　　　　　　　　　　　　　　　　　　　　　　　　　　　　　　　　　　　　4）
(3) 森友学園と「私と妻の関係」　　　（☆Ⅱ. NO. 3～4）だれが「首相案件」かくしているか。
　森友学園元理事長（籠池泰典）は、拘置所に昨年から8ヶ月間 妻とともに
（別々）憲法18条（奴隷的拘束）違反の「国策留置」されたまま。アベとアキエ
　　　　　　　　　　　　　　　　　　　　　　　　　　　　　下
の 教育勅語学校礼賛・応援の深い「関係」の元で、森友学園の校舎
建設と開学を目の前にするところまで進展したが、「決裁文書の不正によって頓
　　　　　　　　　　　　　　　　　　　　　　　　　　　　　　　　　さらに
挫した。大阪府の認可と国有地の8億円ねぎりの背景に、大阪維新、
鴻池、平沼、アソウ、日本会議、九鳥山（都）の勢力の動きがあった。
　　　　アベ
　近畿財務局の国有地売却の「決裁文書」が、その事情をすべて記した。
　そしてその事情のすべてを財務省が組織的に証拠を湮滅した。だれの指示だ。
(4) 労働裁量制（「働き方改革」）と「データ改竄」　　（資料 なし）
　労働裁量制（「働き方改革」）による労働強化をごまかすために、労働時間
　　　　　　　　　　　搾取
を捏造した。際限のない労働時間、労働基準法と憲法27条違反。競争と利潤
　　　　　　　　　　　　　　　　　　　　　　　　　　　　　　　　だれの命令だ。
これらはいずれも、アベの政治と政策のもとで必然的に発生した国家の不正、
構造的犯罪※　アベによる権力の私物化。帝国主義・資本の論理。そして、これを規制する力
3. 国家とは何か ── それは、国民を主権者とし、国民（人民）に奉仕するものである。
〈政治道徳の法則〉　　── 6 ──　（2018. 4. 18（木）PM 9:45）以上

９．

転換期の世界をどう捉えるか──「平和憲法革命」の意義（報告：栗田）（2018・4・20）
　　（キーワード：「冷戦後」後、「新しい国際社会」、「平和憲法革命暦４年」？...）

◎1990年代以降の世界（＝「冷戦後」の世界）
＝「新自由主義」＋「対テロ戦争」（米主導の戦争）体制（cf.「イラク戦争」の重要性）
　（cf.「集団的帝国主義」、「再植民地化」）

◎世界の民衆の異議申し立ての開始（←貧困、「格差」、戦争）
⇔　だがそれを封じ込めようとする動きも激化（反革命の形態、異様な段階に達する）
　2011年中東革命　⇔「ＩＳ」、「シリア危機」...
　震災・核災害後の日本の市民のめざめ　⇔　安倍政権の成立
　「オキュパイ」（ウォール街を占拠せよ）運動　⇔　トランプ政権登場

◎姿を現わし始めた「新しい国際社会」と「冷戦後」後の世界
　「核兵器禁止条約」採択（2017年7月）
　国連総会「エルサレム＝イスラエルの首都」宣言無効決議（2017年12月）...
　北東アジア危機（朝鮮半島情勢）の平和的解決の可能性浮上（←韓国の民主化運動）

◎「平和憲法革命」革命暦4年目（？）の日本
　「秘密保護法」（2013）→「集団的自衛権」行使容認閣議決定（2014）
　→「安保法制」（2015）→　憲法改悪の試み始動（現在という一連の動きに抗して、
　かつてない規模の市民の運動が持続的に発展（＝「平和憲法革命」）
　⇔　「新自由主義」＋「戦争」路線を基調とする安倍政権を特徴づける
　「秘密」、「私」物化、「脱法性」・恣意性、人権無視、の要素に敏感に反応する形で
　運動が柔軟かつ多様に（かつ基本的方向性は決して見失わずに）展開していく
　（＝南スーダン自衛隊「日報」問題、「森友学園」、「加計学園」、文書改竄、
　イラク「日報」、セクハラ問題、etc.）cf.「閣議決定」方式を検証するという着眼
　→安保法制、さらにはイラク戦争への日本参加自体を再検証・批判する視座を国民に

◎楽観できない要素＝着々と進む米日の軍事的一体化
　「安保法制」下での「切れ目のない」軍事協力の現実化
　自衛隊＝アメリカ直結体制の始動
　→　沖縄辺野古基地建設強行、オスプレイ横田基地配備
　　　自衛官の議員への暴言問題
　「クーデタ」前夜的状況　（憲法9条「自衛隊明記」問題）
　どう防ぐか、国民の運動をどう発展させていくか；世界の民衆との協力

〈参考〉＊『世界』3月号　座談会「朝鮮・新たな危機」（2018年　3月）
　　　　＊『週刊金曜日』2018/3/23号「イラク戦争から15年」

10.

東 京 新 聞　　　　　　　2021年（令和3年）6月11日（金曜日）　　川崎

「憲法堂々」の会報

高津の長坂伝八さん

コロナ対策

「戦前型の反憲法思考だ」

その政策は憲法に沿ったものなのか——。川崎市高津区に住む元法政二高社会科教諭の長坂伝八さん（七七）は昨年六月から、現代政治と憲法を考える「一人会」を続けている。緊急事態を理由に人権を軽んじる動きも進むコロナ下で、「憲法で日本を守りたい」との思いを新たにしている。

（山本哲正）

書斎で論考をまとめる長坂伝八さん＝高津区で

あす1周年「一人会」

一人会の名前は「憲法武蔵懇話会・憲法堂々」。正々堂々と「憲法どおりの日本をつくる」ことを願い名乗る。

政府のコロナ対策や日本学術会議会員の任命拒否問題などを護憲の視点から論考。できあがった提言を会報にまとめ、学生時代の友人や考え方に共鳴した著名人ら約四十人にファクスや郵送で送っている。

一人会ではあるが、顧問に学生時代の友人の馬渕貞利・東京学芸大名誉教授（東洋史）を、アドバイザーに栗田禎子・千葉大教授（中東現代史）を迎え、会報に助言を得ている。手書きで清書し、これまでに四号を発行してきた。コロナのため「1周年集会」として今月十二日から、同じく文書を送信する。

長年、教壇で憲法の意義を説いてきた長坂さんは、歴史研究者としても半世紀にわたり現代政治をウオッチし、学会誌などに書評、論文も発表してきた。二〇一七年には、集団的自衛権の行使を容認し安全保障法制につなげた一四年七月の

最高裁棄却）。

専門家以外の人々にもっと憲法について知ってもらいたいと始めたのが、一人会だった。安保法制をめぐり「九条は破壊された」とする言説への違和感もあったという。「戦争法は憲法違反。憲法擁護義務のある権力が権力を強める改憲に前のめりなのも憲法違反。明確に指摘したい」

この一年、会報で届けた法違反。明確に指摘したい」

この一年、会報で届けた閣議決定を違憲とする訴訟も起こしている（一八年に

批判は安保法制に限らない」と語気を強めた。

い」

この一年、会報で届けた日本が進む道はこれしかないと語気を強めた。

権力者が戦争を始めることを防ぎ、権力の暴走から国民を守る憲法の重要性は増していると感じる長坂さん。「森友・加計問題や桜を見る会など前首相をめぐる疑惑は解明されず、自衛隊に敵基地攻撃能力を持たせる憲法違反の動きもあからさまになり、コロナ禍では命が軽視された。国家、政治の使命は命を守ること、正義を果たすこと、平和を守ることだと再認識した。堂々と憲法を生かす。

い。経済優先のコロナ政策を見る目も厳しい。

昨年七月の会報では、全国民のPCR検査を実施しなかった政府を「子どもから大人まで『感染している』『人に感染させるのでは』と恐怖と不安にさらされ続けた」と批判。

その政府は東京五輪・パラリンピックを開催するためのコロナ対策として、選手や観客へのPCR検査を行うという。長坂さんは「対策と位置付けていないから国民にはしなかった。国民を自己情報すら知り得ない暗闇状況に置き、一方で『お上の言うことを聞け』と行動を制限する体質、戦前型の反憲法思考だ」と憤る。

「東京新聞」川崎支局　山本哲正記者に感謝します（本、p.243 も同様）
（2022.10.30（日）PM.4：17 記）

第3章　憲法堂々テーゼ10—憲法論の再構築

憲法どおりの日本をつくる

憲法堂々テーゼ10

（付）現状分析・批判とその解決（第1次案）

2021年1月　日（　）　憲法武蔵懇話会・憲法堂々（提案文責　長坂伝八＝主宰）

2021.1.21（木）記，1.27（水）補

目　次

Ⅰ　はじめに　コロナ問題を考える（「6.12」と）............................ p.i〜vi

Ⅱ　憲法堂々テーゼ10　（付）現状分析・批判とその解決 .... p.1〜4

Ⅰ　はじめに

1. 私たちは、昨年標記の憲法武蔵懇話会・憲法堂々を発足させることができました。感謝します。本年その1周年記念集会(2021.6.12（土）。発足は、2020.6.13（土））を開催します。同集会は、次の内容で行います。

　　名称　憲法武蔵懇話会・憲法堂々発足1周年記念集会※

　　とき　2021年6月12日（土）午後1時半〜4時

　　ところ　武蔵新城クロスロード山口（定員15人）

　　内容　あいさつ　本会顧問　馬渕貞利東京学芸大名誉教授

　　　　　　　　　　畑谷嘉宏弁護士

　　　　記念講演　本会アドバイザー　栗田禎子千葉大学教授

　　　　演題「人類史と平和憲法」（仮）

　　　　報告　主宰　長坂伝八（提案ふくむ）

　　　　討論とまとめ、役員・体制の確認、など

　　とりくみ　コロナ情勢を鑑み、参加者は5〜8人に限定し、みなさんからのオンライン方式で行います。今から、ご希望の方のメール・アドレスを長坂まで、お寄せ下さい。変則的ですが、よろしくご了解のほどおねがいいたします。他に使用しません。

　上記集会で、本「憲法堂々テーゼ10（以下略）」を提案し、ご討議いただき、承認をいただきます。それに向けて本「第一次案」をみなさまに提案します。当会としては、

3月25日（木）研究会でこれを検討し、「6.12」集会への提案を確認します。ぜひ、ご意見をおよせ下さい。みなさまへのご連絡は、ファクスとします。今まで以上に力強いご協力をおねがいする次第です。

　憲法どおりの日本をつくる運動のための国民討論、国民運動をねがっております。

　〇本会の体制　　　　みなさまに感謝します。

　　顧問　馬渕貞利東京学芸大学名誉教授

　　アドバイザー　栗田禎子千葉大学教授

　　研究員　山本太三雄さん（3.25で確認）

　　主宰　長坂伝八

※なお当集会はコロナのため文書形式に変更しました（2023年5月8日（月）記）

　2. コロナ問題を考える〜全国民PCR検査を〜

（1）今日、コロナ問題は最大の課題です。一昨年（2019年）末武漢に発生した新型コロナ（COV19）は、専門家の予想さえもこえて、今世界全体をおおい、なお拡大しています。2021年1月20日（水）現在感染者；世界9621万8601人，日本34万6946人、死者；世界205万8534人，日本4792人が伝えられています（「東京」1/21（木）3面）。

　各国は懸命な対応をしていますが、我が日本はどうでしょうか。今、国会（204通常国会（1/18（月））が開かれています。

　私たちは、昨年の1月以来この問題におどろき、「憲法堂々第一号」2020.6.20（土）、「同第二号」7.5（日）などで、みなさんとともに考えてきました。以下少しく、討論の材料を出します。

　コロナ問題は、気候危機（今も異常寒波です）と並ぶ地球史上、人類史上の危機です。これは、科学と政治と権利の問題であり、その解決には、構造論と戦略論が必要です。命は、国家と政治の使命です。いかなる体制も、思想・信条も、そこから自由ではありません。国家と政治はひとり、政府や与党が運営するのでなく、その瞬間瞬間は、野党も、すべての政党、政治家も、そして私たち主権者も、これに主体的に参加し、緊張関係をつくり出します。

　今日、憲法体制のもとで、前進的市民社会が各方面で、目を見はる動きを見せ、無能・無力なスガ内閣に喝を入れ、危機管理に体あたりしています。このとき、マスメディアは公器としての責務を敏速・公正・正確に果たさなければなりません。現場記者の奮闘を抑えてはなりません。よい番組は応援し、わるいものは批判しましょう。

　今、私たちの目の前で、政府の無策・無方針・場あたりにより、日々、多くの人々が、PCRも受けられず、病院にもいけず、尊い命が奪われています（感染者で自宅療養3万5394人＝1/27、ホテルや宿泊所療養者含全体、6万3300余人＝同）。※「（自宅で死んでいくことなのか、に）そうなるかも知れない」と答えた役人（神奈川県医療危機

対策統括官・阿南英明）まで出ています。※一体何を考えているのか。あらゆる方法で大規模に療養施設をさがすことこそ行政の仕事です。こんなことは、１年も前から問題になっていました。入院もできない現実を見ず「入院拒否に罰則」など、何をかいわんや、です（1/19（火）「東京」１面）。　　　　　　　　※いずれも、「東京」1/20（水）18面

　今、国会（第204通常国会）で、コロナ問題が最大の課題となっています。オリンピックを中止し、選手村やアリーナを緊急に活用することやプレハブ病棟や自衛隊の活用も考えるべきです。

　国民（私たち）の命の問題をただちに解決しなければなりません。

　　（注）前ページの右下の数字は、1/27（水）「羽鳥モーニングショウ」と参院予算
　　　　　委員会。

（２）私たちは、国民の権利として、全国民PCR検査の無料（税金）・即刻実施を国民運動で実現することを主張してきました。

　世界の先例（武漢、ニューヨーク、韓国、ドイツなど）にならい、日本でも世田谷区を先頭に北九州市、長崎県、広島県（市）、印西市など、一日一日、PCRのとりくみが広がっています。（他に松戸市）

　私たちが、全国民PCRを要求（主張）している理由は、以下の３つです。

　第１の理由は、私たちの知る権利と命を守る権利です。私たちはこの１年「自分はコロナにかかっているのではないか」「人にうつすのではないか」という恐怖と不安に、子どもから大人まで、さらされつづけています。科学の発達した今日、そんな不合理なことはありません。世界で日本だけです。なぜなのかも、政府は明きらかにしていません。

　テレビは、朝から晩まで、「コロナにかかるとこんなにひどい症状になります」とあおっています。

　そのストレスは甚大です。PCRの検査をすれば、ただちに解決できます。政府は、私たちの安心に奉仕すべきです。これ以上、一日としてがまんできません。

　なぜ、それができないのか。「日本のコロナ対策の闇だ」とまでいわれています（米シカゴ大学名誉教授　中村祐輔、2020年４月）。上昌広医療ガバナンス研究所理事長は、日本の戦前からの体質を指摘しつづけています。野党や研究者はその解明をすべきです。（「東京」4.19（日）。「羽鳥」、「1930」）

　政府は、「偽陽（陰）性が出る」、「陰性でもコロナにかかる」「やる方針だが目づまりがある」などとして、この１年PCRの封じこめをしてきました。玉川徹（テレビ朝日、「羽鳥モーニングショウ」）が追求しつづけています。

　思うに、政府は、国民に「知らせない」方針と体質をもっています。命の問題への誠

iii

実な態度ではありません。国民の知る権利に応じることでコロナ問題のヘゲモニーが国民（主権者）に移ることを恐れています。政府（すべての公務員）は「全体の奉仕者」である（憲法15条）ことを自覚できず、憲法ができて1世紀近く（75年）も経つのに、その思想と体質は「お上」意識です。国民は主権者でなく、「お上」の命令にしたがう「臣民」です。

すべての根源は、この戦前型の反憲法思考にあります。それが戦争法から、森友、カケ、桜、黒川そして近くは学術会議まですべてにわたって出ています。

私たちは「恐怖」からの解放、「安全と生存」を求め（憲法前文）、「生命、自由および幸福追求」（同13条）そして「生存権」（同25条）を断固として要求します。

これに応えることができない為政者は、私たち納税者に税金を返し、自らその席を退け。スガ首相は、私たちの知る権利と命を守る権利を保障し、安心に奉仕するため、PCR検査を実施せよ。この苛烈な緊張を解き、自由にせよ。PCR予算をふやせ。

私たちは今、子どもにも、孫にも、友人にも会えず、映画もみられず、予定した旅行はおろか、外出もできません。こんなことでいいのか。すべては、昨年1月初動以来の政府の誤りによるものです。生活の自由が奪われ、1年にわたって"自宅軟禁状態"です。政府はそのはじめからただちにPCRを大がかりにやるべきでした。タクシーの運転手も、「PCRをやってほしい」といいます。

第2の理由は、全国民PCR検査がコロナ問題を構造的戦略的かつ科学的に解決する中心環だからです。

コロナ感染の初動で、発見（PCR）・隔離・公開の韓国、早期発見・早期治療のドイツ、「いつでもどこでも何度でも無料でPCR」のニューヨーク市。そして当初の失敗で5000人余の死者を出し、ロックダウンをしたが、その後（6月）の全市990万人のPCR検査で感染者（陽性者？）わずか300人におさえた奇跡の武漢（後述）などなどは、このPCRに、戦略的科学的に国家の総力をあげ、危機管理に成功しました。市民は、「コロナはこわいけど、私たちはみんなPCRをやったから安心だ」「政府を信用している」と言っています。WHOは「検査、検査、そして検査」と世界に訴えました。

日本は、これらに学ばず、ただひたすらPCRを拒否しつづけました。

昨年（2020年）2月のクルーズ船（ダイヤモンド・プリンセス号）乗客乗員3700人全員のPCR検査をせよ（玉川徹・岡田晴恵ら、テレビ朝日「羽鳥モーニングショウ＝前出）の連日の声を無視し、千葉のホテルや自衛隊病院への見事な感染者収容・療養は成功しましたが、全員へのPCR検査をやらないまま、帰宅しました。ここからまちがっていました。3〜4月は「クラスター対策」が一定の効果をあげたものの、「発見（PCR）と保護（隔離）・治療」の論理がないのです。ここで全国民PCR検査をやっていれば（当時はニューヨーク市長クオモが実施）、コロナ感染が特定された人（上記

PCRで）以外の大半の国民は自由に仕事や学業、営業、催物、遠近の往来ができたのです。今、葬式もできません（身近でありました）。初期の決定的誤りの構図と論理が、そのまま拡大再生産されました（同２月は感染者17人、死亡者０人です＝2.3（月）「赤旗」）2.1現在WHOから

2020年１月〜国会での追求（桜、黒川）に追われ、コロナに全く無関心、無力であったアベ首相は突如、「全国学校一斉休校」を出し（2-3月）、「緊急事態宣言」を出し（４月〜５月）、小池都知事がロックダウンをちらつかせて「ステイホーム」や「アラート」で、選挙を意識したはでな立ちまわりをし、人命や感染をこともあろうに「何名」「何名」と言葉を投げつけ、左右をにらみつけて「もっと気をつけて下さい」をくり返し、そのはじめから（それまでは何もやらずに）、納税者・主権者の国民・都民に恐怖心を植えつけ、「自粛」「自衛」「自己責任」にしばりつけ、己れの無能・無策を隠蔽し、責任転嫁の政治的詐術をとり、コロナ解決の表面的対策でごまかし全国民（都民・県民）PCR検査を回避して、あたかもコロナ対策をしているかの擬装で、国民（都民・県民）操作をしました。典型的なショック・ドクトリン（近年の政治学の概念。ショック＝衝撃を与えて操作する政治技術）です。多くの野党も、マスメディアもコロナ解決の方策、戦略が科学的に示せず、これへの批判ができませんでした。大きな立ちおくれです。一部の勇気ある発言（前出など）は、日本を守りました。

コロナの第一波（４〜５月）から、二波（７月）の間に何もやらず逆にまちがった「GOTO」（旅行と飲食）を強行し、コロナを全国に撒きちらし（12月末まで！）、現在の状況をつくりました。事態の急進展にあわてて２度目の「緊急事態宣言」（2021.1.7（木））を出しましたが、おびただしいコロナ倒産・休業・解雇・失業・減収・病気による生活苦へ補償は全く不十分です。自殺者があとをたちません。その根底に資本の論理と人命軽視があります。今国会で大問題になっています。アベ─スガ内閣の責任重大です。医療関係者への大規模な補償も必要です。医療体制のありがたさを身をもって知りました。

第３の理由は、コロナ自身の自己生存（保存）の運動法則です。

私たちは、このことが立論できるかを模索し、一定の理論（仮説）をくみたてることができました。それは、

「コロナは、自己生存（保存）のためにうすく、広く、安全に（コロナにも、宿主（人）にも）、無限大に、永遠に広がる運動をする」

というものです。その根拠は、主に次のものです。

①新型コロナの元のウイルスは地球上（46億年の歴史のうち）生命体とともに40億年前に発生し、人間の免疫・抗体細胞は「食細胞」として、大口でパクリとウイルス（新型コロナ）を食う（NHKスペシャル「人体VSウイルス」山中伸哉・タモリ、

7／4（土）、2020年）

②永田和宏理論　新型コロナウイルスは、絶えず宿主＝人を代えて移動しないと消滅する（2020.6.28（日）赤旗1,3面）

③渋谷健司WHO上級顧問―「全国民にPCR検査せよ」（2020.5.7（木）テレビ朝日「羽鳥モーニングショウ」）

④小田垣孝・九州大学名誉教授―「PCR検査を4倍にすれば自粛は不要」（同上5.8（金））

⑤本庶佑・京大名誉教授―「コロナをさがせ。1000億円で1000万人のPCR検査を」6.29（月）BSTBS「1930」

⑥武漢の奇跡―990万人の一斉PCR検査で陽性者300人、うち300人全員無症状（6月「羽鳥」）

　武漢の奇跡⑥（その後も、青島、大連、今荘家村）は、人間の食細胞①を恐れたコロナが、人間に分からないように忍者のごとく移動②を、一拠に展開した結果起きた現象である。

　ゆえに上記コロナ自己生存（保存）の運動法則は、全国一斉かつ集中的にPCR検査を実施することによって現実となる。方法は、センター、プール、コンテナトレーラーなど。

　したがって、日本政府は最高度の危機管理として、全国民PCR検査（上述）を実施する。以上です。

Ⅱ．現状分析・批判とその解決（限定的に）を付す（第一次案）

2021年1月　憲法武蔵懇話会・憲法堂々（文責　長坂伝八）

2021.1.24（日）記、1.29（金）訂正

　私たちは、憲法どおりの日本をつくることを願い、以下に「憲法堂々テーゼ10―憲法論の再構築　現状分析・批判とその解決（限定的に）を付す」（表題）を提案するものです（第一次案）。

　みなさまの活発なご討議とご教示を望みます。

1．日本の現行平和憲法は、戦前帝国憲法下の日本の歴史の総括と戦後日本の再出発として成立した（8.15革命）。近現代史の達成である。

　それは、日本が犯した過ちの全面否定と反省を含んでいる。私たちは、2000万人の犠

1

牲者（日本を含む）を出した日本帝国主義・軍国主義による侵略戦争・植民地支配・弾圧・虐殺・略奪・暴力・陵辱・軍事占領（アジア）、および世界戦争（第二次）への軍事挑発（1931年満州事変−1937年日中戦争）とアジア・太平洋戦争の無制限の継続、そしてその結果としての広島・長崎原爆投下、沖縄戦、全土空襲などの痛苦の歴史的真実を厳しく認識している。

　憲法は、そのことを世界に表明することによって、戦後日本の平和・民主国家の再建を誓った。

　8.15は、人類史上戦争否定の起点である。日本国憲法は、国連憲章とともにその先陣を担った。戦後の冷戦をはじめとするすべての戦争は、その到達点を自覚しない誤りである。アベ−スガはどうか。

　このたびの核兵器禁止条約の発効（2021年1月22日）は、世界が人類史と地球に対して、「核も戦争もない」世界の実現を決意した。

　2．憲法は、日本国の「理想と目的」を示し、私たち主権者国民は、その達成を誓った（前文）。国家・政府には、これを実行し尊重・擁護する義務を課した（99条）。

　国民には、憲法の制定（権）者としての主権者が「不断の努力」で、そのすべてにわたる実現を政府に求め、これに反する動きには批判・制肘し、場合によっては政府を交代（革命）する権限を与えている（12条）。

　政権交代は、自由民権運動 植木枝盛 人民の革命権の理論（日本国国憲案）に淵源をもち、ここに系譜する。

　今日の日本の現状は、その全面適用を必要としている。

　3．憲法は、国民主権・平和主義・基本的人権主義（そして国家主権・地方自治）の原理（原則）を提示し、「恐怖と欠乏」から「免」れ、「政治道徳の法則」に「従う」ことを宣言した。国家・政治の使命は、命・正義・平和である。

　今日の日本政府のコロナ対策は、根本的な有効性をもたず、PCR検査を放棄して、子どもから大人にまで不安と恐怖を与え続け、憲法に違反している（前述）。森友・カケ・桜・黒川・河合の一連の諸事件は、「政治道徳の法則」（前文）に真っ向から反している。アベ−スガは一切の責任を取るべきである。

　4．憲法は、上記3の「人類普遍の原理」（憲法の原理）に反する「一切の憲法、法令および詔勅」を「排除」することを宣した（前文）。

　憲法制定時に、修正が加えられ「憲法」が追加され、「廃止」が「排除」に変更され、これが議会で承認された（1946年10月）。憲法尊重への並々ならぬ決意が、1世紀近くを経てなおひしひしと伝わる。

　現行憲法は、その崇高な理念に反する「新憲法」を許さず、この動きを「排除」している。この当初からの憲法の戦闘的精神が、意外に注目されていない。憲法は、このことと憲法の尊重・擁護義務（99条、前述）を一対、一体のものとして、後世の私たちに命じている。吾を守れ、と。

　憲法の尊厳である。

　旧帝国憲法（天皇主権・臣民・戦争肯定）を否定・廃止して生まれた（現行）新憲法は、国会内外のたたかいを経て国民主権を明記した。日本史上における大転換（8.15革命＝前述）である。

　国民主権をふくむ憲法の原理・原則（前述）に敵意をもった「改憲」の動きに対して、憲法は毅然と「排除」を宣言している。ときの首相（内閣）は、「改憲」を呼びかけて、憲法違反や憲法テロの犯罪を犯すのではなく、憲法尊重・擁護義務から逃げ、放棄するのではなく、これを誠実に実行すべきだ。これが憲法である。

　5．9条の理念は、否戦である（非戦ではない）。

　憲法は、戦争と武力による威嚇または武力の行使を永久に放棄した。これが主文である。その「裏付け」として、「陸海空軍その他の戦力」を「保持」せず、「国の交戦権」を「認めない」と定めた。

　自衛隊の海外出動や「集団的自衛権」は、9条違反であり、その決定を強行した「7.1閣議決定」（2014年）と戦争法（安全保障法）（2015年9月）は、憲法違反の憲法への反革命クーデターとして「排除」され、退けられる。無効である（98条）。

　「敵基地攻撃論」は、9条違反である（武力による威嚇行為）。辺野古新基地も、同様に9条違反だ。日米安保条約（1951年）と自衛隊（1954年）は、9条違反である（1959年伊達判決＝東京地裁と1973年福島判決＝札幌地裁）。

　6．政府は、法律を遵守して「誠実に執行する」ことが義務づけられている（73条）。

　憲法に反する「法律、命令、詔勅および国務に関するその他の行為」の「全部または一部」は、「その効力を有しない」。つまり、無効である（98条）。

　スガ首相の9.28決裁（スガクーデター）で、学術会議の会員候補の推薦を拒否したことは、学術会議法7条2項に反し、上記73条違反である。ゆえに9.28決済は、無効である。105人の会員を任命せず、99人のみの任命をし、6人の研究者を排除したことは、任命権の放棄です。

　7．国民の生存権（25条）は、社会と人間存立の根幹であり、

　労働する権利（27条）、教育を受ける権利（26条）、生命と自由の保障（31条）、思想・良心の自由（19条）、学問の自由（23条）、集会・結社・言論・出版・表現の自由（21

条）、そして財産権（29条）、裁判を受ける権利（32条）、

　などは、国民生活の基本である。すべて守り、増進、向上しなければならない。

　国民の「生命、自由および幸福追求」（12条）などの「基本的人権」は「人類の多年にわた」る「努力の成果」であって、これらは「現在および将来の国民」に対して「侵すことのできない永久の権利」である（97条）。

　国民は、「不断の努力」でこれを守らなければならない（12条）。（以上、11条も含む）

　8. 憲法は、69条において内閣不信任決議以外の国会解散を認めていない。

　アベ内閣の2度にわたる国会解散・総選挙（2014年12月、2017年12月）は、いずれも69条違反であり、無効である。

　違憲を重ねたアベ内閣は、総退陣した（2020.8.28革命）。国民の「7.1」への抗議デモと世論がその背景にあった。（「8.28革命」の規定は、討論継続）

　9. すべて公務員は、「全体の奉仕者」であって「一部の奉仕者」ではない（15条）。

　政府は、「お上」ではなく国民への奉仕者であることを片時も忘れてはならず、アベースガの一連の政治行為が、著しく「一部」に奉仕し、利権化して構造的に腐敗・不正を重ねている（森友、カケ、桜、黒川、など）ことは、15条と前文（「政治道徳の法則」、前出）に違反する。

　ただちに、是正されなければならない。

　10. 憲法は、「自国の主権」、「他国との対等関係」、「他国を無視してはならない」と命じている（前文）。

　日本は、戦前の歴史の痛切な反省を自らに課し、そのまじめな作業（世界で今、行われている）を行い（前述、1）、隣国韓国・北朝鮮・中国・台湾などとの友好・親善をすすめ（敵視でなく）、アメリカとの従属的な軍事同盟からの脱却を果たし、主権国家、独立・中立国家として、東アジア平和共同体構築に貢献しなければならない。

　トランプ（2017年1月）、バイデン（2021年1月）が大統領就任演説で憲法を守ることを誓ったように、スガ首相は9条宣言と憲法守る宣誓をせよ。　　　　　　　　以上。

第Ⅲ部
あとがき

目　次

第1章　元旦と「朝生」・コロナ ………………………………… 273

第2章　故郷・三河 ……………………………………………… 274

第3章　果敢 ……………………………………………………… 279

第4章　「国権論か、民権論か」 ………………………………… 281

第5章　「自分を貫く」（高倉健） ……………………………… 283

第6章　本書にとりくんで、考えたこと ……………………… 284

最終章　時代精神としての絶対平和（再） …………………… 286

2022.1.1 元旦（土）快晴
午前9時18分

　新年あけまして、おめでとうございます。

　2022年をむかえました。

　本年出版します。いよいよ、「あとがき」までたどりつきました。元旦の朝とともに大いなるよろこびです。みなさまに感謝します。どういう文章になるか。いつも筆の一文字先がどうなるか、分かりません。はじめます。

第1章　元旦と「朝生」・コロナ

　本日未明、かれこれ35年つづくテレビ朝日　田原総一朗司会「朝まで生テレビ！～元旦SP～」をみました。ずっとみています。「ポストコロナをどうする」のテーマでした。

　上昌広医療ガバナンス研究所理事長の発言です。

　「PCRを欧米各国がどこもやっているのに、日本はやってない。なぜか。コロナ対策で日本は、戦前の内務省がつくった感染症法と陸軍省がつくった伝染病予防法でやっているからだ。コロナ対策の基本は、発見・隔離・治療だ。「隔離」されるのは権利だ。対策が、国家が国民を統制していて、患者中心、国民主体になっていない。明治以来の日本のやり方だ。

　37.5℃以上の熱が4日以上つづかないとPCRをやらない、というのは憲法違反だ」

　つづけて三浦瑠麗が

　「出産で治療を受けられず自宅で死産したコロナ感染の若い母親の衝撃的な事件があった。見殺しにされている」（以上、元旦午前3時10分～3時55分）

　コロナ問題は、本書でも中心問題として扱っています。コロナ解決は人類と国民の命の問題です。筆者は、その初動2020年1～2月から、注視し、研究、模索し、その解決の道を日々考え、結論を出し、「長坂理論」（仮説）に到り、各方面に主張してきました。この問題をさけて、一切の政治は成り立ちません。上記上昌広は当初から、一貫した論陣をはっており、敬意を表してきました。氏の理論を基軸にして、コロナ問題が解明されるべきです。

　日本はなぜ、PCRを抑え、妨害してきたのか。

　本書の各所で考察を加えました。ご高覧下さい。

第2章　故郷・三河

ヘーゲルは言いました。

「時代に立ち向かい

　　時代を洞察し

　　時代に告げよ」

と。このことを、いつも考えています。

　ゲーテは『ファウスト』に60年間をかけて完成し、「自己の最高存在に向かってひたすら努力せよ」といいました。

　生徒（法政二高1年生担任クラス）に「今週の言葉」を黒板に書きました（毎週書きかえる）。

　一人の生徒が、「先生、"最高存在"って社長になれっていうことですか」と質問してきたのにはおどろきました。

　法政二高の卒業式で（3年生担任）、「朝（あした）に道を聞かば、夕（ゆうべ）に死すとも可なり」。孔子の言葉を贈りました（映像＝録画）。

　「どういう意味かは教えない。自分で考えて下さい。」会場にドッと笑いがおきた。

　別の年。3年生担任の卒業式。教室が生徒全員とその両親（ほとんど）で埋まった。ある生徒が言った。「先生は、革命をやるために教師になったんですよね」。びっくりした。「えっ、う、うん、ﾏｧそうだな」。教室が、笑いではじけた。二高祭（文化祭）で、私の担任クラスはあるときから、毎年劇を発表した。戦争、学園生活、冒険ものをテーマにして、すばらしい作品に仕上げ、高校生の可能性に挑んだ（高1, 2, 3）。教育の現場は、生徒との格闘だった。生徒とは妥協しなかった。真理の探究を語りつづけた。学問と教育を考えた（末尾、拙著一覧参照）。

　法政二高で41年間教壇に立ちました。高校3年生の日本史の教師になろう、何が何でも、と決めたのは、大学時代後半でした。高校時代は愛知県は三河、豊川市千両（ちぎり）町酒屋貝津に眠る400年の墓（江戸、寛文年間＝1660－1670年代以来が判読できた）の長坂家は、祖父の代までまわりの山林の多くを所有する村の有力者であったが、祖父の代で財産が半分になり、戦争（中国南部か）に徴兵された父八郎のときに、すっかりなくなった、そうです。父は、東京に出て電気工事の職人の技術を身につけ、故郷三河に帰り、母まきと結婚しました。父と母は2度目に会ったときが結婚式だったと聞きます。父は電気工事で電信柱（木）をまちのあちこちにたて、年中遠くへ出張し飯場のくらしで週に1度帰ってきました。福井や飛騨高山の話をききました。父は、いろんな事

業に手を出し、失敗し、残った山林が売却され、千両から豊川稲荷前、牛久保と移転し、移るたびに家が小さくなり、父母と5人の兄弟姉妹がひしめき合ってくらしました。小学校低学年まではオヤジの羽振りがよく「金持ち」が自慢でしたが、しだいに音をたててくずれ、その日食べる米がない日もありました。兄、秀佳がそのころの長坂家の貧しいくらしを「ものをいう犬」と題して脚本にし、NHKコンクールで入賞し、のちにテレビ放映しました。大学時代寮で後輩とテレビを見て、涙が止まりませんでした。

　父は「正しく生きよ」、「らしく生きよ」、「慢心するな」と礼儀作法を教えました。カウボーイのような職人靴のうしろに鉄をつけて、電柱をガッガッと手と足で登っていく姿をみて、カッコいいなァと思いました。人にだまされて失敗したそうで、「伝八、父ちゃんは悔しいぞ」と酒を呑み号泣したことがありました。また1週間の出張に出かけるのを自転車で近くの名鉄諏訪駅まで送ったあと、授業中に窓の外をみて「父ちゃん、かわいそうだな」。中学1年入学間もないころでした。兄（上記）が、就職が決まった日、父が一杯やって上機嫌で帰ってきました。「泣くな妹よ」や「徐州々々と人馬は進む」をよくうたいました。みんなが食事中でした（兄を除いて、母子5人で）。「秀佳のめでたい日に水団（すいとん）とは何だ」と言うや否や、テーブルごと全部ひっくり返し、水団は部屋中に飛びちりました。母は何にも言わず、だまって水団を一つずつひろってかたづけていました。最近、このときの光景をよく思い出します。米を買う金がなく、ときどきうどん粉を丸めた水団の汁が夕食代わりでした。

　母は、飯田線の奥、長篠の合戦の古戦場を過ぎた湯谷が在所。8人兄弟の長女でした。大原家の母の弟2人までが戦争にとられ、下の弟時雄は南方で戦死し、その下の弟房雄は戦艦大和の乗組員となり、無事帰郷した直後に仲間とのったトラックが電車と衝突し、即死したそうです。その直後に母から3番目の子ども、伝八（次男）が生まれ、房雄の生まれ代わりだ、といわれました。母はよく、2人とも優秀で美男子で、かわいい弟だったよ、と語りました。

　父八郎は「南支」へ駆り出され、あちこち転戦し、右足をもぎとられた従弟を背負って行軍したこと、八路軍と戦い、相手は強かった、お前の伝八の「八」は八路軍からとったこと、銃剣で人を突いたときの様子を酒を飲んで毎晩かたりました。高校2年の広島修学旅行で原爆資料館をみたとき、猛烈な反発を抱き、父の話の意味がやっと分かったのが、大学に入ってからでした。よくききたいと思ったときには、父は急逝し、不可能でした。今も、聞きたいです。母は和服とかっぽう着のよく似合う、父自慢の妻で、自分が食べずにがまんして、「あんた食べりんよ」と子にすすめる、典型的な日本の女性でした。故郷にもどって教師になることを次男に求めていたと思います。貧しさがつづき山のような内職をしながらため息をついていました。今思うと頼りにしていた2人の弟が生きていたらなァ、と考えていたかも知れません。

　母の実家（在所）は湯谷でした。3番目の弟（四男）文夫は、小学校教師で、大学時

代から見事な潜水を地域のなかまと行い、川を貸し切って鮎の「ひっかけ」をやる達人
で、深い渕にしかけたわなから鰻の漁もやりました。あこがれの勇姿にあやかりたく、
まねをして溺れました（小学2年）。いつもついて行きました。湯谷は山間の三輪川が流
れ、青い空と清流、渓谷が連なり、鳳来寺山のふもとの南設楽郡県定自然公園の一部で
した。有名な天然記念物、馬の背岩やつり橋、大滝、浮石があり、松本清張の舞台（小
説）にもなりました。どこまでも透きとおる水中を乱舞する鮎の姿を今日も毎日思い出
します。一日中朝から夕刻まで板敷川を長い長いすべり台のようにすべり、成長しては
青い渕を泳ぎました。「世界中で一番美しい」湯谷に孫6人を連れていこうと考えていま
すが、上流のダムであの川の様子が変わったことは、自然を破壊しつづける日本の一部
を眼のあたりにする思いです。

　父八郎、母まきの子どもは、兄・姉・伝八・妹（湯谷）・妹・弟の6人です。

（以上、2022.1.1. 元旦・正午 記）

補．2022.11.14（月）午後2時，11.17（木）午前

　新年が2日目をむかえました。

　除夜の鐘とともに、埼玉の三女とその息子（中1）から、先ほど北海道の次女から、
電話で新年のあいさつがありました。次女の牧場は-18℃（最低）と-5℃（最高）で寒
いといいます。北の果て。初日の出に初孫（大学1年）が行ったとか。日本で最初に昇
るまち、オホーツク海沿岸、野付半島。

　先ほど（1月2日（日）午後）NHK BSプレミアム「NHK プロジェクトX」（再放送）
で1970年代のはじめ、青函トンネルができたときにその工事で事故死をした4人の労働
者が青森の津軽海峡を臨む丘の慰霊碑にねむる話。日本のコンビニエンス・ストアのは
じまり、イトーヨーカドーがセブンイレブン第1号を銀座にたてるために、その本社ア
メリカ・セブン・イレブンから援助・指導をうけた話がありました。アメリカ資本の日
本上陸。

　青函トンネル開通で、最初の列車にのった4人の婦人が手に手に夫の遺影。青函トン
ネル－高度経済成長で労働者の命が犠牲になっている。妻の目に涙。それでいいのか。

　愛知県南設楽郡鳳来町豊岡、湯谷がその地名でした。今、合併で「新城市」に代わり
この愛知県県定自然公園の一角にある名前が消されました。故郷豊川市のとなりの宝
飯（ほい）郡は豊川市に合併され、「豊川市」になりました。万葉の響きをもつ歴史あ
る土地の名が、日本から次々に消滅しています。方言と土地の名前を大切に守るべきで
す。現代人は、過去を守る義務を負っています。親戚や友達から、そのことへの抗議の
声や運動は聞かれません。2015年2月、母の葬儀（行年96歳364日）で遺体焼却後の遺骨
を骨壺に半分しか入れず、その事務的な命と遺族への配慮の希薄さをみて、しばらくの

間怒りがおさまりませんでした。すべて地方の合併と行政の合理化で古来からの大切な風習すら軽視されています。九州や埼玉では今なお心をこめた葬送儀礼があることを見聞しています。事前の相談がなかったとはいえ、あのとき「お骨を全部骨つぼに入れて下さい。『半分』の話はきいていない」とすかさず意思表示すればよかった、と今も亡き母に申しわけなく思っています。全国的な市町村合併の動きにこうした実態があるとしたら、ゆゆしきことです。お骨はすべて粉にいたるまで骨壺に収め、天国に送るべきです。

　湯谷にもどります。母はここで育ち、やがて豊橋の金持ちの家に奉公に出たそうです。母の父である祖父晴吉は教師の経験もあったらしく厳格な人ですが、鮎の友釣りの名人でした。とれたての鮎を川原で塩焼きして食べた味は忘れません。冬ともなると祖父は仲間と1週間も山にこもり猪を猟銃で獲りました。ある日、その猪狩りに連れていってくれるというので小躍りしてまだ暗い未明の朝をいざ出陣！とばかりにワクワクしていたら、祖母はなが「伝八は、まだ子どもだでだめだぞん」の一言。一瞬にしてはじけました。祖父の猟になる猪のなべはこれまた最高の味でした。コタツをどかして転じたいろり、これで祖母やおばたちが総出で五平餅をつくります。デッカイ顔ほどのものでした。祖母は「伝八がきたでなァ」と大好物のぼたもちやしるこをつくってくれました。そのうれしいやら楽しいやら。休みがくるたびに通知票をもっていってみせるのがよろこびでした。「伝八はいい成績だねェ」とか「また体格がよくなったねェ」の言葉に得意満面でした。小学2年のとき、担任に慣れずに、一人人に知られないように泣いて別の畑道を帰りましたが、そのうち「すもうは一番、けんかは2番、勉強は3番」になり、ハーモニカで音楽会にも出ました。「伝八」の名前が死ぬほどいやでした。高学年では、学芸会で劇に出て、アラビアン・ナイトの「開けぇ、ゴマ」の盗賊の頭をやり（4年生）、ロビンフットでタッグ坊主をやりました（5年生）、のちに、それらの本をがむしゃらに読みます（後述）。

　祖父は、荷車をひっぱり、孫伝八をつれて、さらに山奥のてっペンにある炭焼き小屋に行きました。うっそうと茂る森林を清らかな沢沿いに登り切り、青い空が一面に広けたところにそれはありました。不思議な体験でした。終日、あの愛すべき「チャチャー」や「くるみ」（いずれも三輪川の各所の通称で、たくさんの名前があった）で遊んだ合い間に、裏山の冒険もやりました。川原にねそべって太陽に当たり肌を焼くのが一つの仕事でした。夏休みあけ、日焼け競争が待っています。「鉄砲水がくるから気をつけるんだぞ、ここが晴れておっても、上流で雨が降ると急に水がくるでな」と祖母。一分一秒気をぬかずに上流の山に挟まれた空の様子といざというときにどうやって難をのがれて川辺の山林に逃げこむかの研究です。

　母は8人兄弟姉妹の長女。おじ、おばというより年が近く、みんなかわいがってくれるので、長坂のおい、めいたちは上からおじちゃん、大きい兄ちゃん、大きい姉ちゃん（君子。戦時中従軍看護婦）、小さい兄ちゃん、小さい姉ちゃんと呼んで親しんだ。時雄と房雄（前述）はすでに靖国神社と仏壇に遺影でまつられていた。大きい兄ちゃん文夫は潜水（もぐり）で鮎のひっかけと鰻とりの名人（前述）、無類の酒好きで小学校の教師。よく牛久保（高見）町の3回目のひっこし先（前述）のせまい長坂家に遊びにきて、一升ビンを空にして、母のことを「姉さん」「姉さん」と言い、父とはすっかり気心が通じてよく泊まっていった。小さい兄ちゃん昭治は気っぷのいい人で就職したとき、「これがナイロンのワイシャツだぞ」ともめん以外の初めてのシャツをみせてくれた。小さい姉ちゃん貞子は若尾文子に似ていて、子ども心に憧れた。「伝八はまた体格がよくなったね」（前出）と行くたびに言われるのがうれしかった。家の柱や戸をいつもピカピカにしていた。湯谷一族に、長坂の息子・娘は育てられた。父八郎も湯谷が好きだった。

　湯谷大原家は年2回、蚕から繭をとって生計をたてていた。「お蚕さま」とよんでいた。部屋中が蚕になり、朝から晩まで桑の葉っぱを食べる蚕の「ザワザワ、ザワザワ」という、ひっきりなしの音を聞いて寝、聞きながら起きた。夏は暑く、冬は寒かった。夏の夜は涼しかった。

　あの川は（何度でも出てくる）生き物のように毎年流れを変え一つとして同じ形の場所はなく、あるところは淵、あるところは浅いプールのようなおだやかな遊び場、あるところは岩場の間をぬうように流れ、運んでくれる急流、あるいは飛びこむに良く、飛びこむに恐い崖、あるいはまるで自動すべり台さながらの何本もの水路つき急流の板敷川、水深10メートルもあろうかと思しき、つり橋の下、大滝の下流、深く青い人をひきこむ魔力、奇岩、天然記念物「馬の背岩」の上流、「浮き石」の淵、はるか上流の立岩。

　あれは何だろう。上流立岩（高さ10mか？）から下流馬の背岩まで千変万化の無限の水の流れ。すべてを水流にまかせて身を浮かべる。ざっと1km。途中飲み水になる、さらに清らかな沢が2本流れ込む。法政二高の教師になって、37歳まで泳いだ。娘3人を何度も連れていった。新婚の妻とどこよりも先に行った。今年、結婚52年になる。あれは何だろう。奥三河・南設楽郡、東西の山並みに挟まれ、深い渓谷をぬって南北に這うが如く行く美輪川、天竜川の支流。あの美しさ、麗しさ、いとしさ、なつかしさ、大地をけずる力強さ、ひきつける魅力、懐に抱かれるあたたかさ、日々、くる日もくる日も思い出してもまた今日も、明日も出てくる光景、それの体内を貫く清らかさ、子どもにすべてを与えた天の恵み。他のどこを探しても、ない。あの自由。

　今、妹が守る。──湯谷。大自然、地球の一部。

　湯谷で、2つの心残りがある。1つは、鮎のひっかけ名人になれなかったこと、2つは、

猪狩りの山ごもりに行けなかったこと。──あの、少年時代

　9歳（小3）のとき、アメリカがビキニ環礁で水爆実験をやった。「10年後には、地球が“死の灰”で掩われる」。湯谷のふとんの中で、ラジオが言った。「みんな、死んじゃうのか」。眠れなかった。小6のとき、「“死の灰”をきれいにする機械を発明する物理学者になる」と作文に書いた。小4のとき、モンゴルの古代遺跡を写真でみて、なぜか胸が踊った。「考古学者になろう」。

第3章　果敢

　少年時代、いつも友だちと外で走り回って遊んだ。全く興味をもたなかった書物に最初にふれたのは、アレクサンドリア・デュマ『三銃士』。本のおもしろさを知った。小学6年生。それから夢中になり、むさぼり読んだ。ヨーロッパ中世の騎士（ナイト）にひかれ、「岩窟王」、「鉄仮面」、「アーサー王物語」、「二都物語」、「ロビン・フッド」、「古城の剣豪」（映画）から、冒険もの、「トム・ソーヤーの冒険」、「ハックルベリーフィンの冒険」、「海底2万マイル」、「地底探検」、「ロビンソン・クルーソー」、自然もの、「白い牙」、「白鯨」、「シートン動物記」、「ファーブル昆虫記」、科学宇宙もの（出たばかり）、「月ロケット」、「火星探検」（題名は曖昧）、片っ端から読んだ。そして、キップリング「ジャングルブック」、「オレって何だろう」の狼に育てられた主人公の発問に強烈に衝撃をうけた。中学2年生になっていた。

　「オレって何だろう」、「死って何だろう」

　その頃、長坂家がどうしようもない、どん底の貧乏になっていた（前出）。一切、苦にしなかった。学校は勉強と柔道をやった。勉強はできた（学年4番）。柔道は3年間一生懸命やった。愛知県下で3位の強い学校だった（豊川市立南部中学＝南中）。黒帯をとれなかった。身長148.5cm（中3時）。兄から、「やーい、148.5」と屈辱を受けた。暗黒の中学だった。

　アルバイトをやることを自分で決めた。中1で豆腐の早朝配達をやり、中2で「毎日新聞」の朝夕刊を配達した。住宅街から田んぼ道まで2時間かけた。早朝3時半に起き、6時に帰宅して、勉強して登校した。夕刊は柔道の練習を途中でやめて配達に行った（中2か）。牛乳配達もやった。そこで終生の友、鈴川博と木村に会った。3人は、いっしょに勉強もしたが、川（あの湯谷）や海（三河湾、大島・小島）で遊び、冒険した。2人は勇敢だった。

　高校はふつうに県立国府高へ行った。入学後の試験は学年6番で廊下に貼り出された。「オレはそんなにできるのか」と驚いた。クラブは、格技をやめて、集団競技を望み、バレーボール部に入った。元気よくやった。上記博も入部した。親に靴を買ってほ

しい、と言えず、地上のコートで毎日裸足でやった。真夏の炎天下の地面は熱くこたえた。夏に胃を壊し、秋に腎臓を患い（「起立性蛋白」と言われた）、クラブをやめた。

　入学時、竹刀を持った先輩たち（応援団）が教室をまわってきた。「お前たち、たるんどるぞ」と言って、机を叩いた。食事どき。みんな震え上がっていたが、「かっこいいな」。なぜか、そう思った（後述）。

　高校も、2年、3年と進んだ。仲の良い友だちが何人もできた。2年の後半、半年間考えて決めた。「この母校の歴史に何かを残すことをやりたい」と。入浴時、おふくろに話した。一大決心である。母は「ふーん」と、薪をくべながら聞いていた。

　高校3年は理数系の6組に進んだ。始業式の日、はじめてのみんなにクラスの前に出て話した。「オレは、今から1年生と2年生のクラスをまわらあと思う。竹刀は持たん。一緒に行く者は来てもいいぞ」。1年生の普通科・商業科と2年生の普通科の全部をまわり、2年生の商業科はやめた。そこには、好きな女の子がいた。

　「この国府高に入ったからには、誇りをもって高校生活をおくってほしい」。一人でやった。下級生はどこも静かに緊張して聞いていた。例の3年6組の生徒のうち、十数人がぞろぞろついてきて、廊下から見ていた。「オレは、そういうのはきらいだから、行かなんだぞ」。あとで言ったヤツがいた。青谷剛志（よしもと）だ。先の博（鈴川博）とこの青谷が、終生の兄弟以上の友となった。青谷は、早く2014年の12月にガンで天国へ逝った。悔しくて、悲しい。青谷はのちに静岡大学の仰秀寮にしょっちゅう遊びに来て、先輩からかわいがられた。ポロロンとギターを弾く。うまい。

　やりたいことがあった。

　その頃、理数系に進んだが、新聞記者になることを決めた。それで、新聞部に入った。青谷も一緒に入った。そこにも好きな子がいた。この学校は自由で、クラブにいくつも入れた。まず新聞部、次に物理部、青山優がいた。2年次から裏山の弘法山に登ってみかんをポケットいっぱいに入れた仲だ。哲学弁論部に入った。やけに生意気なヤツがいた。堀外郁文だ。のちに名古屋大学を一緒に受験し、一緒にすべった。堀外は一浪して名古屋大学医学部に無事入学し、無事卒業し、今、故郷・実家の旧東海道は赤坂の宿で「堀外クリニック」を長く開業し、りっぱな医者になった。この連中とは卒業後、最近に至るまで、盆、正月に会い、飲み、大いに政治を討論してきた。青谷がいなくなった。博は今も元気だ。※

　高校3年の5月、母校に応援団再建の旗をあげた。「果敢なるもの来たれ」のポスターを30枚自分で書き、学校中にベタベタ貼った。「果敢、て何ですか」の質問をうけた。もう受験勉強は二の次になった。「応援団結成（再建）」の日（6月か）、予想に反して、1年生から3年生まで、30人にのぼる男子・女子生徒が集った。驚いた。連日、応援の練習が始まった。生徒指導部の先生が、全面的に協力してくれた。愛知大学の現役の応援

団長以下の団員が指導してくれることになった。

　健全な応援団を再建したかった。団長をやった。応援団に女の子がたくさん来た。好きになられた子と好きになった子がいた。中学・高校・大学を通じて、好きです、と言われた子が何人かいた。

　全校あげて野球の県大会の応援に行った。今も毎日、散歩のあとできたえた腕（？）でエールを切っている。「フレー、フレー、国府高」。

　　※青谷は、千葉の大学で土木工学を専攻し、故郷に帰って、道路や橋の建設にあたって、工務店を経営した。鈴川博は八百屋を親子で営業し、豊川青果市場の社長を現役でやっている。みんな、えらい。

第4章　「国権論か、民権論か」

　高校3年の秋、日本史で自由民権運動が出てきた。「国権論か、民権論か」に初めて疑問をもった。学校図書館で調べ、担当の小島先生に質問で、職員室まで行った。小島先生の影響は絶大だった。先生は、名古屋大学卒で、共産党らしい、との話が我々の間に流れた。「国家が大事か、民が大事か」が生まれて初めて抱いた深刻な疑問となった。これが元になり、のちに大学のゼミで、植木枝盛の研究を報告・発表した（本書末尾「拙著一覧」「1」参照）。その頃（11月22日、1963年）ケネディが暗殺された。世界がパニックになり、日本のテレビは12時間事件を流した。これに釘づけになった。翌日授業で小島先生が、ケネディをほめなかった。そこで手をあげて質問した。「ケネディはみんなの百歩先を歩いた偉大な人だとテレビは言っている。先生の話はおかしい」と。すると先生は、奇妙なことを言った。「ケネディがどの階級の利益を守る人間だったのか」と。ちんぷんかんぷんだった。「階級」…？？？

　先の堀外と模擬試験の日曜日、校舎の壁にもたれて話した。「ケネディってえらいんだなァ。政治っておもしろいんだなァ」と。

　さて、新聞記者になるつもりで入部した新聞部では、生徒会役員の直接選挙を求めて「成るか直接民主制」の一面トップ記事を書いた。当時間接選挙だった。この学校には弁論大会があり、2年次、3年次ともに弁論大会に出て入賞した（4位）。3年次は、当時起きた「吉展ちゃん誘拐事件」をテーマにした。「毎日新聞」は、犯人を「人類の敵」と糾弾した。いつも3位の女子生徒がいた。一級下、学習優秀で生徒会役員もやっていた。応援団結成の準備で「果敢ってどういう意味ですか？」と質問し（前述）、参加してきた。

　弁論大会の審査委員は国語科の鈴木拓郎先生だった。1年次担任で、3年次も国語の授業を受けた。拓郎先生は東京教育大卒。抜群、秀逸な授業で、みんな聞き惚れた。みん

な先生の山登りと旅の話に夢中になった。その怒ったことのない拓郎先生が一度だけ怒って授業を止めた。古典だった。うるさい、生意気な3年6組が水を打ったように静まりかえった。先生は天を仰いで、どっかといすに座り、パタリと教科書を教卓に伏せて動かない。体育の授業のあとでみんな大騒ぎ、集中しない。みんな反省。うつむいている。局面停止。そこで左隣のMに指でつついて、伏せたページの朗読をするように促した。Mは実行した。止まった空気が流れた。すかさず、Mを受けて長坂が起ち上がって朗読を続けた。すると、拓郎先生は何ごともなかったように騒がず、怒鳴らず、静かに授業を始めた。その後、41年間法政二高の日本史・社会科で教壇に立った身からすると、あんな見事な場面は、一つの奇跡であった。その話をすると、同級生は誰も覚えていない。堀外も、青谷も、無論いた。こんな粋な生徒と先生に会ってみたい。

　小島先生の階級闘争史観の破壊力はすさまじかった。卒業時最終授業の感想文に書いた。「日本から貧乏をなくすために、日本を動かす大物の新聞記者になって革命をおこします。見ていてください」と書いた。歴史学と革命と新聞記者を心に決めた。

　卒業し、静岡大学文理学部史学科入学後、真っ先に、岡崎の先生の自宅へ挨拶に行った。会えなかった。鈴木拓郎先生にも会いたいと思っている。ずっと。

（以上、2022年1月2日（日）午後6時50分、記）

補. 2022.11.14（月）午後, 11.17（木）夜. および11.21（月）夕～夜

11.22（火）朝. 11.23（水）夜

　新年3日目です。快晴。いつになく、年末年始の厳しい寒さが続きます。早朝は2℃～4℃。

　昨晩から今朝未明にかけてNHK BSプレミアムで韓国ドラマ「王女ピョンガン」第1話～5話（再）を見ました。高句麗（古朝鮮三国時代）を舞台にしたものです。作品全編に、清らかさ、すがすがしさ、潔さを感じ、強い印象と余韻を抱きます。日本から消えた言葉です。いつから？誰が？日本を取り返します。

　本日、朝、NHK BS1「完全版 開戦 太平洋戦争～日中知られざる攻防～」。蒋介石が、1941年12月の日米開戦は「日中戦争の世界化に成功した」、1945年8月15日は、「世界の文明大国の戦争はこれで最後になるだろう」。「8.15」は、戦争の終わりだ、と。意外な蒋介石の告白。幣原喜重郎に通じます（1946.8.27 貴族院本会議演説、本書「序にかえて」参照）。

2022.1.3（月）午前11時40分、記

第5章　「自分を貫く」（高倉健）

　思わず筆が走り、故郷・三河の話が長くなりました。故郷に18年、静岡大学で6年、法政二高で41年、川崎に来て（1970年3月）52年になります。

　昭和20（1945）年12月5日、この世に生を受け、日本の戦後史とともに私たちは、生を送ってきました。吉永小百合が「原爆詩集」の朗読を続け、人々の感銘を呼んでいます。「サユリスト」で一世を風靡したこの大スターは「私たちは、終戦の年に生まれました。原爆の問題に取り組んできましたが、その年に生まれた者の義務だと思っています」と言いました。吉永小百合は、「戦後が、"戦前"にならないように、いつまでも続いてほしい」と発言を続けています。高倉健は晩年、「何が難しいかって、自分を貫くことほど難しいものはないですね」と述懐した。高倉健は、その澄んだ鋭い眼光で正義感あふれる「やくざ」ものを演じ、後半は山田洋次監督作品に出演した。降旗康男監督の映画「ホタル」では、朝鮮人の海軍中尉の部下の特攻隊員を演じ、「オレは名前は日本人だが、本当は朝鮮人だ。名前は〇〇〇※だ、明日、出撃して死ぬが、オレは天皇万歳とは言わない。朝鮮民族万歳と言って死ぬ」、波打ち際で凛然言い放った上官（同中尉）の遺品をもって妻（田中裕子、中尉の元許婚者）と故郷・韓国の実家にとどけます。中尉（小澤征悦）の「朝鮮民族万歳！」は、特攻隊員高倉健の胸を衝き、荒波を突き破り、天空をとび、朝鮮半島・東アジアと今日の私たちをとらえます。名作です。加藤剛は、「憲法9条によって守られてきた私たちは、今度は私たちが9条を守る」と唱え、なかにし礼は「憲法9条を変えてはいけない。9条と憲法は宝もの。その実現はこれからだ」と当代の知性の代表として世に問います。仲代達矢は、平和を祈念して現役で舞台を演じつづけます。「リチャード三世」「いのちぼうにふろう」「どん底」の作品は、はじめから終わりまでなぜか涙が止まりません。仲代達矢は、「舞台の芸は、役者だけでなく、役者（舞台）と観客（会場）との空間に成立する」といいます。哲学者マルティン・ブーバーは『汝と我』（1920年代）で、真理は集団主義でも個人主義でもなく、汝と我のあいだの「間」にうまれる、と説きます。※映画中の表現を確認できません。

　あの東日本大震災で、プロサッカー選手やプロ野球選手や芸能人たちが、東北の被災現地へ支援に駆けつけました。昨夏オリンピック・パラリンピックで、選手たちは「実施」「中止」の世間の波に揺れ、不安と苦悩におそわれながら練習をつみ、本番を戦いぬいて「日本のみなさんに感謝します」とあいさつし、私たちを感動させました（前述「はしがき」）。

　デカルトは「真なるものからはじめよ」と言いました。長い間理解できず苦悶してきましたが、「己が正しいと信ずること（それが「真なるもの」か？）からはじめよ、そしてそれを貫け」ということなのか、では「真なるもの」をどうやって見つけるのか、

それは語っていません。「はじめから真なるもの」なんて分かるはずがないよ、それが分かれば苦労はないよ、と自問自答してきました。どうも、上記の「おのれが正しいと信ずること（「真なるもの」）からはじめよ、そしてそれを貫け」、「あとは自分で考えろ」と言っているようです。

　この「真なるものからはじめよ」が呪文のように自分をとらえています。デカルトは堀尾輝久東京大学名誉教授の講演を受けたとき（1993年6月、法政二高で）からの問題意識です。あれこれ考え、七転八倒した果てに「これしかない」と思うのが「真なるもの」なのかとこの筆を運びながら考えています。考えつづけます。

　ところで、高倉健は「おのれを貫」けたのでしょうか。子どもから大人まで、すべての個人が自己の自由と尊厳を大切にするし、それを貫くこと＝社会こそ、高倉健の思いか。

　まとめるつもりが、あちこちに飛びました。人生の1／4弱の故郷が深く自己の存在の基盤にあります。この機会に自己紹介をかねて述べました。どうしてもその衝動に駆られ、筆にまかせました。ありがとうございます。

　これらはすべて、本書成立の背景になっていることを、あらためて知りました。故青谷剛志が「伝八、お前、自叙伝を書けよ」と言ったことを思い出します。

　高校時代3年間で、身長が25cm伸びた。応援団長のとき、他校の"番長"からけんかを売られたらしい。断った。

　その後の静岡大学文理学部史学科時代と法政二高教員生活時代およびその後の生活と経験は割愛し、別の機会を待つことにします。これも、上記同様、本書の背景となっています。

第6章　本書にとりくんで、考えたこと

本書にとりくんで考えたことを述べます。

第1.

　安倍晋三内閣「7.1閣議決定」（2014年7月1日）は、「集団的自衛権」を名目にした自衛隊の海外出動（無制限）を可能にし、日本を戦争国家にするものである。それは憲法9条・99条に違反し、無効である（憲法98）。

　日本の裁判所は、これを憲法81条の権限の行使として、長坂傳八の違憲訴訟（違憲判決とその無効確認を請求趣旨とする）を受け、違憲判決・無効確認（憲法9条・99条と

98条にもとづき＝上記）をすべきであった。これをしていないのは、憲法81条違反であり、不当である。

　日本の運動と市民社会は、上記のように「7.1閣議決定」（以下、「7.1」と略す）を憲法9条・99条違反とし、これを同98条にもとづいて無効宣言する意志を決定し、これをもって、日本政府と裁判所に求め、その実現をはかる実力をもつことが求められている。

第2.

　憲法どおりの日本をつくる時代に入った。以下のことを政府に迫り、場合によってはその交代をする。

　日本政府は、まずはじめに9条宣言と憲法の尊重・擁護の宣誓を行い、これを日本国民と世界に約束すること。

　主権者国民は、憲法の理想と目的を達成する責務を果たすため、不断の努力をすること。

　これを、憲法の思想と論理、とする・

第3.

　世界は、1945年「8.15」と1946年「11.3」──1947年「5.3」によって、新しい時代に入ったこと──これを、「絶対平和」の精神と論理、とする。

　上記8.15と11.3－5.3から今日にいたるこの時代の精神を「絶対平和」と規定すること。9条と幣原喜重郎演説（1946.8.27貴族院本会議）を国民の歴史的財産とすること。「文明によって、戦争を全滅せよ」

第4.

　日本は、労働者・働く人・国民そして市民社会を主体とし、「強欲」な資本の論理や競争主義、新自由主義ではない、すべての労働・生産・営業・くらしを尊重する新しい資本主義に移行すること。それは同時に憲法実現の過程となる。

　これを、道徳的な日本型ものづくり資本主義、あるいは節度ある健全な資本主義の論理とする。

第5.

　コロナから人類と国民の命を守ることは、すべての国家・政治の責務である。あらゆる国家・政治は、その体制のいかんを問わず、命（生存・労働・営業・くらし）と正義（平等・公正・公平）と平和（絶対平和・否戦・戦争放棄）と安心（自由）──略して命・正義・平和・安心に奉仕することを使命とする。

それは同時に主権者・国民・人民全体への奉仕の構造と論理のことである。これを、奉仕の論理とする。憲法どおりの日本へ。

権利としての全国民PCR検査を実施せず、国民の命と知る権利を保障しない日本政府の旧帝国憲法型の国民統制と監視は憲法違反、とする上昌広理論を支持する（2022.1.1テレ朝「朝生」）。本「あとがき」p.1参照。

（以上、2022年1月3日（月）午後7時30分、記）

補．2022年11月16日（水）夕．

最終章　時代精神としての絶対平和（再）
—1946.8.27 幣原喜重郎演説（再）—

憲法改悪への企図が絶望的になった人々が、新たに「敵基地攻撃論」なるものを持ち出した。戦時中ではない。今だ。この言葉を聞いただけで、恐怖にとらわれる人は少なくないだろう。主権者の一人として、これを許さない。反対である。**憲法9条**が「放棄」したのは、「戦争」だけではない。「**武力による威嚇**」と「**武力の行使**」をも「**放棄**」したことを知っているのか。このことを発言したり、煽動したりすること自体、**9条（憲法）違反**の重大事ということを知っているのか。国会議員には、首相、閣僚ともども、この**9条（憲法）**を「**尊重・擁護**」する「**義務**」があることを知っているのか（99条）。直ちに謝罪・撤回するか、さもなくば辞職せよ。上記「敵基地攻撃」なる発言は無効である。

憲法・9条を恐れ、実践せよ。

「憲法おしつけ論」という憲法への攻撃（あるいはテロ）を加え、その実マッカーサーを絶対化している人々は、マッカーサーが何を言ったか、知っているか。

「あとがき」「最終章」にあたり、以上を受けて「**時代精神としての絶対平和**」の概念・思想を提出します。

本書「序にかえて」につづいて、再び

同日同一の**幣原喜重郎演説**（1946年8月27日貴族院本会議）からその一部を報告します。

「又改正案（現行憲法＝長坂）の第9条には国際紛争解決の手段として、戦争に訴えることを否認する条項があります。『マッカーサー』元帥は本年（1946年＝同）4月5日対日理事会における演説中、この第9条の規定に言及致しまして、世間には戦争放棄の条項に往々皮肉の批評を加えて、日本は全く夢のような思想に子供らしい信頼をおいておるなどと冷笑する者があります。今少しく思慮のある者は、近代科学の駸々たる（？＝同）進歩の勢いに目をつけて、破壊的武器の発明（核兵器か＝同）、発見が、この勢い

をもって進むならば、**次回の世界戦争は一挙にして人類を木っ端微塵に粉砕するに至る**ことを予想せざるを得ないであろう、これを予想しながら我々はなお躊躇逡巡いたしておる、我が足下には千仞の谷底を見下しながら、なお既往の行きがかりにとらわれて、思い切った**方向転換**を決行することができない、今後さらに大戦争の勃発するようなことがあっても過去と同様人類は生き残ることができそうなものであるというが如き、虫の良いことを考えておる、これこそ全く夢のような理想に子どもらしい信頼をおくものでなくて何であろうか。およそ文明の最大危機は、かかる無責任な楽観から起こるものである。これが『マッカーサー』元帥が痛論した趣旨であります。（このあと、このまま本書**「序にかえて」幣原演説につづく**）」

　以上は「序にかえて」と同じく、「憲法武蔵懇話会・憲法堂々」研究員 山本太三雄さんの協力、提供によるもの。出所出典も同一の史料。

　「敵基地攻撃論」に安易に依存する**反憲法論者**は、幣原喜重郎・マッカーサーの上記演説（史料）にいう、**「次の世界戦争は一挙にして人類を木っ端微塵に粉砕する」「人類は生き残ることができない」**という危機の歴史的認識と通告の真実を知っているのか。今日、その数百倍、数千倍、いや数百万倍の速さと規模で人類と地球を破滅させる、という重大知識をもっているのか。すべては一瞬にして終わるのだ。

　「序にかえて」と上記の幣原喜重郎演説を私たちは支持をし、この深遠なる覚悟と勇気を受けて立ちます。

　これこそ「絶対平和」の思想と論理なり。これぞ「徳をもって戦を制す」なり。これ、**憲法の精神、憲法の大道、憲法の論理、憲法の構造**なり。

　その**実践**こそが、上記反憲法論者の**使命**なり。汝ら、憲法に結集せよ。無条件で憲法を受けよ。これすなわち、法（つまり憲法）の支配なり。

　われら、この道をゆく。**憲法どおりの日本を—**。未来へ、子どもたちへ—。

（2022年1月4日（火）午前11時30分～午後0時40分、記）

補、2022.11.14（月）夕

第Ⅳ部　むすび—展望にかえて

いくつかの問題とともに、むすび発言をかねて

1. むすび発言—新年（2022年）5日目（1月5日（水））です。

本日、いくつかの問題を考えます—展望にかえて

（1）米、中、ロ、英、仏が、1月3日「共同声明」を出しました（「東京新聞」1月4日（火）夕刊と本日1月5日（水）朝刊、および「しんぶん赤旗」本日1月5日（水）による）。

同「声明」は次のように

「核戦争に勝者はなく、決して戦ってはならない」

と伝えられます。

奇しくも、昨日（1月4日（火））執筆した「あとがき　最終章　時代精神としての絶対平和（再）」において、**1946年8月27日（火）の貴族院本会議 幣原喜重郎演説**（マッカーサーを引用）、「人類を木っ端微塵に粉砕する世界戦争」の「勃発」を防ぐため、「**戦争否認**」の憲法9条制定へ、「思い切った**方向転換**を決行」すべしの内容を報告しました（本書「**序にかえて**」参照）。

上記 1.3「共同声明」を、人類史が今噴出した「絶対平和」の時代の一部として展開していくことを期待します。

（2）岸田文雄首相の記者会見がありました（昨、1月4日（火））。（報道は同上）

「コロナ（オミクロン株）対応」として、「全感染者入院見直し」が伝えられました。

これが昨年8月3日の菅内閣による悪名高いコロナ感染者の「**自宅療養原則**」への「方向転換」、つまり入院拒否と同じ意味をもつとしたら、根本的な誤りです。私たちは本書で、検査・治療・野戦（臨時）病院を求めてきました。上記菅内閣「**自宅放置**」がどれだけの犠牲者をつくったのか。「**暗殺的の死の強制**」（斎藤 美奈子）、「命の切りすて」、「**恐怖と死の強制**」。重大な憲法違反。戦前型国家行為です（前述＝「Ⅰ部　はしがき第1章第2節 コロナと人類・命」参照）。

私たちは、コロナの「自己保存（生存）のための運動法則」に気づき、その「移動」（「感染」もデルタ、オミクロンの変異株もその一形態）は、「うすく、広く、コロナ自身にも宿主＝人にも安全に、無限、永遠に広がる（移動する）」と考えました。コロナ問題の解決は、その科学的戦略的構造的中心環である、「権利」としての**全国民PCR検査**を、「いつでも、どこでも、だれでも、何度でも無料で実施する」ことを主張してきました（同上、参照）。

命を守る使命をもった岸田内閣はこれを実施すべきです。

（3）コロナ（オミクロン型をふくむ）が、在日米軍基地で昨年12月から一斉に感染しています。沖縄キャンプハンセン、米軍キャンプ富士、米軍岩国基地、同三沢基地、などです（報道は同上）。

　沖縄では、米兵が不用意にマスクもせず、多数街（飲食店）にくり出している様子が伝えられ、玉城デニー知事が強く抗議しています。在日米軍基地が「日本を守る」どころか、傍若無人に人々の間に入りこみ、日本国民の命と平和を脅かしています。日本の主権を犯し、憲法に違反しています。

　日本から日米安保条約を廃棄し、私たちの祖国の平和、独立を、憲法どおりに、この戦争放棄・否戦・絶対平和の時代に実現することを求めます。

　2．本書は、本トビラ裏「憲法堂々」（衆議院議員総選挙（2021年）公示日に記す）、「凡例」、「序にかえて」、「第Ⅰ部　はしがき」、「第Ⅱ部　資料篇」、「第Ⅲ部　あとがき」、「第Ⅳ部　むすび－展望にかえて」、「付記」、「長坂伝八・著作物一覧」で構成されます。

　第Ⅱ部は長坂伝八「7.1閣議決定」違憲訴訟の記録と資料です。

　見出しなど見やすく編集しました。他はほとんど書きおろしです。

　せせらぎ出版 山崎亮一代表取締役とみなさまに心からの感謝とお礼を申し上げます。

　職場（法政二高）時代および学生（静岡大学）・三河時代の同僚・友人で、協力いただいた方々の熱き友情に感謝します。

　3．本書には、多くの人が登場しました。そのすべての人とそのまわりのありがたい人たちに感謝します。

　この間、私こと前立腺ガン手術で一昨年（2020年）7月、川崎市立井田病院でお世話になりました。おかげさまで、命と本書成立を支えていただきました。泌尿器科小宮敦部長、井上雅弘医師はじめ医師チーム、看護師、助手、掃除婦（夫）、食事担当のすべてのみなさまに深く感謝申し上げます。

　末筆ながら、故郷の妹の世話になりました。娘 長女、次女、三女と6人の孫の健康をねがいます。妻陽子の献身的で積極的な理解と協力なくば、本書は成り立ちませんでした。記して、感謝します。

　本書を亡き父八郎・母まきに捧げます。

2022年1月5日（水）午後3時、記

付　記

　本書成稿後、2022年2月24日（木）午後3時15分（日本時間）、プーチン・ロシア大統領が、ウクライナへの露骨で野蛮な主権と領土侵害、国際法と国連憲章違反の暴力的侵略を開始し、現在にいたっています。終生の友、平木豪達の悲しい知らせ（2月22日、76歳没す）を夫人から聞いた日でした。平木よ、「天と地で討論をつづけよう」。

　8.15と9条・憲法で切り開かれた戦後の時代精神を「戦争放棄・否戦・絶対平和」（本書表紙）と考えている私たちは、この事態を重大視しています。「独立・自由・尊厳・祖国愛」の気高きウクライナを、全世界が支持・応援・連帯し、その勝利が、地上に「恒久の平和」（憲法前文）、あるいは絶対平和※を実現する最後の平和戦争になることを願います。9条国家・日本は、「幣原演説」（1946.8.27（火））＝同「序にかえて」が説くように、人類史への世界変革の、その先頭に立たねばなりません。私たちは、かつてベトナム戦争勝利（ベトナム人民支援の国際連帯）で、その経験をもっています。

　※「絶対平和」は、私たちがつかみとった概念です（本書　第Ⅰ部「はしがき」、第2章第2節 1.「友へ、討論したいこと、ご相談です―「時代精神としての『絶対平和』」および第Ⅲ部あとがき最終章「時代精神としての絶対平和」（再）参照）。その後、1971年11月「沖縄建議書」に「私たちは戦争につながる一切のものを拒否する絶対平和を希求します」とあることを知りました。「しんぶん赤旗」竹下岳記者と「憲法武蔵懇話会・憲法堂々」研究員 山本太三雄さん（前出）の報道および協力によるものです。記して感謝します。

　　「時代精神」としての「絶対平和」とは侵略（戦争）しない、させない、それにつながる一切のものを否定する、地上から戦争をなくす、ための概念装置であり、その根源は9条である、と考えます。実は、そのことは8.15－9条によって提起されていました。（本書　第Ⅰ部「はしがき」第2章第2節1「友へ（以下、略)」＝上記、参照）

　プーチンと国際社会はともに、その歴史的真理と法則を認識し、プーチンがこの世紀の残虐・侵略を中止して、即時・無条件・完全に撤退することを求めます。

（2022年4月27日（水）午後8時55分、記。4月28日（木）、補。

2022.12.7（水）午前11時25分、補。）

長坂伝八　著作物一覧

　本書成立の背景となった拙著を報告します。

　本資料は、静岡大学名誉教授「原 秀三郎先生 傘寿記念文集『学縁』」2014年12月20
日所収、長坂伝八「戦闘的マルクス主義史学」で紹介した資料に補強を加えました。

歴史学・国家論・政治論に関するもの

1 ．1967年7月　研究報告「植木枝盛の生涯」（静岡大学文理学部史学科、内藤晃ゼミ
　　「読書会」でのガリ板刷りレジュメ、B4・2枚）
2 ．田堵についての一考察 ―八世紀寺領荘園における田堵の動向と存在形態―」法政
　　二高『研究と評論』第13号、1971年4月
3 ．「中世封建制国家成立史論のための準備ノート ―戸田芳実『初期封建国家論』への
　　疑問―」『同前』第17号、1976年3月
4 ．「書評　峰岸純夫編『体系 日本国家史2 中世』」池永二郎・長坂伝八 共著『歴史評
　　論』No.314、1976年6月
5 ．「書評　黒田俊雄著『日本中世の国家と宗教』」『同前』No.321、1977年1月
6 ．「歴史科学協議会第14回大会・総会参加記 ―歴史における身分と社会―」『研究と
　　評論』第25号、1980年12月
7 ．「国家概念の再検討―日本中世国家論のための予備的考察」（その1）～（その四）
　　『同前』第29号～32号、1982年11月～1984年3月（年2回）
8 ．「書評　義江彰夫『日本通史Ⅰ 歴史の曙から伝統社会の成熟へ』（山川出版社、
　　1986年8月刊、A5判、452頁、3800円）」『歴史学研究』第601号（1989年12月）
9 ．「時代区分について（その一）」『研究と評論』第55号、1996年3月
10．「〈研究ノート〉個人（人間）概念と国家・世界・日本… ―かわさきFM「古今と
　　うざい」出演のあとで。いくつかの文献から―」『同前』No.68、2003年3月
11．「イラク、9条、日本、そして世界 ―新聞報道資料を媒介に―」『同前』第70号、
　　2005年3月
12．「今日的ファシズムとしての小泉政治＜現代権力論Ⅰ＞―2005年8.8衆議院解散と
　　憲法・市民社会―」『同前』第72号、2007年3月
13．「国民主権の成り立ち―日本国憲法と現代を考える―」法政二高育友会『教育研究』
　　第43号、2008年3月

教育論に関するもの

1 ．「生徒会民主主義概念の再検討―高校における人格形成の問題に関連して―」『教育

研究（同前）』第12号、1976年 3 月

2 ．「文献紹介　河合隼雄・灰谷健次郎編集『現代日本文化論・学校のゆくえ』」岩波書店、『研究と評論』第57号、1997年 3 月

3 ．「今、教育で考えたいこと（その I ）―『岩波講座・現代の教育』（全12巻）から―」『同前』第60号、1998年11月

4 ．「教師断想・'96・ 2 年 8 組―1998年 3 月卒業式・45名の生徒諸君をおくる―＜今、教育で考えたいこと―その II ＞」『同前』第61号、1999年 3 月

5 ．「『分かる』とはどういうことか―生徒の知識と人格の形成の関係について　本校 2 年生世界史のレポートとアンケートから― ＜今、教育で考えたいこと―その III ＞」『同前』第62号、1999年11月

6 ．「＜今、教育で考えたいこと―その IV ＞ 生徒は分かることを求めている―生徒の知識と人格の形成の関係について（続）本校生徒2000年度 1 年生『現代社会』のレポートから―」『同前』第67号、2002年 3 月

7 ．「学力概念について―法政二高の学力論・学力評価論の変遷― ＜今、教育で考えたいこと―その V ＞」『同前』第74号、2009年 3 月

8 ．「＜今、教育で考えたいこと―その VI ＞ 2004年度 1 年 6 組―生徒が二高祭「劇」で訴えたかったこと―『教育研究』第40号、2005年 3 月

9 ．「＜今、教育で考えたいこと―その VII ＞ 2010年度 3 年10組『先生は、正しいんですか』―指導の記録と資料―」『同前』第46号、2011年 3 月

他

1 ．『法政時計塔校舎存続（保存）運動報告集 その記憶と記録』法政時計塔校舎存続（保存）運動協議会（代表 長坂伝八）、2019年 6 月

2 ．「今、九条が地球を包む―戦争放棄・絶対平和―その誕生の大舞台 発掘された90帝国議会、幣原喜重郎演説記録 1946年8月27日（火）」「かわさき九条の会ニュース（No.64）」2022年4月

3 ．「『図書館だより　No.23』の発行によせて　－法政二高（＝中・高）と教育－」（教育は心である）法政二高『図書館だより　No.23』2011年3月1日

（2022年 1 月 7 日（金）午後 6 時、記）

著者略歴（自己紹介）

著者　長坂伝八（戸籍上は「傳八」）

略歴　愛知県豊川市立中部小学校
　　　　　同　　　南部中学校
　　　愛知県立国府高等学校
　　　国立静岡大学文理学部史学科
　　　法政二高（法政大学第二高等学校）日本史・社会科教諭
　　　（1970年4月講師。同10月より教諭〜2011年3月31日、定年＝65歳退職）
　　　その後、法政時計塔校舎存続（保存）運動、ならびに「7.1 閣議決定」違憲訴訟
　　（本書）に取り組む。現在、「憲法武蔵懇話会・憲法堂々」主宰。
　　　1970年代以降、歴史学研究会・歴史科学協議会会員（現在）。
　　　日本史研究会会員は最近まで。

生　　愛知県豊川市千両町酒屋貝津60番地に、昭和20（1945）年12月5日、父八郎・母
　　　まきの次男として生を受く。現在76歳。

（2022.9.3（土）午後8時、記）

憲法どおりの日本をつくる
憲法堂々 二〇一四年七月一日
安倍晋三内閣「七・一閣議決定」違憲訴訟の記録と報告
時代精神としての戦争放棄・否戦・絶対平和

2023年6月30日　第1刷発行
2024年11月1日　第3刷発行

著　者　長坂伝八

発行者　岩本恵三

発行所　せせらぎ出版
　　　　〒530-0043　大阪市北区天満1-6-8 六甲天満ビル10階
　　　　TEL. 06-6357-6916　FAX. 06-6357-9279

印刷・製本所　株式会社デジタル・オンデマンド出版センター

©2023　Denpachi NAGASAKA，ISBN978-4-88416-294-8

せせらぎ出版ホームページ　https://www.seseragi-s.com
　　　　　　メール　info@seseragi-s.com